스포츠 윤리학

스포츠와 페어플레이

지그문트 롤랜드 지음
손 환 · 임석원 옮김

스포츠 윤리학

스포츠와 페어플레이

지그문트 롤랜드 지음

손 환 · 임석원 옮김

철학과현실사

Fair Play in Sport: a moral norm system

by Sigmund Loland

베틀, 빌드 그리고 니나에게

옮긴이의 글

페어플레이는 경기에서의 참여, 승리에서의 겸손, 패배에서의 관용을 보여주는 것과 관련이 있다. 이러한 의무는 경쟁자, 코치, 관계자, 지도자 또는 지지자 등 스포츠에 참여하는 모두에게 적용된다. 그리고 이론적인 측면에서는 정치적 이데올로기와 같은 이념의 정당성은 배제되고 실천적으로는 도덕적 정당화의 평가가 계속 이루어져야 할 것이다. 더 나아가 스포츠 철학적 논의는 지속적인 규범화의 작업과 실증적 정당화 논증이 활발하게 이루어져야 한다.

키팅은 스포츠 규칙에 앞서는 평등의 의미와 그 정신에 관한 고정된 개념으로서 페어플레이를 이해하고 있으며, 매킨토시는 공리주의적 해석과 칸트적 해석에 입각하여 페어플레이의 역사적 근거와 철학적 이해의 가능성을 검토하고 있다. 렝크는 페어플레이를 형식적 페어플레이와 비형식적 페어플레이로 구분하여 언급하면서 다른 경쟁자에 대한 게임의 태도와 경기 관계자들에 대한 예절 그리고 특히 강조해야 할 것으로 규칙의 준수와 기회의 평등으로서 맞서야 할 상대인 경쟁자에 대한 존중에 두고 있다. 물론 이것은 페어플레이에 대한 관념을 사람에 대한 존중이라는 일반적인 윤리적 관념에 기초를 둘 수밖에 업는 방법에 대해 명시적으로 보여주고 있는 것이다.

게하르트는 경쟁자들 간의 미덕으로서 공정성을 경쟁의 필수조건으로 언급하고 있으며, 버처와 슈나이더는 자기 목적적인 실천의 지각 가능한 성질에 대한 경험적 탐구와 함께 실천의 내재적 선에 대한 개념을 결합시키면서 게임에 대한 존중으로서의 페어플레이에 대한 해석을 제안한다. 롤랜드는 페어플레이에 대한 해석을 좀 더 확장하여 정교하게 발전시키고 있다. 스포츠에서의 공정한 행위의 기준은 무엇이며 사회적인 법적 규범과 개인적인 도덕적 규범 간의 괴리와 갈등 그리고 조화를 어떻게 볼 것인가? 스포츠에서의 규칙과 도덕적 차원을 어떻게 조정할 수 있는가? 일상적인 모든 생활과 마찬가지로 스포츠에서도 그 올바른 행위에 대한 요구가 있을 수 있다. 그렇다면 과연 스포츠에서 올바름이란 일상의 도덕적 행위와는 다른 어떤 기준이 있을까? 그것은 스포츠 상황의 특수성으로 대답할 수 있을 것이다. 예를 들어 우리 생활 속에서 사람을 가격하면 그 행위는 부도덕하고 위법적이며 올바른 행위의 일탈일 것이지만 특정한 종목의 스포츠에서는 지극히 정당한 행위로 인식될 수 있다.

또한 스포츠 경기에서 우리는 어떤 행동을 해야만 보편적으로 바람직한 수행을 했다고 하겠는가? 이 문제는 다양한 방법으로 답할 수 있겠으나 스포츠 철학적 관점에 따른 이론가들은 이러한 질문에서 한 단계 더 나아가 더 본질적인 물음을 제기하게 된다.

운동의 의미와 가치에 대한 물음과 인간 삶의 더 폭넓은 근간을 형성하기 위한 스포츠의 역할에 대한 해명은 중요한 문제인 것이다. 롤랜드는 이러한 물음을 중심으로 페어플레이의 윤리적 정당화와 스포츠 경기의 목적 그리고 규범 체계 더 나아가 경쟁에서의 올바른 수행 등을 파악해서 스포츠 윤리학의 학문적 자리매김을 확실히 전개하고 있다. 특히 페어플레이의 정당화와 규범 체계 확립의 기초로서 고전적 공리주의와 계약론 그리고 존 롤스의 공정으로서의 정의론을 접목시킨 것은 획기적이다. 더욱이 올바른 경쟁으로서의 공정성과 정의의 이론적 기초 위에 운동선수의 경기 수행의 조건들을 위한 평등과 불평등의 기준, 도덕적 규범 체계의 정식화, 좋은 스포츠 경기에 있어서 평균 선호 만족도의 분석을 시도한 것은 매우 특징적이라 할 것이다.

이 책은 지그문트 롤랜드(Sigmund Loland)의 *Fair Play in Sport: A moral norm system* 을 우리말로 완역한 것이다. 원서의 제목을 그대로 따르자면『스포츠에서의 페어플레이: 도덕적 규범 체계』라고 해야 하지만, 롤랜드의 의도가 페어플레이의 의미와 그 도덕적 규범 체계를 정당화하려는 것이므로 그것이 다루는 문제들의 성격은 기본적으로 철학에서의 윤리학에 속하는 것들이다. 이러한 이유에서 독자의 이해에 도움이 되리라고 판단하여 책의 제목을 '스포츠와 페어플레이'를 부제로 한『스포츠 윤리학』으로 정하였다.

옮긴이가 이 책을 처음 접한 것은 2002년 신간도서 목록을 통해 구입하게 되면서이다. 스포츠 철학에 관심을 갖고 특히 '스포츠에서 페어플레이란 무엇인가?'에 대하여 숙고하고 있던 때이므로 이 책의 발견은 매우 반가운 일이었다. 그리하여 그간 공부하는 자세로 번역에 임해 4년여에 걸쳐 정리하여 이번에 발간하게 된 것이다. 대체로 어떤 결과물을 내었을 때 많은 이들은 뿌듯함을 느끼겠지만 역자는 두려움이 앞선다. 왜냐하면 오역으로 인하여 읽는 이들에게 롤랜드의 훌륭한 이 책에 대한 이해가 본의 아니게 오해를 가져다줄지도 모르기 때문이다. 하지만 시행착오를 동반한 도전 없이는 내일을 향한 진전도 기약할 수 없기에 감히 이 번역서를 내놓는다.

끝으로 출판의 어려운 여건에도 불구하고 역서를 발간할 수 있도록 흔쾌히 배려해 주신 철학과현실사에 감사를 드린다.

2008년 1월

옮긴이 씀

차 례

서 문

이 책에서 나는 스포츠 윤리의 핵심 개념이라고 생각하는 페어플레이에 대해서 최근에 이루어진 체계적이고 비판적인 해석을 제시하고 있다. 이 책을 집필하는 과정에서 많은 사람들이 격려와 도움을 주었다. 이 분들에게 감사드린다.

-- 내가 수년간 다양한 스포츠에서 만난 적이 있는 많은 선수들. 그들은 내가 페어플레이와 규칙 위반을 저지르는 플레이에 대해서 알게 된 대부분의 것들을 가르쳐주었다.

-- 이 책이 속해 있는 '윤리학과 스포츠' 시리즈의 편집자 마이크 맥나미(Mike McNamee)와 짐 패리(Jim Parry). 내용과 언어에 대한 그들의 조언은 내가 이 책에서 다루고 있는 모든 철학적 논의들을 명료하고 분명히 하는 데 도움을 주었다.

-- 나의 동료이자 친구인 군나르 브레이빅(Gunnar Breivik)은

그동안 15년 넘게 많은 훌륭한 조언과 귀중한 토론을 해주었다.

-- 오슬로 대학의 철학자 존 웻레젠(Jon Wetlesen). 그는 처음으로 내가 스포츠 윤리의 연구를 시작할 수 있도록 격려해 주었으며, 또 이에 대해 그에게서 많은 것을 배웠다.

-- 스포츠와 체육 교육에 대해서 노르웨이 대학교의 다른 동료들과 학생들은 페어플레이를 주제로 토론이 이루어질 수 있는 훌륭한 연구 환경을 제공해 주었다.

-- 지금은 스포츠 철학 국제협회로 바뀐 스포츠 연구 철학회는 스포츠 철학의 쟁점들에 대해서 진지하면서도 즐겁게 토론할 수 있는 무대가 되어 주었다.

이들 못지않게 말로 다할 수 없을 만큼 많은 도움을 주신 분들도 있다. 나는 이 책의 집필을 가능하게 만들어준 페어플레이에 관한 나의 박사학위논문(1989)을 내 인생 최고의 페어플레이어라고 생각하는 두 분 부모님께 바쳤다. 나는 이 책을 내 인생을 소중함과 기쁨으로 채워준 아내 니나(Nina)와 아이들 빌드(Vilde)와 베틀(Vetle)에게 바친다. 내 가족이 없었다면 연구든 스포츠든 그 어느 것도 별 의미가 없었을 것이다.

많은 사람들부터 많은 방식으로 격려와 도움을 받았음에도 불구하고 당연히 이 책에서 발견되는 문제들은 전적으로 나에게 책임이 있다.

2001년 3월 노르웨이 오슬로에서

지그문트 롤랜드

서 론

페어플레이 논증

스포츠 경기에서 우리는 어떻게 행동해야 하는가? 이 물음에 대해 다양한 방식의 답변이 있을 수 있다. 균형 잡힌 공중회전을 하며 평행봉을 내려와 안착하는 체조 선수는 좋은 기술을 위해 일정한 기준에 따라 행동한다. 날카로운 40미터 패스를 성공시키는 축구선수는 '게임을 보는 안목'을 지니고 있고, 전술적으로 정확한 선택을 할 줄 안다. 그러면 훌륭하고 적합한 기술과 전술에 대한 평가는 어떤 기준에 의해 내려지는가? 그 답변은 통상 해당 스포츠에서 우수하다고 판정하는 기준을 참조해서 이루어진다. 체조와 축구에서 난이도가 높은 공중회전과 기막힌 패스는 그와 관련된 전문적인 기술과 전술에 속한다. 그러나 철학적 관점에 입각한 스포츠 이론가들은 이러한 질문에서 한 걸음 더 나아가 좀 더 본질적인 물음을 제기하게 된다. 우리는 왜 경기에서 전문적인 기술과 전술을 사용하는가? 이런 운동의 의미와 가치는 무엇인가? 그리고 근본적으로 인간의 삶이라는 더 광범한 틀 안에서, 스포츠가 하는 역할이 있다면, 그 역할은 무엇인가?

이 책에서는 인간이 활발하게 활동하는 가능한 무대로서의 스포츠에 대해 검토한다. 좀 더 구체적으로 말해서, 스포츠 경기의 고전적 이상, 즉 페어플레이(fair play)[1]에 대한 재정립을 제시하고, 이러한 이상의 실현은 인간의 삶에 대한 더 폭넓은 조망 아래서 스포츠 경기를 도덕적으로 정당한 것으로 그리고 진정으로 가치 있는 활동으로 만들어줄 수 있다는 것을 주장한다. 이 주장은 스포츠가 인간의 활발한 활동의 필수적인 한 부분이라는 것이 아니라, 그보다는 오히려 페어플레이에 따라 운동할 경우 스포츠는 그러한 활동에 기여할 수 있는 많은 실천적 활동들 가운데 하나일 수 있다는 것이다. 다음은 그러한 논증에 대한 전반적인 개요이다.

'1장 스포츠 경기: 규칙, 목적 그리고 사회적 논리'는 페어플레이 논증에서 핵심적인 개념을 제시하고 또 그것을 어떻게 이해해야 하는지에 대한 설명을 분석적인 작업을 통해 수행하게 될 것이다. 스포츠 경기에서 무엇을 구조적, 의도적 그리고 도덕적 목적이라고 부를 수 있는가는 내적으로 확인 가능한 사회적 실천으로 간주된다. 스포츠 경기의 구조상의 목적은 운동선수가 수행하는 행동에 대해 측정하고, 비교하고, 경쟁자들 간에 순위를 매기는 데 있다. 그런데 개인의 의도적 목적은 스포츠의 수행에 따른 개별적인 이유를 반영하게 되고, 그럼으로써 수많은 다양성을 확인하게 된다. 최종적으로 경기의 도덕적 목적은 특히 이 책의 끝

1) [옮긴이 주] 이 책에서는 '공정한 경기'를 뜻하는 'fair play'의 번역어로 그것이 스포츠 분야에서 갖는 일상적 어감과 용례를 살려 '페어플레이'를 택했다.

부분에서 구체화하는 동시에 그 정당화를 시도할 것이다.

전통적으로 스포츠의 도덕적 목적으로 여겨온 페어플레이가 무엇인지에 대해서는 그 역사적 근거와 맥락에 따른 이해를 통해 제시할 것이다. 페어플레이에 대한 일반적인 생각은 형식적인 것과 비형식적인 것을 그 구성요소로 갖는 것으로 이해된다. 형식적 페어플레이는 규칙을 지킬 것을 요구한다는 측면에서 도덕적으로 옳고 정당한 것에 대한 고려에 따른 규정이다. 비형식적 페어플레이는 경기에 참여한 당사자들 간의 관계에 따른 상호 존중 그리고 경쟁에서 갖추어야 할 이상적인 태도나 미덕과 관련된다. 나는 여기에서 도덕적으로 좋은 것으로 간주되는 것이 어떤 것인지에 대해서 언급할 것이다.

이러한 페어플레이에 대한 일반적인 이해를 체계적인 방식에서 검토할 수 있으려면, 도덕적으로 옳은 것과 좋은 것에 대한 기준이 필요하다. 그와 같은 기준은 '2장 도덕적 관점'에서 전개된다. 그 목적은 순수 윤리학적 이론들을 전개하려는 것이 아니라, 더 실용주의적으로 기본적인 전제들을 드러내 보여주고 이러한 작업의 가능성과 한계를 반성해 보려는 것이다. 나는 절대적으로 객관적인 도덕적 관점이 존재한다는 생각은 거부하지만, 윤리적인 물음에 대한 그리고 도덕적으로 타당한 규범과 행위를 도덕적으로 허용할 수 없는 것과 구별하는 것에 대한 합리적인(rational) 논의는 가능하다는 입장을 고수할 것이다. 나의 관점은 규범과 가치 그리고 그들의 상호 연결 가능성에 관한 분석적이고 체계적인 연구를 통해 형성되었다. 나는 강제되지 않고 충분한 정보에 입각한 합의를 위한 기초를 받아들일 수밖에 없다고 하는 윤리적 계약이론의 견해에 의지하고 있다(Scanlon 1984). 이와 같은 도덕에 대한 일반적 기준은 공리주의에 의해 형성된 결과주의적

(consequentialist) 규범과 정의에 대한 비결과주의적 규범을 통해서 명료하게 제시되는데, 이런 규범들은 페어플레이 논증을 좀 더 정교하게 다듬는 작업에서 사유의 도구로 그리고 규범들을 뒷받침해 주는 것으로 사용될 것이다. 이는 내가 이른바 프랑케나(Frankena 1963)가 '혼합적(mixed)' 윤리 이론이라고 부르는 것을 활용한다는 것을 의미한다.

'3장 올바른 스포츠 경기: 공정성'에서는 페어플레이를 위한 규범에 대한 일차적인 유형을 정식화하고, 이를 더 구체화할 것이다. 스포츠 경기는 적어도 둘 또는 그 이상의 상대들이 상호작용하는 사회적 실천이다. 만일 스포츠에 참가하는 것이 강제적이지 않은 선택의 문제라면, 상대에 대해 일정한 의무가 발생하게 될 것이다. 좀 더 구체적으로 말해서, 경쟁자들이 경기에 자발적으로 참여한다면, 그들은 문제의 스포츠에 참가하고 있는 경쟁자들 간에 그들 자신의 의사에 따른 공유된 규칙에 따라 행동해야만 한다. 그러한 규칙에 대한 공유된 이해는 곧 에토스(ethos: 스포츠 정신)[2)]라고 할 수 있다. 이것은 형식적인 페어플레이에 대한 개념을 재구성하는 차원에서 이루어지게 되고, 나는 이 정식을 공정성 규범이라 부를 것이다.

2장에서 전개한 비결과주의적 규범으로 돌아가 정의의 필요조건에 관한 논의에 상당한 지면을 할애할 생각이다. 첫째로 수행의 평등한 기회를 위한 규범에 대해서 다룬다. 여기에서는 외적 조건, 높이, 무게, 성(姓)과 나이 같은 인간에게 귀속된 조건 그리

2) [옮긴이 주] 'ethos'를 번역하면 '스포츠 정신'이라고 할 수 있는데, 이와 같이 번역할 경우 'ethos'가 갖는 본래적인 의미를 전적으로 반영해 내기 어려운 측면이 있기 때문에 이후에는 '에토스'로 통일하여 사용할 것이다.

고 보완적 시스템 장치와 능력에 따른 불평등을 다루는 방법에 관해 언급할 것이다. 더욱이, 세부적인 규범적 해석은 모든 스포츠가 시도하는 평가와 관련된 불평등, 즉 운동선수의 경기 수행(athletic performance)[3]에서의 불평등에 대해서 전개한다. 마지막으로 나는 실제적인 경기 수행과 경기에서의 이익(순위, 점수, 목적 등) 및 불이익(벌칙)의 분배 간의 합당한 관계가 무엇인지에 관해 논의한다.

비록 경쟁자가 공정한 규범을 준수한다고 해도, 그 경기가 반드시 좋다고 생각하지 않을지도 모른다. 두 명의 경쟁자가 서로 공유하고 있는 공정한 에토스(스포츠 정신)에 따를 수도 있겠지만, 만일 잠재적 수행 그리고/혹은 태도에 있어서 불공정할 경우 그 경쟁은 양쪽 모두에게 부정적인 경험으로 끝날지도 모른다. '4장 좋은 스포츠 경기: 놀이'에서는, 스포츠 참가자들과 연관된 의도적 목적에 대해 검토할 것이다. 그러한 생각은 좋은 경기, 즉 모든 관련 당사자들의 의도적 목적이 가능한 최대한으로 실현되는 것으로 전개된다. 2장에서 개괄적으로 언급한 공리주의 규범인 결과주의의 도움으로, 서로 간에 다른 의도적인 목적에 중점을 두는 동시에, 좋은 경기란 경쟁자들이 소위 '내적 승리 선호(internal winning preferences)'라는 것에 따라 행동할 경우에 실현되는 것으로 귀결된다. 경쟁자들은 문제의 스포츠에 대해서 공유하고 있는 공정한 스포츠 정신의 틀 내에서 승리해야 한다. 더욱이, 만일 합의가 좋은 경기가 갖는 특성이라고 할 수 있다면,

3) [옮긴이 주] 'athletic performance'는 '운동선수의 경기 수행' 또는 '운동경기의 수행'으로 번역할 수 있는데, 문맥상 때로는 유사한 표현의 중복을 피하기 위해서 간단히 '경기 수행', '운동선수의 수행'으로 옮겼다.

이를 극대화하는 방향을 모색하는 것은 합리적이다. 그러므로 일련의 공유된 규범은 경쟁자들이 유사 수행 잠재력(similar performance potential)과 유사 선호 강도(similar preference strength)에 따라야만 할 것을 규정하는 것으로 전개된다. 여기에서 나는 비형식적 페어플레이에 대한 생각을 재구성하게 된다. 이것은 우리가 스포츠에 자발적으로 참여할 때 발생하는 부가적 의무가 된다. 그것은, 경기 그 자체에 있어서, 경험적 가치를 실현함에 있어 직접적이기 때문에 놀이를 위한 규범이라고 말하는 것이다.

'5장 스포츠 경기에서의 페어플레이: 도덕적 규범 체계'에서, 공정성 규범과 놀이 규범은 분명하고 단순하며 완전하고 일관된 도덕적 규범 체계를 구성하는 동시에 도덕적으로 정당화될 수 있다고 논증할 것이다. 그 이상의 논증은 그 규범이 일관되지는 않지만 그들 간에 의미에 대한 강한 연관성이 있다는 것이다. 공정성 규범은 규정에 의거하여 참가자들이 서로 공유하고 있는 공정한 스포츠 정신에 따라 페어플레이가 되도록 하는 것이다. 그것은 이익과 불이익에 대한 기회의 평등과 능력주의적(meritocratic) 분배를 조절할 수 있게 한다. 그래서 공정성 규범은 예측 가능하도록(predictability) 해준다. 놀이(play)[4] 규범은 경쟁자들이 이기기 위한 (공정한) 놀이가 되어야 할 것을 규정한다. 그런데 심지어는 경쟁, 결과의 개방성, 그리고 예측 불가능성을 표출하는 것으로 드러나기도 한다. 페어플레이에 따라 행동함으로써, 공정성

4) [옮긴이 주] 이 책에서 'play'는 '플레이'로, 그리고 문맥에 따라 '경기' 또는 '놀이'로 번역했다. 특히 우리말에서 놀이는 경기보다 훨씬 포괄적인 의미를 갖는다. 경기가 주로 승부를 내는 활동을 강조한다면, 놀이는 승부를 떠나 수행되는 자유로운 활동 혹은 유희도 포함하는 의미를 갖기 때문이다. 특히 4장에서는 'play'의 의미가 전자에만 한정되어 사용되지 않고 있다.

과 놀이 간에 그리고 예측 가능성과 예측 불가능성 간에 최적의 균형을 유지할 수 있을 것이고, (워렌[Warren]과 프랠리[Fraleigh]를 따라서) '결과의 불확실성의 달콤한 긴장(the sweet tension of uncertainty of outcome)'이라고 부르는 경험에 도달할 수 있을 것이다.

'결과의 불확실성의 달콤한 긴장'을 일종의 좋은 스포츠의 '본질' 혹은 '실체'를 나타내는 것으로 이해해서는 안 된다. 이는 좋은 스포츠 체험에 대한 현상학적 구조를 가리키는 용어이며, 다양한 방식으로 다양한 사회-문화적 맥락에서 해석될 수 있고 구체화될 수 있다. 여전히 나는 이러한 구조 내에서 공유된 경험은 도덕적으로 가치 있는 방식으로 사람들을 상호 연결시킨다고 주장한다. 공정하고 좋은 경기에서, 경쟁자들은 즐거움을 증가시키는 방식으로 협력해서 서로 경쟁하게 된다. 나는 이것이 스포츠가 인간의 삶을 더 풍요롭게 할 수 있는 하나의 무대인 동시에 좋은 삶을 위한 수많은 실천적 행위 가운데 하나가 될 수 있는 길이라고 주장한다. 그러므로 '결과의 불확실성의 달콤한 긴장'의 실현은 스포츠 경기에서의 도덕적 목적이라고 생각된다.

1 장

스포츠 경기

규칙, 목적 그리고 사회적 논리

잠재적으로 의미 있고 가치 있는 인간의 실천적 행위로서의 스포츠 경기에 대한 규범적인 이해를 제시할 수 있기 위해서는, 우리가 언급하게 되는 실천의 종류에는 어떠한 것들이 있는지, 그리고 전통적으로 받아들여 온 도덕적 이상(ideals)은 어떤 것인지에 대한 좀 더 선명한 이해가 요구된다. 규범적 분석에 초점을 맞추기 위해 어느 정도의 개념적인 기초 작업이 필요하다.

스포츠와 스포츠 경기

우리가 '스포츠'와 '스포츠 경기'에 관해 언급할 때 이것은 무엇을 의미하는가? 맥퍼슨 등(McPherson *et al*. 1989: 15)이 스포츠를 '구조화되고, 목적-지향적이고, 경쟁적이며, 대회를 통해서 이루어지는, 놀이적 신체 활동'이라고 보는 생각은 스포츠에 대한 정의를 내리려는 노력의 아주 대표적인 사례이며, 그 용어에 대한 공통된 이해와 사용을 포착하고 있다.1) 이러한 정의는 다양한 활동을 포함한다. 여기에는 '아이들과 청소년 스포츠', 지역 공원에서 여가로 즐기는 야구 게임과 같은 '레크리에이션 스포츠', 대학 체육 실기 같은 '아마추어 스포츠', 그리고 영국 제일의 리그 축구와 같은 '전문적인 스포츠'나 '상업적인 엔터테인먼트 스포츠'와 미국 프로농구연맹(NBA)에서 펼쳐지는 농구에 관한 것들이 포함된다.

더욱이, 우리가 '스포츠'라고 부르는 활동은 그들이 속한 사회-문화적인 맥락 속에서 계발되고, 다변화되며, 때로는 사라지기도 한다. 모간(Morgan 1994: 213)에 따르면, 스포츠는 '자연적인 것이라기보다는 오히려 사회적'이다. '상업적인 엔터테인먼트 스포츠'라는 말은 1894년 국제올림픽위원회(IOC)의 창립 멤버들에게는 그 어떤 의미도 갖지 못했다. 20세기 후반 여성 스포츠의 괄목할 만한 성장은 아마도 두 번의 세계대전 중에 대부분의 스포츠 지도자에게는 상상조차 할 수 없는 일이었을 것이다. 스노보드와 비치발리볼은 지난 20여 년에 걸쳐 성장된 새로운 운동경기이다.

그래서 그러한 사회-문화적 배경에 따라, '객관적'이고 역사적

---

1) 사회적 현상으로서의 스포츠에 대한 정의는 Coakly(1998: 19)에서 찾을 수 있다. '놀이', '게임' 그리고 '스포츠'와 같은 용어들의 의미와 그들의 관계에 대한 철학적 논의들에 대해서는 Huizinga(1950), Loy(1968), Suits(1973, 1978), McBride(1975), Guttmann(1978), Kretchmar(1975), Loy, McPherson and Kenyon(1978), Sutton-Smith and Rberts(1980), Tangen(1985, 1997), Gaillois(1988), Meier(1988), 그리고 Chick and Loy(1996)의 사례를 참조하기 바람.

인 정의에 관한 탐구는 별다른 의미를 갖지 못한다. 여기에서 명료화를 위한 탐구는 어느 정도 제한을 두고자 한다. 나의 제안은 전통적으로 스포츠 실천의 핵심으로 간주되고 있는 것, 즉 경기에서의 페어플레이에 대한 해석이다. 이어서, 만일 이와 다르게 지적될 수 있다면 '스포츠'라는 말은 스포츠 경기를 지칭한다. 더욱이, 오늘날 이해되고 있으며 실행되고 있는 스포츠 경기에 관해 논하고자 한다. 우선 내가 스포츠 경기의 핵심적인 특징으로 생각하고 있는 것을 간략히 개관해 보는 것으로 논의를 시작하고자 한다.

규칙-지배적 실천으로서의 스포츠

스포츠 경기는 규칙-지배적 실천이다. 규칙의 기능에 대한 우세한 견해는 규칙들 하나의 실천을 구조화하고 실제로 하나의 실천을 정의하는 것이거나, 혹은 적어도 그 내부에서 실천을 가능하게 하는 틀을 정의하는 것이다. 썰(Searle 1969: 33)은 구성적 규칙과 규제적 규칙이라는 잘 알려진 칸트적 구분을 받아들여 '그 존재 방식이 논리적으로 규칙에 의존적인 활동을 구성하는(그리고 또한 규제하는)' '구성적 규칙'에 대해서 언급하고 있다.

> 예를 들어, 축구나 체스의 규칙은 축구경기를 하고 또는 체스 게임을 하는 데 있어 이에 대해 단순히 규제하는 것이 아니라, 이를테면 그와 같은 게임을 하는 것을 가능하게 만들어준다. 축구나 체스와 같은 일련의 활동은 그에 적합한 규칙에 따른 행위에 의해 구성된다. (Searle 1969: 33-34)

반면에, 규제적 규칙은 논리적으로 그 규칙들과 독립하여 존재하는 사전 활동을 규제한다. 규제적 규칙의 사례들은 대화에 참여하는 방법, 식사하는 방법 또는 옷을 입는 방법을 위한 규범들처럼 사회적 상호작용에 알맞은 행동을 위한 규범일 수 있다.

구성적 규칙은 하나의 목적과 이 목적이 규정과 금지를 통하여 달성될 수 있는 수단을 명시한다. 스포츠에서, 명시된 목적은, 예컨대 잔디 필드에서 라인 위의 특정한 공을 두 폴(기둥) 사이에 집어넣는 것과 같이, 라켓을 가지고 공을 맞추어 그 공을 네트 위로 넘겨 어떤 라인 안의 평평한 표면에 그것을 튀도록 하는 것과 같이, 또는 특정한 동작을 수행하면서 10미터 높이의 다이빙 플랫폼에서 점프하여 풀 속으로 뛰어드는 것과 같이, 통상 발생한 특정한 상황에 대한 정의에 의해 주어지게 된다.[2] 게다가 구성적 규칙은 그 규칙들의 필수불가결한 부분으로 특정한 사태에 도달할 수 있기 위한 수단에 대한 기술, 그리고 이러한 틀 안에서 경쟁자들이 수행하는 방법에 따라서 경쟁자들의 서열을 매기는 방법에 대한 기술 등을 갖고 있다. 구성적 규칙은 스포츠 경기에서 이긴다는 것이 무엇을 의미하는지를 정의한다.

축구에서, 이기는 것은 어깨 아래에 팔을 사용하지 않으면서 이른바 오프사이드 위치에 있지 않고서 상대 팀보다 골라인을 자주 넘겨 골을 획득함으로써 득점하는 것을 의미한다. 테니스 선수는, 그 경쟁자보다 테니스 규칙에 따른 규정을 지키면서 각 세트에서 더 많은 점수를 기록하기 위해 노력하고, 그 결과 그 시합

---

2) 이러한 차이는 Suits(1973)에 의해 촉발되었다. Suit의 어법에서, '놀이 이전의 목적'은 '게임 혹은 그 한 부분이 되는 게임에 앞서서, 또는 독립적으로'(p.48)라고 시작되며, 반면에 그는 승리라는 개념을 게임의 '놀이적 목적'이라 부른다.

에서 승리하게 된다. 다이빙 선수는 그들의 경쟁자보다 많은 점수를 획득하기 위하여 특정한 기준에 의거하여 가능한 한 최상의 방식으로 공중회전과 비틀기를 하면서 10미터 높이의 플랫폼에서 점프한다. 이와 같이 이기는 것을 목적으로 하는 구성적 정의는 하나의 스포츠를 다른 스포츠와 구별해 준다는 것을 알 수 있다. 이어서, 우리는 스포츠에 고유한 목적으로서 이기는 것에 대한 정의에 관해 말하고자 한다.

스포츠의 구성적 규칙은 이기기 위한 방법을 규정해 주고 있기는 하지만, 성공적으로 경쟁하는 방법에 대해 규정하고 있지는 않다. 수츠(Suits 1973)는 제3의 규칙들의 범주인 기량(skill)의 규칙에 대해 소개하고 있다. 이것들은 잘 수행하는 방법에 관한 기술적이고도 전략적인 규칙이다. 테니스에서 우리는 공에 항상 우리의 눈을 고정하라는 말을 듣는다. 그리고 자유형을 수영하는 사람은 '높은 팔꿈치'의 중요성을 강조한다. 그러나 기량의 규칙은 구성적인 규칙이 아니다. 스포츠는 실제로 규칙들에 얽매이지 않고서 실천을 통해 실현될 수 있다. 특정한 축구 게임이 만족스럽지 않은 경기일 수 있지만 그래도 여전히 그것은 축구다. 기술의 규칙에 관해서는 3장의 운동선수의 경기 수행에 관한 논의에서 더욱 상세하게 검토할 것이다. 현 단계에서 주안점을 두고 있는 것은, 스포츠에 고유한 목적을 정의함으로써 스포츠의 구성적 규칙이 스포츠가 그 틀 안에서 성립할 수 있는 개념적 틀을 제공한다는 것이다. 간단히 말해서, 구성적 규칙은 개별 스포츠에서 특정한 역할을 수행함으로써 구체화된다고 할 수 있다(Reddiford 1985).

이와 달리, 규제적 규칙은 경쟁의 과정과는 논리적으로 독립된 활동에 규제적이고 제약적인 조건을 설정한다. 통상, 규제적 규칙은 스포츠의 실현에서 이차적인 중요성을 갖는다. 그들 중 대부분은 규제적 규칙의 실행에서 그 실현을 용이하게 하는 데 도움을 준다. 모양, 크기, 그리고 골프공의 무게, 또는 스키 점프 언덕의 윤곽(프로필)을 확인하는 규칙은 이러한 종류에 속한다. 너무 무겁거나 너무 가벼운 골프공은 골프의 기술적 요구를 변화시킬 것이고, 아마도 그 수행에 있어 스타일과 장비의 변화로 이끌 것이다. 만일 점프 언덕의 모양이 규칙에서 정해진 것과 다르다면, 점프하는 것이 더 어렵고 위험하게 된다는 것은 쉽게 짐작할 수 있다. 게다가 메이어(Meier 1985)는, 적격성 여부의 규칙(즉, 나이, 성별, 혹은 수행과 연관된), 안전 규칙, 혹은 어느 정도 스포츠 외적인 사회적, 정치적, 상업상의 이익과 연관된 임의적인 규제와 같은, 경쟁적인 상황과는 동떨어진 문제들을 다루는 '보조 규칙'에 대해 말한다. 때로는 보조 규칙이 구성적 규칙을 압도한다. 아펠(Apel)은 일상생활에서 안전하고 피해가 없도록 하기 위한 일반적인 도덕적 원칙이 게임-세계의 규칙에 적용될 수 있는 방법을 기술하기 위해서 권투의 예를 이용하고 있다: 권투선수의 상처를 진찰하고 있는 의사는 경기를 취소해야 할 정도로 상처가 심각하다고 생각할 수 있다.

구성적 규칙과 규제적 규칙의 구분은 분석적인 목적에 도움을 주기는 하지만, 그것만이 절대적인 것은 아니다. 규제적 규칙은 구성적 규칙의 확장으로 여길 수 있다. 왜냐하면 규제적 규칙은 구성적 규칙에 의존하기 때문이다. 규제적 규칙은 반드시 규제를 위한 실행을 전제한다. 더군다나, 다양한 종류의 규칙은 상호 공통적이다. 농구장의 크기를 정하거나, 코트에서 한꺼번에 최대한 5명의 선수가 뛴다는 것을 명기하는 그러한 규칙이 농구에서 구성적 규칙과 규제적 규칙 중 어디에 속하겠는가? 어떤 지역의 공원에서 2 : 2로 하는 길거리 농구가 여전히 농구이겠는가? 현재 맥락에서 이에 대한 분명한 답변이 그리 중요하지는 않다. 나의 목적은 사람들이 상호 합의하고, 그리고 이에 따라 경기에서 그러한 경쟁을 위한 도덕적 규범을 설정하는 데 있다. 그것은 구성적 규칙이라고 여겨진다. 내가 도달하는 규범은 아주 형식화된 엘리트 농구 게임과 지역 공원의 길거리 농구 게임 양쪽 모두에 관계되어야만 한다. 지금 중요한 것은, 스포츠 경기가 구성적 규칙이라고 하는 것에 의해 가능하게 된다는 것, 그리고 규제적 규칙은 다른 무엇보다도 구성적 규칙의 실행에서 그 실현을 용이하게 하기 위해 계획된다는 것이다.

스포츠의 사회적 논리

수츠(Suits 1973), 메이어(Meier 1988) 그리고 모간(Morgan 1987, 1994: 211ff.)에 따르면, 앞에서 개괄적으로 언급한 스포츠의 목적과 수단에 대한 이해는 그 목적과 수단의 실행에는 하나의 특수한 사회적 논리가 있다는 것을 암시한다. 스포츠에서 '이기는' 것은 논리적으로 그것의 구성적 규칙에서 정의된 수단만을 사용하는 것에 달려 있다. 모간(1987)은 목적과 수단의 분리 불가능성에 관해 주장한다. 우리가 만일 구성적 규칙에 따라 경쟁하지 않는다면 결코 이길 수 없다. 더구나, 수츠(1973)에 따르면, 그런 규칙의 본성에 대해 좀 더 면밀하게 검토해 본다면, 우리는 그 규칙들이 언제나 이기는 데 필요하다고 생각되는 더 효율적인 수단을 사용하기보다는 오히려 덜 효율적인 수단을 사용하도록 규정하고 있는 것처럼 보인다는 것을 알게 된다. 테니스 선수는 네트에 가까이 가서 직구로 공을 날려 상대의 손이 닿지 않게 하기보다는, 기준선에서 두 가지의 서브만을 시도하게 된다. 유럽의 핸드볼 선수들은 공을 잡고 달리는 대신에 최대 세 걸음까지 공을 잡고 이동하고 그 다음에는 공을 튀기거나 패스하는 것으로 제한되어 있다. 슬라럼(slalom) 스키 선수는 경사 아래로 곧장 가는 대신에, 슬라럼 코스에 있는 모든 게이트의 두 기둥 사이 가상의 라인을 서로 교차해 가며 갈 것이 요구된다. 더 엄밀하게 말해서, 스포츠는 수단과 목적의 분리 불가능성과 모간(1994)이 '이유 없는 장애들'이라고 부른 것을 극복하기 위한 자발적인 시도를 포함하는 특정한 사회적 논리를 지닌 일종의 게임으로 이해될 수 있다. 이 같은 논리는, 논증을 계속 진행하게 되면, 스포츠와 게임을 게임 아닌 것과 구별하는 데 기여하게 된다.

더 상세한 예는 논리적인 방식으로 설명할 수 있다. 교통 통제는 규칙-지배적 실행이다. 교통을 통제하는 목적은 상해의 위험과 물질적 피해의 최소화와 함께 A에서 B로 사람과 물질의 효율적인 수송이 이루어질 수 있도록 하기 위한 것이라고 말할 수 있다. 간단히 말해, 교통 통제의 목적은 효율적이고 안전한 운송에 있다. 전형적인 교통 규칙은 이러한 목적에 도달하기 위한 가장 효과적인 수단을 고려한다는 것을 말해 준다. 이러한 목적을 실현한다는 것이 언제나 그 규칙에 집착할 것을 요구하지는 않는다. 비록 누군가가 인적이 없는 도시에서 한밤중에 빨간불이 켜져 있는데도 건넌다거나, 혹은 어떤 사람이 주변에 차가 없을 때 자전거를 탈 수 없는 길 한쪽에서 자전거를 탄다고 하더라도, 그들은 여전히 안전한 방식으로 A에서 B로 움직여 이동할 것이다. 교통 통제의 규칙은 규제적 규칙이고, 그 규칙과는 독립된 목적에 도달하기 때문에 오직 도구적 가치만을 갖는다.

점심식사 후 학교로 되돌아가는 길에, 식당에서부터 자전거를 타고 누가 빨리 가는지 시합하기 위해, 교통 규칙을 어기지 않고 친구와 경주를 한다고 생각해 보라. 우리는, 비록 차량 통행이 없다고 할지라도, 갓길에서 달리다가 막혀서 길 반대편으로 건너는 경우나 빨간불에 교차로를 통해 달리는 것이 허용되지 않는다는 것에 동의할 것이다. 이제 우리는 실행의 사회적인 논리의 변화와 어떤 다른 실행에 참여함으로써 일차적으로 효율적이고 안전한 운송이 아니라, 일련의 공유된 규칙에 따라, 누가 가장 빠르고 가장 재치 있는 사이클 선수인지를 알려고 하는 시도에 참여한다. 여기서 규범적 교통 규칙은 우리가 우리의 목적을 위해 특별히 동의했던 구성적 규칙의 특징을 따르고, 우리의 실행 목적은 이를 지키지 않고서는 도달할 수 없기에 자전거를 타는 것은 모터 기술이 그 결과에 중요한 비중을 두는 경쟁적인 게임과 같은 어떤 것, 즉 우리가 스포츠 경기라고 부를 수 있는 것에 이르게 된다.

스포츠의 특정한 사회적 논리에 대한 견해를 관련 경쟁자들 간에 벌어지는 스포츠의 실제적 이해에 관한 하나의 경험적인 주장으로 간주해서는 안 된다. 어떤 사람은 게임의 논리를 받아들여, 재미를 위해서 혹은 하나의 도전으로서 경쟁한다. 다른 사람은 이익과 명성과 같은 도구적 이유 때문에 참여한다. 이러한 견해가 갖고 있는 한 가지 가정은, 참가자의 목적이 아무리 다양하더라도, 스포츠는 특정한 목적에 도달하기 위해 '불필요한' 장애물을 극복하는 비-도구적인, '이유 없는' 논리(gratuitous logic)의 가능성을 그 규칙의 구조에 담고 있다는 것이다. 또 하나의 가정은, 이러한 가능성을 더 면밀하게 파악해 볼 경우, 스포츠는 도전과 관심 그리고 흥미를 갖게 됨으로써 즐겁게 된다는 것인데, 이에 대해 모간은 '결국 스포츠의 핵심은 노력에 있다'고 말한다.

스포츠가 특별한 사회적인 논리를 가지고 있다는 가정은 이들 주제와 일반적인 대중성을 다루는 철학자들 간에 한 치도 물러서지 않는 치열한 대립이 있는 것으로 보인다. 그러나 그것이 그렇게 문제가 되는 것은 아니다. 나는 이후(4장)에 이들 입장과는 다른 스포츠의 대안적 해석에 비중을 두게 될 것이다. 나는 이제 앞에서 제시된 규칙을 이해함에 있어 어느 정도 비판적으로 지적하는 데 주안점을 두면서 좀 더 구체적으로 살펴볼 것이다.

형식주의적 입장

드아고스티노(D'Agostino 1981)의 견해에서, 일련의 구성적 규칙이 스포츠를 정의한다는 생각과 이기기 위한 수단으로서의 규칙과 목적이 상호 분리될 수 없다는 생각은 사회적 실천의 형식주의적 이해를 대표한다. 게임 또는 스포츠는 그 구성적 규칙과 관련해서만 정의될 수 있으며, 형식주의자는 구성적인 규칙이 모든 측면에서 완전하게 고수되는 경우에만 스포츠 경기가 현실화된다고 주장할 것이다. 드아고스티노는 이 입장에 비판적이다. 즉각적인 반대로는 그것이 우리의 직관과 상식에 어긋나 보인다는 것이다. 우리가 그 견해를 진지하게 받아들일 경우, 형식주의자는 우리가 '만일 G의 규칙이 G의 사례를 주장하는 과정에서 위반하게 된다면' 게임 G를 더 이상 하지 않는다고 말해야 할 것이다(D'Agostino 1981: 9). 그러나 드아고스티노가 농구의 사례를 통해 지적한 바에 따르면, 규칙 위반은 대부분의 스포츠 경기에서 부분적으로 불가피한 것으로 보고 있다. 의도적인 신체 접촉(이는 사실상 규칙에 의해 금지된 것이다)이 없는 농구 경기에 대한 실제적 사례는 대부분의 선수에게 무의미할 것이다. 이와 유사한 예로 유럽의 핸드볼을 꼽을 수 있다. 현재 실제로 수행되는 게임에서는 수비수가 공격수에 가하는 거친 신체적 동작은 9미터의 던지기 벌칙을 받게 되는데도 이 같은 행동은 으레 포함한다. 비록 9미터의 던지기가 원칙적으로 벌칙으로 주어지는 것이라 할지라도, 그것은 현재의 핸드볼 기술과 전술에서 받아들일 수 있는 한 측면이라고 생각한다. 오늘날 수행되고 있는 경기로서의 핸드볼은 그런 것 없이 진행되기 어렵다.

드아고스티노에 따르면, 형식주의자의 오류는 인정할 수 있는 규칙 위반과 인정할 수 없는 규칙 위반 간의 실제 생활에서의 중요한 차이를 간과한 데 있다. 게다가 형식주의적 전망은 다양한 정도의 공정한 경쟁과 부당한 경쟁 간의 구별을 불가능하게 만든다(Loland 1998). 실제로, 규칙 위반이 발생했다고 하더라도, 그 위반이 결과에 미친 영향이 결정적인 것으로 확인되지 않는 한, 실제 생활에서 우리는 농구나 핸드볼 경기의 공정한 결과에 대해 말한다. 형식주의에 대한 가장 중요한 문제는 규칙이 언제나 특정한 일반성 내에 있고, 그래서 그것을 실행하는 것은 해석에 기초해 있다는 것이다. 비트겐슈타인(Wittgenstein 1953: §201-202)이 지적한 바에 따르면, 규칙은 규칙의 적용 여부를 스스로 결정할 수 없다. 형식주의자들은 이전의 규칙에 대한 해석을 위한 새로운 규칙의 부단한 탐색으로 이어지게 되고, 그 과정은 무한 소급된다. 규칙 해석은 논리적 필연성이다. 그러나 규칙의 어떠한 체계도 그것이 구성하는 실행 내에서 가능한 행위의 다양성을 전적으로 충족시켜 준다고 정의할 수는 없다. 어떠한 경쟁도, 특정한 경쟁에서의 단편적인 어떠한 행위도 이와 다른 경기나 행위와 결코 똑같지는 않다. 특히 헤이닐료(Heinilä)[3]와 닐손(Nilsson 1993)의 경험적인 설문조사에 따르면, 축구의 규칙에 대한 해석은 경기가 치러지는 시대와 사회-문화적 맥락에 따라 그 실행의 정도가 천차만별임을 보여준다. 예를 들면, 젊은 아마추어 선수들보다 더 높은 기량을 갖고 있는 프로 선수들은 팀의 능률과 이익을 위한 규칙 위반을 인정한다. 실제로, 닐슨(1993)은 그 지방의 문화와 팀의 전통을 인용하여 설명하면서, 같은 지역에 속해 있으면서 그 기량에 있어 수준이 같은 축구팀들 간에서도 규칙에 대한 이해가 서로 다르다는 의미 있는 발견을 했다.

스포츠에 조금이라도 관심이 있는 사람이라면 그 누구라도 완고한 형식주의적 입장을 갖는다. 이 입장은 정말 이해하기가 어렵다. 여전히, 형식주의에 대한 진술과 비판은 사회적 실천만큼이나 스포츠 경기에 대한 더 선명한 이해로 나아가는 단계로는 도움이 된다. 형식주의적 입장의 부적절성은 스포츠가 그것이 발생하는 사회적, 문화적 맥락을 고려할 때 가장 잘 이해된다는 것을 암시해 준다.

스포츠의 에토스

맥락주의적(contextualist) 접근은 어떠한 규칙이나 규칙 체계도 자명하지 않다는 통찰에 기초해 있다. 그리고 규칙-지배적 실천에서 인간의 상호작용은 관련 당사자들 간에 그러한 규칙을 해석하기 위해 공유하는 규범들 위에 세워져야 한다. 뉴콤 등(Newcombe *et al*. 1966: 221ff)에 따르면, 규범들은 두 가지 필요조건을 충족시킬 경우에 공유된다.

첫째로, 기본 규칙이 이해될 수 있는 방법에 대해서 관련 당사자들 간에 어느 정도의 공통된 지식이 존재해야만 한다. 테니스

---

3) Heinilä에 대한 개괄적인 논의는 McIntosh(1979) 9장에 제시되어 있음.

를 치기 위해, 두 선수는 그것이 도움이 되는 수단, 점수의 획득, 게임, 세트 그리고 최종적인 조율을 위한 해석에 관해 합의에 도달해야만 한다. 축구 경기를 하기 위해서는, 모든 선수가 득점을 한다는 것이 의미하는 것, 그리고 공에 손을 대는 것은 금지되어 있다는 것에 합의해야만 한다. 그런 지식은 스포츠 경기가 실현되기 위한 하나의 필요조건을 제공한다.

둘째로, 경쟁자들은 기본 규칙에 대한 그들의 공통된 지식을 서로 인정해야 하고 이에 따라 행동해야만 한다. 이것은 그들 상호간의 의사소통을 요구한다. 각 경쟁자들은 규칙 해석을 위해서는 어떤 규범을 승인한다는 것을 상대방이 관찰할 수 있는 말과 행동으로 보여주어야만 한다. 그렇게 되면 모든 경쟁자는 각 경쟁자가 그들 역시 받아들이고 있는 규칙에 대한 어떤 해석을 받아들이고 있다는 것을 인정할 수 있다. 그리고 각 경쟁자는 그 자신의 입장에서 이를 받아들이고 있다는 것을 알게 될 수 있다. 우리는 이제 경기를 협력의 더욱 발전된 형식으로 이해할 수 있다. 테니스 선수는, 질문이나 토론 없이, 점수, 게임과 세트를 매기는 규정을 따름으로써, 그리고 이에 따라 코트에서 움직이고 행동함으로써 그들 서로가 승인한 합의를 보여준다. 축구선수는 이와 동일한 행동을 다른 팀이 프리킥을 할 때 공에서 물러나 있는 행동을 취함으로써, 그리고 프리킥이 골인이 될 경우에는 경기를 속개하기 위해 다른 선수들과 함께 다시 하프 라인에서부터 시작하는 행동을 취함으로써 보여준다.

이렇게 이해하게 되면, 적어도 둘 이상의 상대가 기본 규칙의 해석에 동의하고 있음을 의식하고 있다면 그들에게 규범은 공유되고 있다고 할 수 있다. 말하자면 합의에 대한 공통의 인식 또는 참가자 가운데에서 이차적인 합의가 존재한다는 것이다. 이것이

곧 규범을 공유하는 것만으로 완전한 동의가 이루어진다는 것을 의미하지는 않는다. 테니스 선수들 간에서 심판이 실수를 해서 인(in)을 아웃(out)으로 판정할 경우, 우리는 선수의 행동과 책임에 대해 의견일치를 보지 못한다는 것을 발견하게 된다. 점수를 얻은 선수는 심판을 옳다고 해야 하는가, 아니면 그렇지 않다고 해야 하는가? 소위 '전문적인 반칙'의 도덕적 지위에 대해서 축구 선수들 간에는 의견의 불일치가 존재한다. 여기에서 선수는 팀에게 이익을 주기 위해 공공연히 반칙을 한다. 모든 스포츠 그리고 각각의 특정한 스포츠 경기는 언어에 의해 구체화되는 담론으로 볼 수 있는데, 여기서 규칙의 해석을 위해 공유된 규범은 도전받기도 하며, 협의를 통해 조정되기도 한다(Loland and McNamee 2000). 그러나 비록 규칙의 해석을 위한 규범이 지속적인 변화를 겪게 되는 사회적 규범이라 할지라도, 트랙, 육상 경기 그리고 가장 대중적인 구기 종목과 같은 중요한 스포츠는 역사적으로 급진적인 규칙 변화가 거의 없고, 규칙 해석에 있어서의 극적인 변화 역시 비교적 없다는 점에 주목해야 한다. 대부분의 스포츠는 비교적 안정된 사회적 실천이라고 말할 수 있을 것이다.

우리는 이제 형식주의에 대한 드아고스티노의 비판으로 되돌아갈 수 있다. 형식주의자들의 도전에 대한 그의 해결책은 경기의 에토스(ethos)라는 생각을 도입함으로써 공유된 규범이라는 개념과 유사한 개념에 기초하고 있다. 경기의 에토스란 '게임의 형식적인 규칙이 구체적인 상황에서 어떻게 적용되는지를 결정하는 규약(convention)'으로 구성된다. 그는 여기에서 '게임의 형식적인 규칙에 대한 공식적인 해석을 결정하는 비공식이고, 함축적이며, 경험적으로 결정 가능한 규약'에 대해 말하고 있다(D'Agostino 1981: 7, 13) 에토스에 의한 접근은 구성적 규칙과 규제적 규칙 사이의 구분을 포함하지 않는다. 왜냐하면 드아고스티노에 있어서 이것은 형식주의의 전형적인 표현이기 때문이다. 구성적 규칙이라는 생각은 규칙과 목적 간의 분리 불가능성에 대한 이해와 연결되어 있다. 이에 대해 맥락주의(contextualism)는 하나의 대안을 제시한다고 주장한다. 그러나 모간(Morgan 1987)의 영향을 받아, 나는 구성적 규칙과 규제적 규칙의 구분이 직견적으로(prima facie) 받아들일 수 있는 것이라고 생각한다. 실제로, 선수는 이 입장에 따라 어느 정도 중요한 규칙들을 구별하는 것으로 보인다. 농구 또는 핸드볼 경기를 할 수 있기 위해, 농구와 핸드볼에서 기압에 관한 (규제적) 규칙이 그렇게 결정적이지는 않다. 여기에서 설명하는 것은 문제의 스포츠에서 '이기는' 또는 내가 이전에 스포츠의 고유한 목적라고 불렀던 (구성적) 정의에 관한 해석을 위해 공유된 규범이다. 그러므로 다음의 논의에서 에토스는 하나의 그룹에 속하는 사람들 간에 스포츠에 대한 스포츠-고유의 목적을 해석하기 위한 공유된 규범들의 집합으로 이해되어야만 한다.

에토스에 대한 이러한 생각은 상당한 매력을 가지고 있다. 그것은 서로 다른 사회-문화적 상황에서 쓰인 동일한 규칙들의 체계에 대한 해석의 다양성을 진지하게 받아들인다. 헤이널료[4]와 닐손(1993)이 비록 서로 다른 그룹의 선수들 간에 축구의 규칙에 대한 해석에 있어 큰 차이가 있다는 것을 구체적으로 제시한다고 해도, 우리는 그들 모두가 축구를 하고 있다고 여전히 말한다. 더욱이, 형식주의적 구도는 규칙 위반에 관해서는 적합한 설명을 해내지 못했다. 드아고스티노의 에토스에 의한 접근에서 우리는 규칙에 따른 허용 가능한 행위, '게임의 일부'로 받아들일 수 있

4) 이 장 각주 2를 볼 것.

는 규칙 위반과 결코 받아들일 수 없는 아마도 부도덕한 규칙의 위반 간의 구분을 이끌어낼 수 있다. 신체 접촉을 허용하는 공유된 규범에도 불구하고 농구 경기를 하는 것은 여전히 가능하다. 9미터에서 던지는 유럽의 핸드볼에서 거친 신체적 접촉은 마주치는 모든 상대가 상호간에 이를 받아들이면서 경기에 임하는 한, 게임의 일부일 수 있다.

그러나 에토스에 의한 접근은 매력뿐만 아니라 약점 역시 가지고 있다. 아마 가장 중요한 비판은 분명히 상대주의와 관계될 것이다(Morgan 1987, 1994: 225ff.; Loland 1998; Loland and McNamee 2000). 참가자들 간에 그것이 공통적으로 받아들여지기만 하면 어떠한 종류의 규칙 위반도 받아들여질 수 있는가? 강한 에토스의 발전이 대부분의 스포츠에 문제가 된다는 것은 의심의 여지가 없다. 게다가, 만일 하나의 스포츠의 에토스가 규칙 위반의 수를 높게 허용한다면, 그러한 규칙 체계는 분명한 의미를 잃어버릴 수도 있고, 실천을 위한 개념적 틀이 더 이상 제공되지 않을 수 있다. 결국, 그들의 에토스 각각이 아주 다른 내용을 갖는 경쟁자 그룹들 간의 경기는 불가능하거나 매우 어렵게 될 것이다. 공유된 규범은 거의 없고 문제가 되는 스포츠는 변질되거나 심지어 사라질 수도 있다. 때로는, 19세기 영국에서의 유명한 논쟁에서와 같이 축구의 규칙은 럭비와 축구를 구분하게 만들었으며, 그 같은 해결책은 새로운 스포츠 고유의 목적 그리고 실제의 새로운 스포츠와 관련한 차별화가 될 수 있다.

그러므로 비록 우리가 스포츠의 규칙 해석에서 다양성을 받아들여야 한다고 할지라도, 인정된 규칙 위반의 수를 최소화해야만 하는 것은 여전히 이상적인 것이다. 나는 3장에서 도덕적으로 받아들일 수 있는 종류의 스포츠 에토스의 기준으로 되돌아갈 것이다.

스포츠의 구조적 목적

스포츠의 에토스는 사회적 구성물이다. 공유된 사회적 규범의 어떠한 형식과도 마찬가지로, 그것은 인간의 관심과 목적에 대한 어느 정도 분명한 표현이다. 이 목적은 무엇인가? 그리고 그것은 어떻게 명료하게 설명될 수 있는가?

가장 분명한 범주에서 시작해 보자. 구성적 규칙이 스포츠 고유의 목적을 규정하거나 또는 그것이 개별적인 스포츠에서 이기기 위한 것을 의미한다는 것을 우리는 이미 알고 있다. '이기는 것'에 대한 공유된 해석은 무엇보다 수행 가능한 의미 있는 경기를 위해 반드시 요구된다. 문제는 모든 스포츠에서 의미를 형성해 내고, 사회적 실행으로서 스포츠의 경계를 정하는 데 도움이 될 수 있는 방식에서 '이기는 것'에 대한 하나의 일반적인 이해가 검토될 수 있는지의 여부에 관한 것이다.

우리는 그 답변을 실전적인 사례를 살펴봄으로써 찾을 수 있다. 파워리프팅(power-lifting)에서 각 경쟁자는 세 가지 이벤트의 각각에서 가능한 한 많이 올라가기 위해서 스쿼트, 벤치 프레스와 데드 리프트라는 세 가지 시도를 한다. 달리기에서 목적은 최후의 라인에 가능한 한 빨리 도착하는 것이다. 슬라럼에서 스키 선수는 그들이 할 수 있는 만큼 재빨리 그리고 효과적으로 해당 코스의 문을 빠져나간다. 축구팀은 그들의 상대보다 많은 골을 넣기 위해 노력한다. 다양한 종류의 스포츠 경기란 이에 관련된 경쟁자들이 수행한 것을 측정하는 것과 관계가 있는 것으로 보인다.

하지만 우리는 단 한 사람의 운동선수의 수행을 경쟁이라고 정의하지는 않는다. 크로스컨트리의 스키 선수는 좋은 기술을 보여줄지는 모르지만, 그녀가 다른 스키 선수와 경쟁할 때까지는 우리는 그녀의 수행 능력이 어느 정도인지를 거의 알지 못한다. 어떤 테니스 선수의 득점은 언제나 다른 선수의 실점이다. 한 핸드볼 팀은 그와 상대하는 또 다른 팀 없이 그 스포츠를 수행할 수 없다. 우리는 스포츠 경기를 측정하는 것 그 자체뿐만이 아니라, 경쟁자들 간의 수행을 상호 비교하는 사회적 실천으로 이해한다.

경기가 진행되는 동안, 운동선수의 수행을 측정하고 비교하는 것은 지속적으로 이루어지는 과정이다. 권투 시합에서는 펀치, 타격, 멈춤과 회전을 측정함으로써 전체의 시간을 임의로 측정하고 비교하게 된다. 마라톤 선수들의 수행은 언제나 다른 선수들과 관련한 시간과 공간의 차이를 통해서 평가된다. 마지막 라운드 이후에, 두 명의 권투선수들의 점수를 매기게 되고 그들을 평가하기 위해 한 선수의 점수를 상대 선수와 비교하게 된다. 모든 마라톤 선수들이 결승선을 통과한 이후에, 거리를 주파한 시간에 따라 그들의 순서를 매기게 된다. 수행을 측정하고 비교한 결과를 통해 수행에 따른 경쟁자들의 최종 순위가 매겨진다.

이와 관련해서 '경쟁자'라 하는 것이 무엇인가 하는 한 가지 물음이 있을 수 있다. 물개와의 경주, 또는 산을 정복하기 위한 등반가의 사투, 세계기록을 경신하기 위한 1만 미터 마라톤의 도전을 스포츠 경기로 간주할 수 있는가? 사람이 동물, 또는 기록과 같은 추상적인 것들, 또는 인간 아닌 것들과 경쟁할 수 있는가? 이들 활동이 일상적인 말의 용법에 따라서는 경기라는 것에는 의심의 여지가 없지만, 그것들을 스포츠로서 분류하기는 어렵다. 그러한 경우를 이해하기 위해 그 기반이 되는 것은 스포츠 경기가 에토스에 의해 구성된다는 것이고, 그것은 이기기 위한 수단을 정의하는 기본적인 구성적 규칙의 공유된 해석이라는 것이다.

공유된 해석은 약속된 모든 당사자들 간에 의사소통적 합의를 요구한다. 그러므로 우리는 스포츠 경기를 사람들 간의 의사소통 과정에서 야기되고 이를 통해 실현되는 사회적 실천으로 이해해야만 할 것이다. 그렇다면, 스포츠 고유의 목적에 따른 많은 다양성에도 불구하고, 다음과 같은 것으로 스포츠 경기를 특징짓는 일반적인 목적을 형식화할 수 있을 것이다. 즉, 스포츠 경기의 목적은 운동선수의 수행에 따라 측정하고, 비교하고, 적어도 둘 이상의 경쟁자에 대해 순위를 매겨 평가하게 된다. 이러한 목적이, 그들의 다양한 에토스가 있기는 해도, 모든 스포츠에 공통적인 것 같다. 그것은 스포츠의 특징적인 사회적 구조를 규정해 주게 되고, 그래서 그것을 나는 스포츠 경기의 구조적 목적이라고 부를 것이다.

경쟁자들 간의 의도적 목적

나는 구조적 목적이 스포츠에 대한 공유된 이해에서 핵심적인 요소라고 생각한다. 하지만, 이것을 선수들의 특수한 참여와 연관된 그들의 개별적 목적과 혼동해서는 안 된다. 나는 지금 스포츠에 참여하는 개별자의 주관적인 이유에 관해 말하려고 하는데, 앞으로 이를 의도적 목적이라고 부를 것이다. 의도적 목적은 많고 매우 다양하다. 몇몇 사람들은, 예를 들어 흥분, 긴장, 공감, 도전 그리고 승리와 같은 실천 그 자체 내에서 실현될 수 있는 목적을 추구하기 위해 경쟁한다. 또 다른 사람들은 우정과 사회적 네트워크를 쌓거나 혹은 수행의 높은 단계, 명성, 이익과 같은 그들의 내부에 있지 않은 경쟁에서 얻을 수 있는 가능한 결과에 더 많은 초점을 맞추고 있다.

의도적 목적은 많은 요인들에 의해 형성되고 영향을 받게 된다. 심리학자들은 사회의 보수 구조와 코칭 스타일과 같은, 스포츠 설정에서의 사회-심리학적 풍토의 중요성에 대해 지적한다(Weinberg and Gould 1999: 93ff.). 같은 사회적 그룹 내에서 우리는 특별한 개성과 관련된 개인의 차이와 각 참가자의 배경을 발견하게 된다(Weinberg and Gould 1999: 25ff.). 더 큰 구조에서, 개인의 의도적 목적은 그들 자신이 발견하게 되는 역사적이고 사회적인 맥락과의 관계에서 가장 잘 이해된다. 고대 올림픽은 종교 숭배의 일부였다. 그리고 적어도 참가자 중 일부는 그들의 참가가 신을 숭배하기 위한 것이었다고 생각할 수 있다. 오늘날 올림픽에 참가하는 선수들은 자신의 나라, 자신의 민족, 자신의 이데올로기, 심지어는 자신들의 신에 봉사한다고 생각할 수 있다. 여전히, 잘 수행하고, 승리하고, 그에 따라 명성과 부를 얻으려는 세속적인 목적은 아마도 예외 없이 공통적일 것이다. 중국의 문화혁명 과정에서, 그들의 슬로건은 '우애가 첫 번째, 경쟁은 두 번째'였다. 경쟁이 시작되기 전에, 참가자는 노래를 하고, 함께 실천하고, 그리고 그들의 스포츠에 관한 지식을 공유할 것이라고 매킨토시(McIntosh 1979: 171)는 말한다. 경기가 끝난 이후에 그들은 함께 모여 적어도 공식적인 식순에 의거하여 경기에서 우승한 것을 넘어선 우애의 이념이 실현되었는지에 관해 반성할 것이다. 이는 가령 아메리칸 풋볼 팀 그린 베이 파커(Green Bay Packer)의 코치 빈스 롬바르디(Vince Lombardi)의 '이기는 것은 가장 중요한 것이 아니라, 유일한 것이다!' 또는 야구선수이자 코치인 레오 두로처(Leo Durocher)의 '멋진 선수가 대미를 장식한다!'라는 슬로건 속에 표현된 서양의 고도의 수행적 스포츠 정신(mentality)과 명백한 대조를 이룬다. 여기서는 시장에서의 공격적이고 경쟁적인 개인주의가 지배적인 것 같다. 우리들 대부분은 의도적 목적을 구조와 혼합시켜 왔다. 우리는 내재적 목적과 외재적 목적 둘 모두에 의해서 동기를 부여받는다. 실로, 스포츠 경쟁자가 있는 것만큼이나 서로 다른 많은 의도적 목적들이 있을 것이다. 여기서 내용의 일반적인 형식이라도 제안하기는 어려울 것 같다. 현 단계에서 말할 수 있는 것은, 우리는 개인의 스포츠 경기 참가를 스포츠에서의 약속과 연관된 다양한 종류의 의도적 목적의 표현으로 이해한다는 것이다.

스포츠의 도덕적 목적

스포츠 경기는 스포츠 고유의 목적, 일반적인 구조적 목적, 그리고 약속된 참가자의 의도적 목적에 따라 기술될 수 있다. 그러나 때로는 이들 목적이 상호 충돌할 수 있다. 관련된 농구의 에토스에 따라 경기하는 일부 선수들의 의도적 목적은 대체로 어떠한 대가를 치르든지 간에 이기려 하는 다른 선수의 목적과는 상반될 수 있다. 수행에 따른 측정과 비교 그리고 경쟁자들의 순위라는 구조적 목적은 흥미 위주의 TV 엔터테인먼트에 목적을 둔 상업적인 이익에 의해 압도당할 수 있다. 충돌이 일어날 경우 어떤 목적이 상황의 방향을 잡아주어야 하는가? 충돌되는 이익들 간에 우선순위를 매기는 것은 가능한가? 도덕적 의미와 가치에 따라, 스포츠 경기의 목적에 대한 체계적인 질서를 세울 수 있는가?

특정한 행동과 실천의 고유한 목적에 대한 반성은 더 일반적이고 기초적인 목적에 대한 반성으로 이끈다. 다른 무엇을 위해 모든 것을 선택하는 것은 불가능해 보인다. 만일 이것이 바로 그 경우라면, 목적을 넘어선 숙고는 무한히 진행될 것이다. 이는 마치 어떻든 무언가가 궁극적인 가치를 지녀야 하며, 그것이 우리의 물음에 대해 최종적인 답변을 제공해야만 하는 것처럼 생각된다. 아리스토텔레스(Aristotle)의 해결책에 따르면, 어떠한 행위가 되었든 그것은 그 고유한 기능에 따라 인간 역시 인간의 본성을 충족하려는 방향으로 수행한다고 본다. 아리스토텔레스에게 이것은 우리가 모든 우리의 힘과 능력을 충분히 발휘하고 실행하게 되는 이성의 덕 있는 삶이다. 우리가 추구하는 궁극적인 선(ultimate good)은 에우다이모니아(*eudaimonia*), 행복 또는 인간의 번영(flourishing)이다(Cooper 1975: 89, 143). 이러한 아리스토텔레스의 논리에는 의심의 여지가 있다. 모든 인간의 행위가 선한 것을 추구한다는 그의 전제는 모든 행위가 추구하는 궁극적인 선이 존재한다는 결론을 반드시 함축하지는 않는다(Follesdal *et al*. 1996: 214).

현대 다원주의 사회에서는 '궁극적인 선'에 대한 서로 다른 다양한 주장이 있어서, 유일하게 옳거나 또 다른 더 나은 선이 분명하게 있어서 이러한 생각을 판단할 수 있는 절대적인 아르키메데스적 기준점(Archimedean point)이 있어 보이지는 않는다. 그러나 2장에서 나는 기본 규범과 가치의 문제를 포괄하는 합리적인 숙고가 가능하다는 주장에 대해 논증할 것이다. 사실 우리의 행위와 실천은 우리가 이를 인간의 삶이라는 더 큰 틀에 비추어 살펴볼 경우에 더 잘 이해된다는 아리스토텔레스의 주장은 어떻든 많은 문제들을 안고 있다. 스포츠 경기는 왜 존재하는가? 그것의 존재이유(*raison d'être*)는 무엇인가? 그것은 스포츠 경기에 참가한 모든 경쟁자들에게 가치 있고 의미 있는 것이 될 수 있으며, 그 결과 전반적으로 인간의 번영에도 기여할 수 있는가? 그렇다면 어떻게? 이제 이러한 물음들을 고찰할 차례가 되었다.

페어플레이: 역사적 배경

스포츠의 가치와 의미에 대한 도덕적 관념은 스포츠 그 자체만큼이나 오래되었다. 핀레이와 플레켓(Finley and Pleket 1976)은 고대 세계에서 스포츠의 이상에 대해 생생하게 기술해 주고 있다. 이는 존경할 만하고 공정한 행동을 강조하는 군인의 에토스에 밀접하게 관련되어 있다. 마치 군인과 같이, 올림픽의 운동선수는 자신의 신 앞에서 승리와 명예를 위해 싸운다. 게다가 기량의 발휘에 따라 선수를 평가한다는 바로 그러한 생각에는 어떤 기회의 평등이 요구된다. 2륜 전차 경주에서는, 그러한 기회의 평등을 보장하는 비교적 정교한 출발 절차가 있다. 경주에서 출발 신호를 하기 전에 출발하는 것에는 공식적인 벌칙이 주어질 수 있었으며, 뇌물을 받은 경쟁자에게는 무겁게 벌금이 주어진다. 기회의 균등에 대한 관심은 오늘날 '공정성(fairness)'이라고 부르는 개념과 밀접하게 관련되어 있다(Wischmann 1962; McIntosh 1979).

여전히 리폰스키(Liponski 1988)는 우리가 오늘날 알고 있는 페어플레이 이상이 로마 켈트족에 뿌리를 두고 있다고 주장한다. 엄격한 도덕적 규약에 따라서 행동하기로 맹세한 수많은 귀족과 재력 있는 시민들의 자식들에 의해 주도된 특정한 엘리트 세력은 로마의 영국 점령을 주도하게 된다. 이때 전투 시 존경할 만하고 공정한 행동은 좋은 군인의 기본적인 특징으로 여겨지게 되었다. 리폰스키에 따르면, 그러한 이상적인 군인들은 로마의 영향 하에 들어갔던 켈트족들에게 깊은 인상을 심어주게 된다. 기원 후 5세기에 영국에서 로마가 철수한 후, 로마화된 켈트족들은 이와 같은 전통을 그대로 지키게 된다. 이것이 이른바 중세의 수도자, 즉 기사도 정신(*eques cataphraetarius*)의 전통이다. 중세의 선수권

대회 그리고 그 이후의 스포츠 경기에서 행동 규범의 발달은 적어도 부분적으로는 이러한 정신에 기초를 두고 있다(Wischmann 1962; Guttmann 1987).

'페어플레이'의 개념은 경기에서 도덕적으로 올바르고 훌륭한 행동을 하기 위한 표준이 되는 지침으로 점차 발전했다. '공정성'은 1175년부터 유래하는 설교 책들에서 '불편부당하면서 동시에 정당한(impartial and just)'이라는 것을 정의하는 영어 단어로 사용되기 시작했다. '페어(fayre) 게임'이라는 표현은 15세기에 영어로 된 시에서 찾을 수 있고, '반칙'이라는 표현은 1467년에 토너먼트 규칙에서 찾을 수 있다. 셰익스피어는 16세기의 마지막 10년 동안 쓴 그의 역사 드라마 『존 왕의 삶과 죽음(*The Life and Death of King John*)』에서 '페어플레이'라는 말을 사용했다(Wischmann 1962; Liponski 1988). 구전(口傳)은 더 일찍 시작되었을 것이다.

일상어에서 '페어플레이'라는 말은 19세기 윈체스터, 이튼, 해로우, 그리고 럭비와 같은 영국 공립학교들에서 이루어진 스포츠의 발달 및 그리고 옥스퍼드와 케임브리지 대학교에서의 스포츠 생활과 연관되어 있다. 1792년에 발간된 세계 최초의 스포츠 정기 간행물 잡지인 『스포팅 매거진(*The Sporting Magazine*)』은 정식으로 '페어플레이'(Liponski 1988)라는 말을 사용했지만, 19세기 영국은 '아마추어 신사'를 이상으로 하는 시대였다. 스포츠를 통해 청년은 육체와 정신의 강인함을 익히고 그들의 팀과 학교에 대한 충성심을 함양시켰다. '페어플레이'에 대한 실천은 규칙-고수라는 형식적인 규범보다는 오히려 개인의 미덕으로 간주되었다. 경쟁자는 문자상의 정당함이 아닌 '규칙의 정신'을 따라야 하고, 품위 있게 경기에 임하려고 해야 한다. 때문에 그것은 '분노 없는 경쟁, 악의 없는 기술'이라는 해로우 송(Harrow song)으로 표현되었다(Holt 1989: 99). 후에 이 시대의 일반적인 교육적 이상은 [신앙심과 함께 강건한 육체와 쾌활함을 존중하는] '근육의 기독교(muscular Christianity)'라 불리게 되었다. 좋든 나쁘든 스포츠는 이상적인 근육, 도덕적이며 기독교적인 훈육이라는 것을 실현하기 위한 수단으로 사용되었다(McIntosh 1979; Mangan 1981).

페어플레이 이상의 중요성이 증대된 이유를 사회학적으로 설명할 수 있다. 영국의 빅토리아 여왕 시대의 중류계급과 상류계급에게 아마추어 이데올로기의 이용은 그들이 스포츠를 계속하고 또 증가하는 노동계급의 간섭을 막아내기 위한 효과적인 방법이었다. 예를 들어, 소위 아마추어 규칙은 육체노동이 스포츠에 대해서 '몸에 해로운 것'이라는 도구적 태도들을 생겨나게 했으며, '자연의 은총'과 재능을 손상시켰다는 전제 위에서 아마추어 규칙은 형성되었다(Holt 1989). 스포츠를 직업으로 하는 사람들은 그것이 게임이 갖는 본래의 가치에 대해서 지녀야 할 '올바른' 태도와 존중에 맞지 않는다고 생각했기 때문에 배제되었다. 사회의 구조적 변화에도 불구하고, '새로운 게임들'이 필요하지 않다는 견해를 상류계급과 공유했던 중류계급의 점진적인 확산은 아마추어주의와 (부분적인) 페어플레이 이상의 규제적 기능을 강화시켰다(Guttmann 1987). 엘리아스(Elias 1986) 또한 공평하고 공정한 경쟁에 대한 필요가 도박에 대한 인기의 증가와 함께 눈에 띄게 성장했다고 지적하고 있다. 말이나 개에게 돈을 거는 흥미와 관심은 도박꾼들이 공평하고 공정한 결과를 신뢰하는지 여부에 달려 있다.

지금까지 제시된 이러한 역사적인 배경을 감안할 때, 페어플레이 이상은 오늘날 대체로 어떻게 이해되고 있는가?

페어플레이: 현대적 이해

사전에 의하면, '페어(fair, 공정한)'는 영어에서의 고어 'foeger'에 그 기원을 두고 있으며, (1) '매력적'이며, '아름답고', (2) '흠이 없고', '깨끗하며', (3) '금발의(금발 머리로서)', (4) '깨끗하고 맑은', (5) '읽기 쉬운', (6) '바르고 정직한', 그리고 (7) '규칙에 따르는' 것을 의미한다고 할 수 있다.[5] 특정한 태도나 미덕(아마추어 신사의 영어적 개념에 따른 표현과 같이)으로서 페어플레이에 대한 이러한 이해는 해석 (1)과 (2)로부터 이끌어낼 수 있다. 경쟁자들 간의 공정한 행동은 그들이 자기의 이익에 도움을 줄 뿐만 아니라 공동선에 대한 공정한 이해 및 책임감에서 이루어지는 수행이라는 점에서 매력적이고, 때 묻지 않은, 깨끗한 것으로 생각될 수 있다. 해석 (6)과 (7)은 그것이 정의에 대한 관념과 규칙에 따른 행위라는 것을 언급하고 있다는 점에서 '페어'라는 말이 갖는 더 형식적인 이해를 반영하고 있다.

이러한 사전적 정의들은 스포츠 체계와 제도에서 공식적으로 표방하는 것과 잘 부합한다. 이에 해당하는 대표적인 문건이 유네스코(UNESCO: 국제연합 교육·과학·문화 기구)와 국제올림픽위원회(IOC)의 지지를 받은 스포츠 과학과 체육 국제회의(ICSSPE)에서의 페어플레이에 관한 선언이다(Hahn and Remans 1988). 여기에는 규칙의 준수, 관계자들과 그들의 결정에 대한 존중 및 동료 선수에 대한 존중이 강조되고 있다. 게다가, '페어플레이'는 경기에서의 참여, 승리에서의 겸손, 그리고 패배에서의 품위를 보여주는 것과 관련이 있다. 이러한 의무는 경쟁자, 부모, 코치, 관계자, 지도자 또는 지지자 등 스포츠에 참여하는 어느 누

---

5) Webster의 *New World Dictionary*(1984: 220).

구에게도 적용될 수 있다.

페어플레이에 관한 선언은 일반적으로 그 이상에 대한 정당성을 포함하고 있지는 않다. 그와 같은 정당성은 학문 위주의 연구에서 마련되고 검토를 받게 된다. 페어플레이 문제를 분명하게 다루는 일련의 작업들은 (스포츠) 철학적 문헌 속에서 이루어진다. 그래서 키팅(Keating 1964)은 페어플레이를 스포츠의 규칙에 앞서는 평등의 문자적 의미와 그 정신에 대한 옹호로 이해하고 있으며, 매킨토시(McIntosh 1979)는 페어플레이의 역사적 근원과 가능한 철학적 이해들, 특히 공리주의적 해석과 칸트적 해석 두 가지를 검토하고 있다. 롤랜드(Loland 1989)는 페어플레이 관념에 대한 해석을 좀 더 확장하여 정교하게 발전시키고 있다. 시몬(Simon 1991: 35, 43)은 페어플레이를 '윤리적으로 옹호 가능한 경쟁 관념에 의해 지지되는 원칙들에의 참여'로 해석하는데, 여기서 경쟁은 '도전에 직면한 운동선수의 기술의 지능적 및 직접적인 사용에 있어서 우월성(excellence)의 상호 추구'로 이해되고 있다. 렝크(Lenk)는 규칙에의 복종을 나타내는 '형식적 페어플레이'와 게임, 다른 경쟁자, 관계자들에 대한 태도를 나타내는 '비형식적 페어플레이'를 구분하고 있다(Lenk 1964, 1993; Lenk and Pilz 1989). 개블러(Gabler 1998)의 개관에서 페어플레이에 대한 해석이 역점을 두고 있는 것은 규칙의 준수, 기회의 균등으로서의 페어플레이에 대한 이해, 그리고 인격체이자 동반자로서의 상대자의 존중 등이다. 턱실과 윅모어(Tuxill and Wigmore 1998)는 페어플레이 관념이 어떻게 '인격체에 대한 존중'과 관계가 있는 일반적인 윤리적 관념에 토대를 둘 수 있는지를 명시적으로 보여주고 있다. 게르하르트(Gerhardt 1993)는 경쟁자들의 구성적 덕목이자 경쟁이 생겨나는 필수조건인 공정성에 관해 논의한다. 그리고 버처와 슈나이더(Butcher and Schneider 1998)는 매킨타이어(MacIntyre)의 실천의 내재적 선 개념을 자기 목적적 실천에 대한 경험적 연구와 결합시키면서, 페어플레이를 '게임에 대한 존중'으로 해석한다.

렝크의 형식적 페어플레이와 비형식적인 페어플레이의 분석적 구분은 대체적으로 페어플레이 이상에 대한 해석들 대부분을 포괄하는 것으로 보이며, 그런 점에서 우리의 새로운 규범적 출발점으로 활용할 수 있다. 다음부터 형식적 페어플레이는 규칙 준수를 위한 규범 그리고 도덕적으로 옳은 것으로 간주되는 것을 표현하는 정의라는 말로 이해되어야 할 것이다. 비형식적 페어플레이는 선수들이 스포츠 자체의 가치와 '내재적 선'에 연관되어 있으며, 도덕적 선이라는 관념과 결합해 있는 일정한 태도 혹은 일정한 덕목과 경쟁한다는 것을 규정하는 것으로 이해되어야 한다.

요약

이 장에서 나는 스포츠 경기에 대한 상세한 이해를 제공하려고 노력했다. 스포츠 경기는 변화를 겪기 쉬운 사회적 실천이다. 나는 여기에서 우리가 오늘날 이해하고 있듯이 이러한 실천에 있어서 비교적 안정적인 요소들이라 생각하고 있는 것들에 대해서 살펴보았다. 이제 이를 요약해 보자.

스포츠 경기의 개념적 틀은 구성적 규칙들의 집합을 통해 주어진다. 구성적 규칙들은 그 목적과 이를 추구하는 수단을 정의한다. 즉, 그들이 이긴다고 하는 것의 의미가 무엇인지를 정의한다. 스포츠의 규칙들에 대한 이러한 정의는 스포츠 고유의 목적을 표현한다. 더 나아가, 경기를 게임의 사회적 논리를 갖는 것으로 이해할 수 있다. 게임은 수단과 목적의 분리 불가능성, 그리고 수츠(Suits 1973)가 '불필요한 장애를 극복하려는 자발적인 시도'로 기술한 사회적 논리로 특징지을 수 있다. 수츠(1973), 메이어(Meier 1988)와 모간(Morgan 1994) 같은 저자들의 공통된 생각은 그러한 논리가 진지하게 받아들여질 때 최상의 스포츠가 실현된다는 것이다.

이러한 가정이 문제가 없는 것은 아니다. 구성적 규칙들에 대한 해석은 다양하게 주어질 수 있는데, 위에서 언급한 게임의 논리도 바로 그런 해석들 중의 하나이다. 더구나 경기에 대한 이해가 가능하려면 실제로 이러한 규칙들을 해석하기 위한 공유된 규범들이 필요하다. 공유된 규범은 합의가 되었다는 것을 알고 있으며, 그들의 합의를 행동을 통해서 표현하고 소통하게 되는 둘 혹은 그 이상의 참가자들의 합의에 바탕을 두고 있는 것이다. 스포츠 참가자 그룹들이 스포츠 고유의 목적에 대한 해석을 위해 공유하고 있는 규범들의 집합은 특정한 참가자 그룹들의 경우에는 그 같은 특정한 스포츠의 에토스라 불린다.

그러한 스포츠의 에토스는 실제로 사회-심리학적 및 사회-문화적 맥락에 의해 영향을 받는다. 그러므로 인간적 목적의 다소 분명한 표현으로 나타난 것을 하나의 사회적 구성물이라 할 수 있는데, 이러한 목적에는 많은 종류가 있다. 스포츠 고유의 목적은 특정한 스포츠에서 이기는 것이 무엇인지를 정의해 주며, 이는 하나의 스포츠를 다른 것과 구분해 준다. 하지만 스포츠 고유의 목적의 다양성에도 불구하고, 나는 비교적 안정적이면서 스포츠 경기의 사회적 구조를 다른 실천들의 사회적 구조들과 구분하는 데 도움이 될 수 있는 하나의 공유된 공통의 목적을 명료화하는 것이 가능하다고 제안했다. 내가 경기의 구조적 목적이라고 부른 것은 운동선수의 실행에 따라서 경쟁자들을 측정하고, 비교하고, 순위를 매기는 것을 의미한다.

더 나아가 나는 경쟁자들 간의 의도적 목적에 대해서도 언급했다. 나는 지금 스포츠에 참가하는 다소 분명하게 지적할 수 있는 주관적인 이유에 대해서 말하고 있다. 어떤 사람들은 활동 그 자체에 내재적인 가치를 실현하기 위해 스포츠에 참여한다. 반면 다른 사람들이 스포츠에 참가하는 것은 경기를 명성이나 부와 같은 외재적인 목적을 위한 수단으로 여기기 때문이다. 대부분의 경우 의도적 목적의 구조들이 뒤섞여 있으며, 경쟁자들이 존재하는 만큼 서로 다른 많은 목적들과 목적의 구조들이 존재할 것이다. 현 단계에서 그 내용들에 대한 일반적인 형식화는 어려울 것 같다.

나는 스포츠 경기의 도덕적 목적과 연관된 물음에 답하는 것으로 끝을 맺었다. 도대체 경기가 존재하는 이유는 무엇인가? 그것의 잠재된 의미와 가치는 무엇인가? 이들 실천은 인간의 번영과 좋은 삶에 공헌할 수 있는가? 만일 그렇다면, 그 방법은 무엇인가? 이에 대한 대답들은 종종 페어플레이의 이상과 연결된다. 하나의 전통적인 해석은 형식적 페어플레이와 비형식적 페어플레이를 구별하는 것이다. 형식적 페어플레이는 규칙의 준수를 규정하며, 무엇이 스포츠에서 도덕적으로 옳고 정당한 것인지에 대한 관념을 알려준다. 비형식적 페어플레이는 경쟁자, 관계자들에 대한 존중, 그리고 게임 자체에 대한 존중이라는 일정한 태도와 필요조건과 연관된다. 형식적 페어플레이라는 견해는 이어지는 공정성과 정의에 대한 논의(3장)에서 나의 규범적인 출발점으로 활용될 것이며, 비형식적 페어플레이는 스포츠 경기를 도덕적 선으로 만들어주는 것에 대한 논의(4장)에서 같은 기능을 할 것이다.

2 장

도덕적 관점

스포츠 경기에 대한 공유된 이해가 서로 다른 역사적, 문화적, 사회적 맥락에 따라 차이가 난다는 것을 알아보았다. 또한 의도적 목적도 경쟁자 간에 상당히 다르다는 것을 알아보았다. 이 책의 궁극적인 목적은 경기 일반에 있어서 행동을 지도하기 위한 페어플레이의 도덕적 규범 체계를 전개하는 것이다. 이는 야심찬 목적임에 분명하다. 이와 관련하여 어느 정도의 회의적인 의문이 제기될 수 있는데, 이를 다음과 같이 정리할 수 있을 것이다. 우리는 왜 여타의 방식이 아닌 일정한 방식으로만 스포츠를 해야 하는가? 그리고, 만약 우리가 특정한 방식에 따른 관행이 도덕적으로 다른 것보다 더 우월하다고 여길 경우, 그렇게 생각하는 이유는 무엇인가? 또한 그러한 주장을 어떻게 정당화할 수 있는가?

회의주의는 종종 더 근본적인 철학적 질문을 야기하기도 한다.

그리고 가장 구체적인 물음들조차도 이를 엄밀하게 물어나갈 경우 형이상학적 난제들에 빠질 수 있다. 여기에서, 도덕적 규범의 경우 개인들이 대안적 행위들 가운데 어느 쪽이든 자유롭게 선택할 수 있다는 점과 자신의 선택에 대해 책임을 질 수 있다는 점을 전제하는 것 같다. 그러나 이러한 전제가 과연 합당한가? 만일 그렇다면, 자유롭거나 자발적인 선택이 갖는 특징은 무엇인가? 더구나, 만일 우리가 자신의 행동에 대해 책임을 질 수 있다면, 우리가 그러한 정당성에 대해 도전할 수 있다는 가정 역시 합당할 수 있다. 그러나 특정한 행위를 선택함에 있어 '딱 맞는(true)' 도덕적 정당성을 부여하는 것이 가능한가? 우리의 도덕적 신념이나 태도와는 독립적으로 '저 밖에' 존재하는 도덕적 사실들과 속성들은 존재하는가? 있다면 그것을 알 수 있는가? 만일 그러한 도덕적 지식이 있다면, 그것은 어떤 종류의 지식이고 우리는 어떻게 그것을 획득할 수 있는가?

나는 물론 여기에서 이러한 질문들에 대해 만족스럽게 답변할 수는 없다(누군들 할 수 있겠는가?). 그럼에도 불구하고, 실천 윤리학에 관한 연구에서는 기본 전제들에 대한 기술과 간단한 정당화는 여기서 채택된 접근의 가능성과 한계를 증명하는 데 쓰일 수 있다. 규범적 틀에 대한 명료화는 그러한 분석을 더 체계적이고, 더 뚜렷하게 만들 수 있으며, 따라서 그렇게 하지 않을 경우 도덕에 대한 일상적 논의에서 쉽게 간과해 버릴 수 있는 통찰에 이르게 해줄 수 있다. 그렇다면 몇 가지 핵심 개념들을 명료화하는 것으로부터 시작해 보자.

도덕과 윤리학

'윤리(학)(ethics)'라는 말은 '습관(habit)' 또는 '관습(custom)'을 가리키는 그리스어 *éthos*(e를 짧게 발음)와 특히 잘 확립되어 있는 관행 내지 제도화된 관행을 가리키는 *êthos*(e를 길게 발음)에서 유래한다. 고대 그리스 철학의 용어들이 라틴어로 번역되었을 때 *êthos*는 관습(customs)을 뜻하는 *mos*(복수는 *mores*)로 옮겨졌다. 어느 정도 미묘한 차이가 있기는 하지만 '도덕(morality)'과 '윤리(ethics)'는 오늘날에도 교환 가능한 방식으로 사용된다(Crane 2000 a, b).

도덕은 공동체의 사회적 규범들과 가치들의 하위 집합으로 이해될 수 있다. 기본적 가치로 간주된 것들이 위험에 처하게 되는 상황에서 도덕적 규범과 가치들은 상호작용을 규제한다. 갈등이 생길 경우 기본적 가치들은 보통 다른 사회적 규범들에 대해서 최종 결정권을 갖는다(Beauchamp 1991: 16ff.). 예를 들어, 그것들은 우리가 타인에게 선을 행해야 하는 이유는 무엇인가, 중요한 선과 책무가 분배되어야 하는 이유는 무엇인가, 약속과 계약의 문제에서 사람들이 서로 어떻게 관련을 맺는가에 대해 규정한다. 도덕적 규범을 어길 경우 책임과 같은 내적 제재나 비난과 같은 외적 제재로 이어지게 된다.

다른 한편으로 윤리학은 일반적으로 도덕에 대한 철학적 연구로 이해된다. 윤리학에서 우리는 공동체의 도덕적 규범들과 가치들에 대해서 그저 경험적 기술을 하려는 것이 아니라 그 성격에 관해서 비판적으로 그리고 체계적으로 반성하려고 시도한다. 이러한 반성의 결과는 수정과 변경을 위한 제안을 포함하거나 혹은 니체(Nietzsche)의 경우와 같이 전통적 도덕 체계 전체에 대한 거부를 포함한다. '도덕'과 '윤리'와 같은 용어들이 여기에서 사용될 때, 그 의미는 이러한 일상적 이해와 대략 일치한다.

윤리적 물음들은 전형적으로 실천적 물음들로부터 시작된다. 운동선수가 성과를 높이기 위해 다른 경쟁자들이 하듯이, 금지된 약물을 복용해야 하는가, 아니면 복용해서는 안 되는가? 축구에서 한 선수가 상대편 선수의 명백한 득점 기회를 막기 위해 상대에게 반칙을 하는 이른바 '전문적 반칙'을 범하는 것이 옳은 일인가, 아니면 그른 일인가?

그러한 질문에 답변하는 일차적인 단계는 아마도 이러한 딜레마적 상황에 대해 일반적으로 받아들이는 견해와 신념을 면밀하게 검토하는 것일 수 있다. 개인 혹은 공동체의 도덕에 관한 탐구는 경험적 또는 기술적(descriptive) 윤리학을 구성하게 된다. 역사가들, 인류학자들, 사회학자들은 과거와 현재의 스포츠에 대한 다양한 규범과 가치들을 기술해 왔다. 페어플레이 규범들의 기원과 그러한 생각이 이해되는 방식을 보여주는 과거 사례가 있다. 그 사례 가운데 하나가 캐나다인 듀빈(Dubin)의 보고서이다. 그 보고서는 어떤 공동체에서는 성적을 높이기 위해 약물 복용을 허용하는 공유된 규범들이 발달해 왔다는 것을 보여준다(Dubin 1990).

기술적 윤리학은 종종 규범적 반성을 위한 중요한 통찰을 제공한다. 성과를 높이는 약물들에 대한 일반적으로 공유된 지식과 경험은 약물 검사에 관한 윤리적 논쟁을 유발한다. 그렇지만 이러한 종류의 지식이 규범적 결론에 도달하기에는 아직 불충분하다. 비록 특정 집단에 속한 대부분의 선수들이 약물 검사를 받아들인다고 하더라도, 이러한 사실이 약물 검사가 도덕적으로 정당하다는 것을 함축하지는 않기 때문이다. 여기에는 어떤 비판적 기준(criteria)이 요구된다. 그렇다면 이제 규범적(normative) 윤리학의 윤리 이론으로 나아갈 필요가 있다.

규범적 윤리학은 선(good)을 구별하고 도덕적으로 옳은 것을 결정하는 기준을 명시적으로 밝혀준다. 일반적으로 그것은 또한 도덕적 딜레마에 관한 정당성을 결정지을 수 있는 추론 방법을 설정해 주게 된다. 그 구체적인 사례로 세 가지 친숙한 이론을 개괄적으로 제시하면 다음과 같다.

아리스토텔레스의 윤리학은 어떻게 인간들이 자신의 참된 본성을 실현하고 모든 인간이 추구해야 하는 목적인 그들의 목적(*telos*)을 달성할 수 있는가를 다룬다. 그리스어로 이러한 목적은 영어로 '행복' 또는 '인간의 번영'으로 번역되는 에우다이모니아(*eudaimonia*)라고 불린다(Cooper 1975: 89-143). 아리스토텔레스의 경우, 인간의 번영은 우리가 덕과 합일된 행위를 함으로써 우리의 모든 힘과 능력을 계발하고 연마하여 이성적 삶을 영위한다는 것을 의미한다. 여기에서 중요한 물음은 '어떠한 사람이 되어야만 하는가?'이다. 덕에 기반을 둔 윤리학은 현대에 와서 매킨타이어(MacIntyre 1984)와 같은 철학자의 저서를 통해 다시 나타나고 있다.

그러한 신아리스토텔레스주의자들은 합리적 정당화를 강조하는 지배적인 윤리 이론들에 대한 비판과 대안을 제시한다. 이러한 최근 이론에서의 초점은 개인과 우리가 사는 사회적 맥락이 아니라 오히려 '어떻게 선택해야 하는가?', 또는 '무엇을 해야 하는가?'와 같은 질문들에 대한 보편타당한 답변을 찾는 데에 있다. 예를 들어 공리주의에서 중요한 주장은 발생하게 될 선(또는 악)의 총량에 따라서만 자신의 행동을 선택해야 한다는 것이다. 공리주의의 고전적 형태인 벤담(Bentham)과 밀(Mill)의 공리주의는 대안적 행위들을 비교할 때 그 중에서 인간적 쾌락이나 행복 또는 만족이 최종적으로 최대인 행위를 선택할 것을 주문한다(Scheffler 1988: 2).

공리주의는 결과주의 윤리 이론으로, 즉 결과에 의해서 도덕적 옳고 그름을 판단해야 한다는 견해이다. 대안적 행위의 옳음은 행위의 결과로서의 선에 의존하게 된다. 반면에 비결과주의적 이론들은 옳은 행동을 효용 극대화와는 독립적이거나 혹은 그것에 선행하는 기준에 기초를 두어 규제하게 된다. 말하자면 도덕적 옳음에 대한 관념은 선(good)과는 독립적으로 성립한다고 롤즈는 지적한다(Rawls 1971: 301).[1)]

칸트(I. Kant)의 윤리학이 표준적인 사례다. 칸트에 따르면, 한 행위가 올바른 것으로 간주되는 것은, 이성적인 사람(person)이 다소의 우연적인 욕망에 반대해서 순수이성에 일치하도록 행위할 경우에 그가 따르게 될 도덕 규칙을 준수하는 오직 그 경우만이다. 이성에의 호소는 사회적 맥락과 개인들의 차이와는 독립적으로 모든 사람에게 부여되는 의무인 것이다. 공리주의에서와 마찬가지로 칸트에 따른 도덕 역시 보편성에 의존한다. 나아가 도덕

---

1) 통상적인 구분은 목적론적 윤리학과 의무론적 윤리학 사이의 구분이다. 목적론('goal'은 그리스어 *telos*에서 유래함)에서 어떤 행위가 좋은 것으로 여기는 일련의 목적을 촉진하는 경우 그 행위를 옳은 것으로 여긴다(Rawls 1971: 24). 이 목적론적 이론들은 행위와 관련된 결과에 대한 고려를 포함하지만, 행위의 부수적인 다른 측면을 강조한다. 일반적으로 결과주의는, 특히 공리주의는 전형적인 목적론적 이론이다. 다른 한편 의무론적 이론('duty'는 그리스어 *to deom*에서 유래함)은 비결과주의 이론이다. 여기에서 좋음(good)은 옳음(right)과 독립적으로 정의되지 않으며, 옳음은 간단히 좋음의 극대화로 이해할 수 있을 것이다(Rawls 1971: 30). 나는 여기에서 이 둘을 서로 분명하게 구분하는 어법을 선택했는데, 그것이 두 관점 간의 긴장과 상호 보완적인 기능을 더 잘 드러내주기 때문이다.

적으로 선하기 위한 그 어떠한 행위의 조건도 그 행위자가 선의지에 따라 행위하는 것이다. 칸트는 정언명법에서 자신의 견해를 다음과 같이 요약한다. 즉, '언제나 보편법칙으로 의욕될 수 있는 그러한 준칙에 따라서만 행위하라!'

윤리 이론을 둘러싼 논의에서, 자주 부딪치게 되는 문제는 결과주의와 비결과주의와 같은 서로 이질적인 이론에서 선택의 방법과 관련된 것이다. 규범적 윤리학의 이론들 상호간의 비교는 가능한가? 그리고 그에 대한 비판적 평가는 가능한가?

이것은 메타-윤리학적 질문이다. 메타-윤리학(metaethics)은 규범적 윤리학의 기본 가정, 기초 개념, 정당화 방법에 대해 검토한다. 객관적인 도덕적 실재(reality)가 존재하고 윤리적 진리가 존재한다고 믿는, 이른바 도덕적 실재론자들은 그러한 진리의 가능성을 부정하는 상대주의자들과 구성주의자들(constructivists)의 주장에 대해 반대해 왔다. 인식론적으로 비인지론자들(non-cognitivists)은 도덕적 진술들이 참 혹은 거짓일 수 있으며 도덕적 지식과 같은 것을 명확하게 표현할 수 있다고 보는 인지주의자들(cognitivists)의 견해에 대해 비판해 왔다(Beauchamp 1991: 21ff.; Jamieson 1993).

최근 10년 사이에 이러한 전통적인 질문들에 대한 관심이 급격히 감소한 것 같다. 이러한 경향에 따른 하나의 추세가 윤리적 개념과 표현을 적용하는 방식에 대한 의미론적 분석에 있다고 한다면(Hare 1963), 또 다른 추세는 도덕적 논증들에 대한 논리, 소위 의무 논리(deontic logic)를 다루는(Wright 1983) 더 실용주의적이고 언어적인 접근으로 이끌었다. 세 번째 추세는 전반적으로 윤리의 이론화에 따라 회의주의로 이끄는 결과를 낳았다. 그 결과 윌리엄스(Williams 1985)는 합리적이고 비판적인 윤리적 분석은 도덕이 무엇에 관한 것인가에 대해 말해 주는 바가 거의 없다고 주장하게 된다. 우리는 '견고한 윤리적 개념들', 즉 일상적 도덕에서 행동을 지도하는 근본적이고 기초적인 도덕적 이해와 믿음들에 좀 더 관심을 가져야 한다.

또 다른 의미에서 그러한 관심의 변화는 실제로 드러나고 있다. 15년 전 싱어(P. Singer)는 다음과 같이 밝히고 있다.

> 20세기의 도덕철학 탐구에 있어, 지난 20년 동안 가장 눈부시게 성장한 것은 이 주제에 관한 이론적 측면에서의 진보에 있는 것도 아니고, 선과 악에 관한 그 어떠한 특별한 생각을 받아들이는 데 있지도 않다. 그것은 오히려 이 주제가 관장하는 전 부문의 부활, 즉 응용 윤리학일 것이다. (Singer 1986: 1)

응용 윤리학의 핵심은 구체적인 도덕적 물음에 기반하여 사회적 실천에 대한 도덕적 규범과 가치들을 정식화하고 정당화하는 데 있다. 이에 대한 대부분의 연구는 정립된 이론에 대한 실용주의적 접근이라는 특징을 지니는데, 그것은 그러한 분석에 도움이 되는 경우에 의존하게 된다. 응용 윤리학에 따른 이론적 관점은 그 구성에 도움을 주고 그러한 논의를 더 구체화시키는 중요한 '사고를 위한 도구'가 된다. 3장의 스포츠에서의 평등과 불평등에 관한 논의에서 정의에 대한 비결과주의 이론은 중요한 역할을 수행하게 될 것이다. 또한 4장의 좋은 경기에 대한 논의에서는 결과주의 이론, 특히 공리주의가 도움을 주게 될 것이다. 그렇지만, 이것은 실천 윤리학에서의 연구라는 점에서 이미 확립된 윤리 이론에 대한 '맹목적인' 적용이라기보다는, 이론상의 통찰에 고무된 실천을 위한 도덕적 규범을 발전시키는 데 관심을 둔다.

윤리적 탐구의 다양한 단계별 분류는 이후 주된 논증에 대한 개요로 제공될 수 있을 것이다. 나의 출발점은 스포츠 경기에서 우리는 어떻게 행동해야 하는가라는 질문이었다. 1장에서 나는 이러한 실천의 중요한 특징을 기술하고 또한 전통적인 도덕의 이상, 즉 페어플레이가 역사적 그리고 사회-문화적 맥락에서 어떻게 서로 다르게 해석되어 왔는가에 관해 언급했다. 기술적 윤리학에서의 그와 같은 수행은 이 장의 관심사인 규범적 윤리학으로 넘어오는 준비 단계인 셈이다. 즉 도덕적 관점을 확립하고 페어플레이의 개념에 대한 좀 더 상세한 해석을 제시하기 위한 준비인 것이다. 그렇다면 그 일반적인 순서는 실천으로서의 스포츠에서 시작하여 그러한 실천에 대한 분석을 개념화하고 정교하게 하기 위해 윤리 이론을 적용하고 나서, 스포츠 실천에 있어 도덕적으로 정당화된 페어플레이에 관한 하나의 관점에 도달하는 것이다.

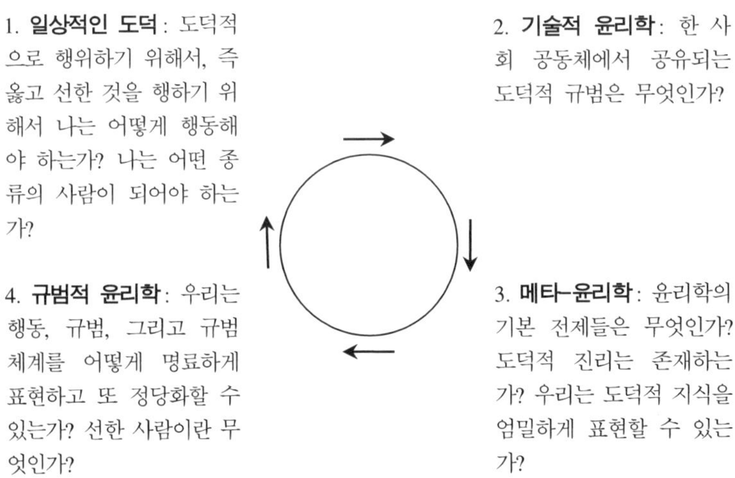

[표 1] 윤리적 탐구의 단계

[표 1]에서 그려낸 윤리적 탐구의 단계들이 완전히 구별되는 것으로 받아들여서는 안 된다. 도덕적 추론(moral reasoning)이 엄밀하게 연역 과정은 아니다. 신아리스토텔레스주의 전통에 따르는 철학자들이 지적하듯이, 기술적 윤리학과 규범적 윤리학의 구별과 사실과 가치의 구별은 분명 문제의 소지가 있다(MacIntyre 1984: 77ff.). 일상적 도덕에 대한 사회학적 설명이나 메타-윤리적 분석 그 어느 것도 규범적 토대로부터 자유롭다고 말할 수 없다. 다른 것에 의존하여 제기되는 어떤 물음에 대해 답변하는 것은 언제나 선택과 그에 따른 선택의 기준을 포함한다. 동시에 기술적 윤리학에 대한 연구는 규범적 측면에서 우리에게 영향을 미치게 된다. 여전히 그러한 구별들은 다음과 같은 물음들, 즉 어떻게 윤리학에서 서로 다른 질문들이 서로 다른 의도로 제기되는 것인지, 그리고 어떻게 그것들이 하나의 체계적인 윤리적 논증에서 상호 연관성을 지닐 수 있는지를 설명하는 데 있어 유용한 수단으로 제공된다.

도덕적 관점

이제 나는 나의 페어플레이 해석에 관한 규범적 전제들을 좀 더 구체화시키고자 한다. 우선 한 행위자가 어떤 행위를 수행함에 있어 도덕적 추론의 역할을 어떻게 이해해야 하는지에 대해 개괄적으로 언급한 후, 세 가지 일반적 규범들을 정식화시킬 것이다. 물론 이후의 논증은 이러한 세 가지 규범에 근거하여 논의가 전개될 것이다. 이러한 두 가지 측면을 함께 고려하면 이들 규범과 그 세부적인 논증은 이 책의 골격을 이루게 된다.

자발적 선택

앞에서 윤리학은 도덕에 관한 비판적이고 체계적인 철학적 연구라고 언급한 바 있다. 규범적 윤리학은 또한 규정적이다. 즉 그것은 행위-지도적 힘을 갖는다고 가정된다. 규범적 윤리학이 그러한 역할을 수행하기 위해서는 선택에 기반한 인간 행위에 대한 이해가 요구되는데, 그 이유는 한 사람의 자발적인 선택이란 언제나 책임을 동반하기 때문이다. 이러한 점을 받아들일 수 있는가? 만일 그렇다면 어떻게 가능한가?

우선 인간의 자유에 관한 문제부터 살펴보자. 이에 따른 최소한의 개념은 만일 우리가 달리 선택할 수 있는 가능성이 우리 자신에게 있다면 우리는 자신의 행동에 대해 책임을 져야 한다고 말한다. 이것을 '실천적 자유'라고 하자(Young, 1993). 이러한 개념에 따르면 자유롭게 행동한다는 것은 기본적으로 우리가 원하는 바에 따라 행동을 하는 문제일 것이다. 어떤 사람이 적어도 두 가지 대안 중 특정한 행동을 선택하고, 동시에 그러한 방식에 따라 행동하는 것에 영향을 미치는 직접적 장애가 없을 때 그 사람은 자발적으로(voluntarily: '의지'를 뜻하는 라틴어 '*voluntas*'로부터 유래한다) 행동하는 것이다. 그래서 자발적인 행동은 강제성을 갖지 않는다.

그런데 '실천적 자유'라는 관념으로는 이와 뒤얽혀 있는 더 심각한 철학적 문제들을 해결하지 못한다. 우리가 원하는 방식으로 행동함에 있어 비록 이를 방해하는 요인이 없었다고 하더라도, 예를 들어 우리는 유년기에 어떤 충격 등과 같은 것에 의해 획득되고 내재화된 성향들로 인해 우리가 행동한 바에 따라 행동했을 수 있다. 이는 비록 비도덕으로 행동하기는 했지만 실제로는 그 행동에 대해 책임을 질 수 없다는 주장도 가능하다는 것을 의미한다. 그렇다면 더욱 심각한 문제는 단순히 우리가 원하는 바에 따른 행동을 할 수 있는가의 여부가 아니라, 우리가 행동하기를 원하는 의지를 자유롭게 선택할 수 있는가의 여부일 것이다(Young 1993).

몇몇 강한 결정론자들은 그러한 가능성을 전면 부인하면서 우리의 자연적 경향에 따르거나, 로크(Locke)의 주장대로, 우리는 백지(*tabula rasa*) 상태로 태어나지만 환경적 영향에 의해서 새겨지기 때문에 우리의 행동은 이미 결정되어 있다고 말한다. 그것의 사실 여부와 상관없이, 근본적으로 우리의 행동은 결코 변할 수 없는 엄격한 인과관계에 따른다는 것을 의미한다. 물론 비결정론자들의 경우 이러한 주장을 받아들일 리 없다. 실존주의자와 같은 철저한 비결정론자들은 인간의 본성과 같은 것은 없으며, 따라서 사회적 결정론은 잘못된 것이라고 주장한다. 그래서 우리는 진정 자유롭게 살도록 운명지어져 있고, 선과 옳음에 대한 우리의 선택은 오직 자신에 의해 결정될 따름이라는 것이다.

나는 여기에서 이러한 복잡한 형이상학적 질문들을 계속할 수는 없다. 나의 목적은 특정한 논증이 기반하고 있는 일반적 전제들을 기술하는 것이다. 모든 도덕적 논증은 인간의 자유와 책임에 대한 해석에 기초한다. 최소한의 해석은 우리가 대안적 행위들 가운데 비강제적인 선택에 대한 잠재적 측면을 지닌다는 것이다. 이러한 해석이 실천적 자유라는 생각을 포함하기는 하지만, 반드시 행동에 대한 개인주의적 이해를 함축하지는 않는다. 스포츠에서 여러 가지 종류의 에토스(ethos)에 대한 위의 논의에서 강조되었듯이, 우리는 의사소통과 함께 그에 따른 상호작용을 위한 규범들에 동의할 수 있는 사회적 존재이다. 이것은 개개인의 책임의 가능성을 배제하지 않는다. 앞으로 보게 되겠지만, 분명한 것은 비강제적 선택과 개인의 책임에 관한 잠재성이 개발되고 육성될 수 있는 것은 가치, 규범, 행동 전반에 거친 사회적 의사소통에 있다는 사실이다. 이것은 하나의 사례를 통해 더 분명하게 제시될 수 있다.

도덕적으로 문제가 되는 에토스와 관련하여 일반적으로 흔히 발생하게 되는 권투선수의 경우를 생각해 보자. 여기에서 에토스와 관련한 문제는 심판들이 규칙을 위반하고 있는 사실을 확인할 수 없을 경우, 벨트 아래를 가격하는 것과 같은 것들이 될 것이다. 경기에서의 이 같은 행동에 대한 다소 복잡한 심리학적인 설명과 사회학적인 설명을 늘어놓을 수는 없지만, 그런 행동을 하는 것은 그것으로 개인과 팀이 이득을 볼 수 있다는 생각 때문이다. 그 때문에 그릇된 행동을 제거하거나 행위의 결과에 대해 응분의 벌칙을 받게 하는 것이 필요하다. 그렇다면, 운동선수들의 행동은 말하자면 때와 장소에 중점을 두는 '실제로 행해진 행동의 액면 가치(at face value)'로 판단되어야 한다. 그리고 이를 경기에 참가하는 선수들 본인들에게 충분히 납득시킬 수 있을 것이다. 대부분의 스포츠 단체에서, 선수들 자신의 행동에 대한 책임이라는 관념은 하나의 공유된 규범이라는 성격을 가진다. 훌륭한 펀치에 대해 점수를 부여하지 않고, 벨트 아래를 가격하는 것에 대해 벌점을 부여하지 않는다면 권투는 경쟁적 스포츠로서 존속하기 어려울 것이다.

비강제적 선택과 개인적 책임이라는 관념은 단순한 실용주의적 관심을 넘어 그 정당성이 확보될 수 있다. 해당 스포츠의 다른 에토스를 처음 접했을 때, 문제가 있는 에토스를 가진 권투선수는 자신의 내면화된(internalization) 성향으로 인해 그가 전적으로 책임질 수 없는 상황임에도 불구하고 벌점을 받게 될 것이다. 하지만 어떤 그룹의 에토스는 공유된 규범과 가치들에 대한 다소 역동적인 체계이다. 특정 그룹의 구성원들은 서로 협상을 하기도 하는데, 서로 다른 종류의 에토스를 가진 다른 그룹의 구성원들과 협상하기도 하고, 그들 스포츠의 공식적인 에토스를 표방하는 관계자들과 협상하기도 한다. 비록 첫 번째 벌칙이 그에 대비하지 못한 권투선수에게는 가혹할지 모르지만, 그것은 그의 행동과 그가 속한 그룹의 에토스에 대해 반성하게 되고 실제로 적응을 할 수 있게 된다. 반성과 사회적 합의를 통하여 믿음과 행동에 대한 도전 그리고 변화의 가능성은 언제나 열려 있으며, 이런 의미에서 우리는 이에 대해 책임을 지게 되는 것이다.

그렇지만 자발적 선택이 언제나 도덕적 선택인 것은 아니다. 권투선수가 벨트 아래를 가격하는 것이 비록 그 수행에 따른 공유된 규범에 어긋나고 도덕적으로 잘못되었다는 것을 스스로 알고 있음에도 불구하고 상습적으로 그럴 수 있다. 그는 주관적인 이유에서 행동할 수도 있다. 윤리적인 논의에서, 우리는 왜 다른 방식보다 특정한 방식에 따라 행동해야 하는지에 대해 다룬다. 논증은 어떤 종류의 객관적이거나 도덕적인 이성이 역할을 수행한다는 전제에 기반을 두고 있다. 이러한 전제에는 아무런 문제가 없는가?

도덕적 이성

이것은 또 다른 고전적인 철학적 문제에 속하며, 이에 따른 다양한 답변들이 있을 수 있다. 칸트의 견해에 따르면 이성을 욕구와 혐오와는 독립적으로 행위를 유발할 수 있는 윤리적 규범의 자율적 원천으로 간주한다. 우연적인 욕구나 감정과는 달리 순수 실천 이성은 앞에서 언급된 정언명법의 토대가 된다. 즉, '보편적 법칙에 타당할 수 있도록 오직 그러한 준칙에 따라 행위하라!' 그러한 준칙에 따른 목적과 행위를 선택하는 것은 우리의 본성을 자유롭고 합리적인 존재로 드러날 수 있도록 한다.

반면, 흄(Hume)의 전통에 따르면 이성을 기본적으로 '정념의 노예'로 간주한다. 비록 이성이 중요한 측면을 해결하고 세계를 이해하는 가장 효과적인 수단을 제공하는 데 필연적인 방식으로 적용되기는 하지만, 도덕의 측면에서 이성은 '완전히 비능동적'이다. 흄에게 있어 도덕은 이성이 아닌 감정의 영역에 속한다. 즉, 도덕은 우리의 '도덕감(moral sense)'을 구성하는 동정심이나 자비심과 같이, 흄이 '도덕 감정'이라고 부른 것에서 유래한다. 비록 도덕적 관점에서 보았을 때 칭찬할 만한 것인지는 몰라도, 도덕 그 자체는 어떤 객관적인 이성의 산물이 아니라, 궁극적으로, 우리의 정념과 욕구의 산물인 것이다.

두 전통 모두에 의지하는 것이 나의 입장이다. 사회화, 규범 내면화 그리고 행위의 선택은 인간의 전부, 즉 정념, 욕구, 감정 그리고 이성을 포함하는 복잡한 과정이다. 도덕적 행동은 기본적으로 도덕적으로 이해 가능한 환경 안에서 이루어지는 사회적 상호작용을 통해 학습된다. 도덕 교육이 성공적일 때, 우리의 선택과 행위에 영향을 미치는 많은 복잡한 요인들은 서로 통합된다. 우리는 도덕적으로 정합적인 내적 동기화(coherent inner motivation)에 기반하여 행동한다. 이 책의 주된 관심은 스포츠에서 여타의 것들을 넘어선 특정한 목적과 행위의 과정을 선택하기 위한 타당한 도덕적 근거를 찾는 데 있다. 이러한 탐구 과정에서 도달하게 되는 규범은 훌륭한 사회화 과정에 대한 가능한 목적으로 받아들여야 할 것이다. 그러나 행동에 영향을 미치고 그러한 규범들을 내재화하는 많은 요인들을 서로 묶어내기 위하여 도덕 교육을 어떻게 수행해야 하는지에 대한 문제는, 물론 스포츠 심리학과 교육학의 중요한 주제 가운데 하나이기는 하지만, 이 책의 범위를 벗어난다.

그러한 특징을 좀 더 선명하게 제시함으로써, 이제 도덕적 이성 또는 내가 말하고자 하는 도덕적 합리성의 특징에 대해 구체적으로 검토하고자 한다.

자기-이익의 극대화로서의 합리성

이성에 근거한 선택의 가능성은 경기장에서의 행동뿐만이 아니라 지성적인 선택도 포함한다. 윤리적 논의에서 일련의 이론적 가능성은 우리에게 개방되어 있다. 페어플레이 규범에 대한 탐구에서 나는 다양한 이론적 대안들을 우리에게 도움이 될 수 있는 방식으로 체계적이고도 비판적으로 검토해야만 할 것이다. 헤어(Hare 1981: 228)가 언급하듯이, '우리의 자유는 우리가 합리적이도록 자유롭다는 점에 있다.' 합리성은 그 자체로 규범적 개념이다. 어떠한 선택에 있어서도, 만일 그것이 다른 대안보다 합리적이라면, 우리는 그것을 선택해야만 할 것이다. 그러나 합리성의 기준은 매우 다양하다.

합리적이라는 것은 종종 타산적인 것, 즉 자기-이익에 따라 행동한다는 것과 결부된다. 아마도 이러한 견해에 대해 가장 유명한 지지자로 알려진 홉스(Thomas Hobbes)는 인간 행위에 가장 근간이 되는 것으로 자기-보존(self-preservation)을 꼽는다. 삶이 '고독하고, 가난하고, 더럽고, 야만적인 그리고 짧은' 무정부주의적 '자연 상태'의 비참함은 결국 사회계약의 수립이라는 결과를 낳게 되고, 이로써 개인들은 합리적 자기-이익, 즉 그들이 더 좋거나 더 나쁘다고 생각하는 것에 관한 지식에 기반을 둔 평화로운 상호작용의 규범에 동의하게 된다. 그와 같은 해결책은 모든 사람들의 처지가 더 나아질 것이라는 기대감에서 비롯된다.

그러나 이러한 기대는 문제가 있다(Elster 1989: 52ff.). 어떤 합리적 이기주의자가 스포츠 경기와 관련하여 의도적 목적을 세웠다고 생각해 보자. 그 이기주의자는 경기가 구성적 규칙들에 대한 공유된 해석, 즉 에토스로부터 발생한다는 것을 잘 알고 있다. 만일 이 이기주의자의 의도적 목적이 실현될 수 있으려면, 다른 참가자들과 함께 에토스에 따라 행동하는 것에 관한 계약에 동의하는 것이 합리적이다. 그럼에도 불구하고, 약속, 계약 혹은 그러한 문제에 관해 그 그룹의 구성원으로서 함께 공유된 에토스가 실제로 그런지의 여부는 알 수 없다. 이기주의자들이 그렇게 받아들이는 한 그것들은 경기를 수행하기 위해 고안된 실용주의적 장치에 불과할 것이다. 여기에는 원칙적으로 에토스를 위반했다고 하는 어떠한 논증도 불가능할 것이다. 만일 이것이 효과적이라면 이기주의자는 역으로 이용할 것이다. 효과적인 역이용을 위해, 타인은 그러한 규칙을 지켜야만 할 것이다. 이기주의적 행동은 이러한 의미에서 도덕적 행동에 '기생하는' 행동이다. 이기주의자는 타인의 노력에 대해 자신의 몫을 기여하지 않으면서 다른 사람의 노력으로부터 이익을 챙기는 '무임 승차자(free rider)'이다.

합리적 이기주의에 대한 도덕적 가능성에 대해 여기서 충분히 논의할 수는 없지만, 그러한 입장이 과연 도덕의 영역에서 충분히 개념화할 수 있는 성질의 것인지에 대해서는 그리 분명치 않다. 만일 우리 모두가 합리적 이기주의자라면, 합의를 통한 규칙에 관한 공통된 해석은 단순한 전략적 수단이 될 것이고 스포츠 같은 사회적 실천은 결국 깨지고 말 것이다. 합리성에 대한 좀 더 전망 있는 또 다른 설명은 없는 것인가?

결과주의와 공리주의

합리적 이기주의자의 입장은 결과주의의 한 사례에 속한다. 결과주의는 윤리적 주장들 중에서 하나의 특정한 구조를 가리킨다 (Scheffler 1988: 1ff.). 즉, 첫째, 우리는 본질적으로 무엇이 가치가 있으며, 또 그 자체로 선하다고 하는 것이 무엇인지에 대해 명백히 해야 한다. 둘째, 우리는 행동, 실천 그리고 제도가 본질적으로 선하다고 하는 것에 대해 어떤 기여를 하는지 평가한다. 선택의 딜레마에서 옳은 것은 언제나 선을 극대화하는 것에 의존한다.

그렇다면 무엇이 그 자체로 가치가 있는가? 밋글리(Midgley 1985, 1991)는 그녀가 홉스적 사회계약의 신화라고 부르는 것, 즉 인간은 본성상 공동선에 거의 관심을 두지 않고 쾌락을 추구하는 개체라고 하는 점에 대해서 비판적이다. 그녀는 합리적 이기주의자의 가정과 맞지 않는 증거를 제시하는 생물학적이고 인류학적인 연구들을 지적한다. 타인에 대한 적극적인 동정심과 공감, 함께 숙고하기, 함께 기뻐하기, 함께 슬퍼하기는 고등동물과 모든 인간 사회에서 공통적으로 발견된다. 사회적 규범의 기원에 관한 좀 더 그럴듯한 이론에 따르면, 인간이 단지 본성에 따라 서로 좋아하고 의사소통하는 경향이 있기 때문에 서로 합의하는 데 이르게 된다고 응수하기도 한다. 동정심과 규범 공유의 자연적인 성향은 적어도 합리적 이기주의만큼이나 설득력이 있어 보인다. 사실상, 가장 영향력 있는 결과주의 이론의 경우 그 핵심적인 요소로 타인에 대한 관심을 포함시킨다.

이러한 이론들은 공리주의적 전통에서 유래하는데, 여기에서 행복이나 안녕(well-being)은 본질적으로 선한 것으로 간주되며 이것은 어느 누구의 행복도 타인의 행복만큼이나 중요하다는 보편적인 생각과 결부되어 있다. 고전적 벤담의 쾌락주의, 밀의 공리주의, 무어의 이상적 공리주의와 같은 주요 공리주의 이론들은 '선'을 쾌락이나 행복과 같은 실제적인 심적 상태(actual mental state)로 간주한다. 대부분의 현대의 공리주의 이론에서, 선은, 예를 들어 선호 만족(satisfaction of preference)에 의해 형식적으로 정의가 이루어지고 있다. 도덕적 딜레마에서, 올바른 선택은 적어도 그 어떠한 대안적 선택만큼이나 많은 선호-만족을 산출하게 된다. 4장에서, 나는 '의도적 목적'라는 개념을 '선호'로 대체할 것이고, 좋은 경기에 대한 규범에 도달하기 위해 공리주의적 접근을 활용할 것이다. 이에 따라, 이후의 논의는 선호-공리주의적 접근에 집중할 것이다.

공리주의는 여러 가지 면에서 강력하면서도 직관적인 설득력을 지닌 이론이다. 셰플러(Scheffler 1988: 1)에 따르면 공리주의가 갖는 핵심적인 생각은 '세계를 가장 살기 좋은 곳으로 만드는 것'이다. 선호-만족 또는 개인의 안녕을 본래적 선으로 정의하고, 그에 따라 모든 행동의 옳고 그름을 판단하는 것은 단순하면서도 우리의 상식과 어느 정도 일치한다. 일상적인 도덕적 추론에서, 우리의 견해가 비난을 받게 될 경우, 우리는 보통 다양한 대안들이 갖게 될 결과들을 증거로 삼아 이에 응수하기 때문이다.

그러나 반대 논증 역시 쉽게 생각해 볼 수 있다. 대부분의 경우에 있어서 그렇듯이 우리가 해당 내용을 고려하지 않고서 선호에 따라서만 판단하는 것은 불합리하다. 선호 가운데 어떤 것은 그릇된 믿음과 오해에 근거한 것일 수 있다. 즉, 어떤 것은 반사회적이고, 악한 것이며 또한 위험한 것일 수 있고, 또 어떤 것은 단순한 심적 장애의 표출일 수 있다. 스포츠에서, 어떻게든 이기고자 하는 선수의 이기적 욕구가 공정하고 좋은 게임에 대한 다른 경쟁자의 욕구만큼이나 같다고 여기는 것은 합리적이지 않아 보인다. 여기에서 제기될 수 있는 물음은 공리주의적 해법이 수용해야 하는 선호에 대한 비판적 기준과 연관된다. 선호가 지닌 결점을 보완하여 잘 가다듬어진 합리적인 선호로 만드는 것은 가능한가?

밀(John Stuart Mill)의 고급 쾌락과 저급 쾌락의 구분은 이런 점들을 수용한 조치라 할 수 있다. 잘 알려진 구절에서 밀은 다음과 같이 주장한다.

> 만족스러운 돼지보다 불만족스러운 인간이 더 낫고, 만족스러운 바보보다 불만족스러운 소크라테스가 더 낫다. 그리고 만일 바보 또는 돼지가 다른 의견을 갖는다면, 이는 그들이 그 문제에 대해 오직 자기 쪽의 입장만을 알고 있기 때문이다. 이들과 대비되는 반대 진영은 양쪽의 입장을 알고 있다. (Mill 1863: II장)

그러나 공리주의 틀 안에서 그러한 온건한 전략은 방어하기가 쉽지 않다. 벤담이 규정했듯이 공리주의적 접근이 갖는 특징적인 측면은 '모든 사람을 하나로 여기고 그 누구도 하나 이상으로 여기지 않는다.'는 것이다(Hare 1981: 4). 더구나, 대부분의 공리주의적 추론에서, 또는 현실 세계에서의 추론에서(Hare 1981: 146),

선호-세탁이 필요한 것 같지는 않다. 오히려 아주 이상하거나, 나쁘거나 또는 혼란스러운 선호는 보통 누락되기 쉬운데, 관련 당사자들 대부분의 선호를 합당하게(reasonably) 비교한다는 것은 거의 불가능하기 때문이다.

공리주의에 대한 또 다른 비판은 무엇이 올바른 선택인지를 찾아내기 위해서 그 이론을 실제에 적용하기가 매우 어렵다는 것이다. 선택에 대한 대부분의 딜레마에서, 우리는 불확실성 하에서 그리고 대체로 정보에 대한 제한된 접근 하에서 행동하게 된다. 우리는 스포츠에서 새롭게 개발된 운동력 향상 약물의 복용을 허용해야 하는가, 또는 허용하지 말아야 하는가? 실질적인 문제가 즉각적으로 발생하게 된다. 약물은 건강에 위험한가? 그에 따른 잠재적인 운동력 향상은 얼마나 강화되는가? 만일 그것이 허용된다면 누구나 그 약물에 접근할 기회를 얻게 될 것인가? 선택과 그 결과에 대한 적합한 지식의 결여로 인해 선호-만족의 극대화를 위한 엄격한 요구를 수정해야만 한다. 요구할 수 있는 것은 그저 모든 관련 당사자들 간에 기대되는 선호 만족의 극대화라는 것에 불과할지 모른다.

고전적 공리주의가 안고 있는 그 밖의 문제로는 모든 관련 당사자들이 얻게 되는 순수 효용의 총계의 극대화를 규정하는 데 있다. 이것은 효용이 각 당사자들 간에 어떻게 할당되는가에 관한 고려를 포함하지 않는다. 예를 들어, 개별적인 선호 만족도가 매우 적음으로 인해 일반적으로 불행한 수많은 스포츠 선수들은 개별적인 선호 만족도가 매우 높은 소수의 선수들에게 더 큰 부담을 안겨줄 수 있다. 그러나 행복한 소수의 선수들보다 불행한 많은 선수들을 선호하는 것은 합리적이지 않아 보인다.

그러한 결과는 전체 효용을 극대화하는 것에서 해당 집단의 각

성원들에게 할당된 총 효용의 평균을 극대화하는 것으로 그 기준을 변경함으로써, 즉 순수 효용의 총계를 관련된 개인들의 총수로 나눔으로써 피할 수 있을 것이다.[2] 이와 같은 수정을 통해서 우리는 엄밀한 공리주의적 결과주의 규범을 다음과 같이 정식화할 수 있다.

모든 관련 당사자들 간에 기대되는 평균 선호 만족을 극대화하라.

그렇다면 이제 문제가 되는 것은 이러한 일반적인 규범이 스포츠 경기에서 도덕성에 관해 논의에서 충분한 것인지의 여부이다. 그것은 스포츠에서 페어플레이에 관한 더 상세한 규범들을 확립하고 정당화하는 데 필요한 근거를 제공해 주는가?

공리주의적 접근에 대한 대안의 필요성

비록 우리가 선호 만족에 의해 선에 대한 형식적 정의를 받아

2) 하지만 이러한 해결책은 문제가 되는 어느 결과에 대해서도 자유롭지 못하다. 예를 들어 Parfit(1984: 381ff.)이 보여주고 있는 바에 따르면, 모든 관련 당사자들의 평균 선호 만족의 극대화에 따른 것이라고 했을 경우, '혐오스러운' 결론에 이를 수가 있다는 것이다. Parfit의 사례는, 평균 선호 만족을 높이기 위해, 현재 세계 인구 가운데 (굶주리고 고통받는 사람들) 3분의 2가 단순히 사라진다면 최선일 수 있다는 것이다. 그렇다고 해서 평균 선호 만족의 기준에 대한 문제 자체가 스포츠 경기를 다루는 나의 좀 더 제한된 논증에 반드시 영향을 주지는 않는다. 나는 사람들이 비강제적이고 자발적인 태도에서 스포츠에 참여한 것으로 가정한다. 그들은 참가하는 것과 참가하지 않는 것 가운데 하나를 선택할 수 있다. 만일 그들의 선호가 만족되지 않는다면, 혹은 평균 선호 만족이 낮은 것이라면, 그들은 포기할 수 있다. 그래서 다수의 횡포를 피하기 위해, 평균 선호 만족의 기준을 채택한 것이다.

들이고 평균 효용의 측정(measures)을 받아들인다 하더라도, 공리주의적 접근에는 여전히 문제가 남는다. 그 접근은 비강제적이고 자발적인 선택이나, 인간적인 것, 또는 권리와 의무를 지닌 도덕적 행위자로서의 인간에 대한 잘 다듬어진 개념을 제공하지는 못한다. 사람은 다소 복잡한 선호 구조, 즉 선호가 만족되는 바로 그 '때(occasions)'와 '장소(sites)'의 집합체인 것이다. 고려되어야 할 것은 모든 관련 당사자들 간의 선호의 축적이다. 롤즈(Rawls 1971: 27)는 이 점을 다음과 같이 간략하게 요약하고 있다. '공리주의는 사람들 간의 차이를 진지하게 받아들이지 않는다.'

더구나 선호-만족에 대한 일방적인 요구만이 제시될 경우, 원칙상 공리주의가 서로 다른 도덕적 규범들 간의 차이, 즉 도덕성에 관한 상식적인 이해에 결정적일 수 있는 그러한 차이를 구분할 수 없을 것이라는 비판에 직면할 것이다. 예를 들어, 소위 의무 초과적 행위들과 함께 도덕적으로 행위하는 데 따른 최소한의 요구로 여겨지는 책무들 역시 존재한다. 공리주의는 도덕적인 삶에 있어 그러한 다양성과 복잡성을 심각하게 받아들이지 않는다.

헤어의 '보편적 규정주의(universal prescriptivism)'[3]와 같은 공리주의 이론은 그러한 비판에 대해 어떤 측면에서 책임을 느끼는 것 같다. 헤어(Hare 1981)는 도덕적 추론을 두 단계로 구분한다. 일상적 도덕에서 사람들의 행동은 일상적으로 인정된 도덕적 규범과 가치에 기초하고 있다. 만일 그것이 논쟁의 여지가 없고 그 기능이 적절하게 발휘된다면 그러한 일상적인 도덕에 대해 문제 삼을 필요는 없다. 이러한 입장을 '규칙-공리주의'라고 한다. 이 입장은 대체로 일반적인 행동 규범들이 모든 관련 당사자들 사이

3) [옮긴이 주] 'prescriptivism'은 우리말로 '규정주의' 또는 '처방주의'로 옮길 수 있다.

의 높은 평균 선호 만족에 이른다고 여겨지는 한 이 규범들을 수용한다.

하지만 확립된 규범들이 충돌하거나 어떤 확립된 규범들도 없는 도덕적 딜레마에서는 이러한 전략은 들어맞지 않는다. 예를 들어 세계선수권대회가 열리기 전에 금지된 약물을 복용하여 선수들 가운데 최고의 위치에 오를 것인가, 아니면 약물을 복용하지 않고 그러한 자리에 도달하지 않을 것인가라는 투포환 선수 X의 딜레마에서 X는 무엇이 옳은 행동인지에 관해서 고민에 빠질 수 있다. 약물은 금지되고, 그것의 사용은 규칙 위반을 의미한다. 동시에, 대부분의 선수들은 적발되지 않고서 약물을 사용한다. 이 같은 규칙은 불공정한 것으로 보일 수 있다. 그래서 우리는 두 번째, 도덕적 사고의 비판적 단계에 의지할 필요가 있다. 이 단계에서 이루어지는 의사 결정 절차는 일종의 '행위 공리주의'이다. 적합한 사실에 대한 접근과 함께 우리는 모든 관련 당사자들 가운데 평균 선호 만족을 극대화시킬 수 있는 해결책을 찾아야만 한다. 그런 다음에 X는 도덕적으로 올바른 과정을 선택할 수 있을 것이고, 앞으로 이와 유사한 딜레마에서 그 자신과 타인에게 도움을 줄 수 있는 정당화된 규범을 가지고 고민에서 벗어나 다시 훈련을 시작할 수 있게 될 것이다.

헤어는 비결과주의적 견해를 포함해서 전통적 도덕관과 씨름하고 있지만, 이는 도덕적 사고의 첫 번째 단계에서만 그렇다. 우리가 도덕적으로 옳은 것에 대해서 의문에 빠질 때에는 언제든지 행위 공리주의의 비판적 단계로 돌아갈 필요가 있다. 그러나 그럴 때조차도 두 가지 단계-이론(level-theory)은 앞에서도 지적했듯이 여전히 비판을 허용하게 될 것이다.

공리주의는 우리가 도덕의 영역으로 이해하고 있는 것 중에서 일부분만을 다루고 있는 것처럼 보인다. 도덕 이론을 포괄적인 것이라고 주장하는 쪽에서 보면, 더 넓은 영역을 포괄하는 개념, 말하자면 선호라든지 공정성과 정의 같은 행위의 본질적 특징, 또는 (선한) 사람(person)이 되고자 하는 것과는 독립적으로, 그 자체로 가치를 갖는 존재로서의 사람을 포함하지 않는 것은 불합리해 보일 것이다.

비결과주의적 규범

비결과주의 이론은 옳은 행위를 효용성 비교와는 독립적으로 규정한다는 점을 명심해야 한다. 올바르게 행동할 때, 우리는 사람 내부에 있는 무한한 가치에 대한 칸트적 관념이나 덕의 도덕적 적합성에 대한 신아리스토텔레스주의적 강조와 같은 '비결과주의적 제약'이라고 부르는 것 안에서 움직인다. 비결과주의적 제약을 포함하고 있기 때문에 공리주의의 바람직하지 못한 측면 가운데 어떤 것은 변경시킬 수가 있다. 프랑케나(Frankena 1963)에 따르면, 공리주의를 극대화하는 구도가 도덕적 행위자로서의 사람 및 정의에 대한 관심과 결합되는 혼합적 윤리 이론은 하나의 효과적인 종합이라 할 수 있다. 1장에서 살펴본 바와 같이, 정의 개념은 특히 스포츠에서 강력한 지위를 갖는다. 그러면 정의란 무엇인가?

철학사전에서 정의는 사람들 간에서 중요한 이익과 부담의 분배를 포함한다고 한다. 좀 더 정확하게 말하면, 정의는 전형적으로 '사람 p가 p의 특정한 소유물이나 상황으로 인해 p가 받거나 지게 되는 이익이나 부담을 주게 되는' 상황들을 다루는 것이다 (Beauchamp 1991: 342). 이러한 주제에 대한 고전적인 논의 가운데 하나를 든다면, 아리스토텔레스의 『니코마코스 윤리학(*Nichomachean Ethics*)』(1976) 5권, 3-5장에서 찾을 수 있다. 아리스토텔레스에 따르면, 첫째 우리는 당사자들 간에서 평등해야 한다는 주장에 대해 눈여겨보아야 한다. 둘째, 불평등한 대우를 받을 만한 도덕적으로 정당한 불평등에 대해 고려해야 한다. 그리고 셋째로 제거되어야 하거나, 보상되어야 하는 부당한 불평등에 대해 고려해야 한다(Wetlesen 1986: 121ff.). 정의에 대한 형식적 규범은 다음과 같이 정식화할 수 있다.

> 적절하게 평등한 경우는 평등하게 대우해야 하고, 적절하게 불평등한 경우는 불평등하게 대우할 수 있으며, 불평등한 대우는 여러 경우들 간에 실제적인 불평등에 일치하도록 합당하게 이루어져야 한다.

이러한 형식적 규범은 직접적으로 행위를 인도해 주는 힘을 전혀 갖고 있지 않다. 내가 스포츠 경기에서 이익과 부담의 분배에 관한 실질적인 규범을 전개하게 될 때(3장), 나로서는 논의가 진행되는 과정에서 실천에 대한 정보를 적절히 이용할 필요가 있다. 지금 단계에서, 규범은 이 주제를 상술하는 데 필요한 배경적 규범으로 제시된다.

결과주의와 방금 정식화해 놓은 비결과주의 규범은 상호 보완적인 것으로 보인다. 그렇다고 반드시 그것들이 완전한 도덕적 관점을 구성한다는 것을 의미하지는 않는다. 나는 이후의 논증에서의 이들의 관계와 그 역할에 대해서는 아직 아무것도 언급하지 않았다.

비강제적인, 정보에 근거한 일반적 합의를 위한 메타-규범

형식적 정의(正義)에 대한 관념이 아리스토텔레스에게서 유래했다는 점에 있어서는 논란의 여지가 없다. 사실상, 서로 다른 방식이기는 하지만, 칸트로부터 포퍼(Popper)에 이르는 철학자들은 평등한 경우들은 평등하게 대우하고 불평등한 경우들은 불평등하게 대우한다는 관념을 우리의 이성적 능력 일반을 특징짓는 선험적(*a priori*) 규범으로서 지각과 인지의 근본 양식으로 간주해 왔다. 정의에 대한 논의는 보통 구체적 실천에서 실질적인 규범을 확립하고자 할 때 더욱 문제가 된다. 예를 들어, 스포츠에서 이익과 부담의 분배의 기초로 사용되는 적절한 불평등은 운동선수의 경기 수행에 있다. 그 밖의 다른 불평등은 제거되거나 보상하게 된다. 그렇다면 '수행'은 어떻게 정의해야 하는가?

여기서 결과주의적 규범이 정당성을 가질 수 있다. 몇 가지 정의(定議)에 직면하여, 우리는 아마도 보는 관련 당사자들 가운데 평균 선호 만족을 극대화할 수 있는 정의를 선택해야 할 것이다. 또는 스포츠에서 즐거움을 극대화할 것으로 기대되는 정의를 선택해야 할 것이다. 그러나 만일 그러한 해결책이 비결과주의적 인간관과 모순된다면 우리가 할 수 있는 것은 무엇인가? 고대 로마의 검투사 경기를 생각해 본다면, 그 경기가 진행되는 동안 구경꾼들의 즐거움이 검투사와 그들의 희생자의 고통보다 더 비중이 있었다고 생각해 보자. 여전히 그러한 측면을 윤리적으로 정당화하기는 어려울 것이다. 여기에서 개인은 말 그대로 대중을 즐겁게 하기 위해서 희생된다. 서로 충돌하는 경우 결과주의 규범과 비결과주의 규범들 간에 선호를 결정함에 있어 어떻게 해야 하는가?

나는 사람은 행위를 선택함에 있어 이성을 사용할 수 있는 잠재적인 능력을 갖고 있는 도덕적 행위자라는 견해를 지지한다. 나아가 나는 그와 같은 사람으로서 우리는 공감 능력과 타인의 기쁨과 슬픔을 이해하는 성향을 지닌 사회적 존재라고 생각한다. 이러한 전제는 다양한 스포츠 에토스에서 발견할 수 있는 공유된 규범을 위한 가능성을 열어주게 된다. 좀 더 일반적인 측면에서 보자면 모든 관련 당사자들 간에서 공유되는 규범이라고 하는 것은 이른바 비결과주의적인 윤리적 계약이론의 핵심 관념이다.

계약이론은 도덕철학에서 오랜 역사를 갖고 있다(Kymlicka 1993). 결과주의적 견해는 홉스적 전통에서 비롯되는데, 그에 따르면 자기 이익적인 당사자들은 상호간의 이익을 극대화하기 위한 하나의 해결책으로 거래를 하게 된다. 이는 합리적 이기주의자라는 인간관에 부합한다. 이와 다른 견해는 평등한 사람들이 한데 모여서 그들의 관계를 지배하는 규범을 집단적으로 결정할 경우 그들이 채택하게 될 이상적 합의에서 유래하는 것이 도덕이라는 칸트적 관념에 기반을 두고 있다. 그들의 결정은 이와 관련된 모든 정보에 대한 접근과 특정한 이익에 따르지 않는 것에 기반을 두어야 한다. 그러한 규범의 권위는 그것들을 결정하는 데 따른 과정의 공정성에서 비롯된다. 이러한 비결과주의적 견해는 앞에서 개괄한 바 있는 유사한 전제들에 기반을 두고 있다.

비결과주의적 사회계약 전통에 대한 현대의 가장 대표적인 철학자는 존 롤즈(John Rawls)이다. 롤즈는 사회정의에 대한 가장 공평하고도 합리적인 결과를 도출하기 위해 하나의 가설적 계약상황, 소위 '원초적 입장(original position)'을 제시하고 있다(Rawls 1971: 137). 여기에서 자신의 이익에 관심을 갖는 자유롭고 합리적인 인간들은 성별, 인종, 지능, 특별한 재능, 약점 등과 같은 자신에 관한 특정한 사실에 대해 알지 못하는, 즉 '무지의 베일'에 가려진 상태에서 그들의 미래에 대한 협력을 위한 원리를 선택하게 된다. 이에 따라 비형식화된 자기 이익에 근거하여 선택할 수 없게 된다. 동시에, 단체들은 인간 사회에 관한 일반적 사실과 사회 조직과 도덕 심리학의 이론들과 같은 그들의 선택과 관련된 일반적인 모든 정보를 받아들이게 된다. 이러한 입장에 따라 논증은 다음과 같이 전개되는데, 즉 단체들은 공평하고 도덕적으로 올바른 해결책에 이르게 된다는 것이다. 원초적 입장은 공정한 상황에 대한 전형적인 사례에 속한다. 비록 롤즈가 사회 정의론을 목적으로 삼기는 했지만, '원초적 입장'과 같은 공정성 조건이 일반적으로 도덕적으로 옳은 것을 규정해 주는 규범을 위한 출발점이 될 수 있다는 것에 착안한 것이다(Rawls 1971: 17).

나는 도덕규범들이 그것이 발생하는 절차의 공정성에 의해 권위를 획득하는 일종의 비강제적인, 정보에 근거한 합의와 같은 것에 기반을 둔 것이라는 생각을 지지한다. 그러나 나의 기획은 롤즈의 견해와는 다소 차이가 난다. 이 책에서 나의 목적에 조금 제한을 두자면 스포츠에서 페어플레이 이론을 발전시키는 것이다. 나는 참가자들 간에 소위 에토스(ethos) 규칙에 대한 공유된 해석을 통해 실현되는 사회적 실천으로서의 스포츠 경기를 제시하고자 한다. 스포츠 에토스는 자발적인 선택을 위한 능력과 함께 생명력 넘치는 인간에 의해 구체적인 사회적 상황에서 발생하고 서로 교류하고 발전하는 것이다. 나는 하나의 스포츠의 에토스가 도덕적으로 허용될 수 있는 것 이상의 가능성을 고려해 왔다. 결국 내가 제안한 계약 절차에 대한 입장은 무지의 베일에 가려 완전한 합의를 추구하는 합리적 의사 결정이 아니라, 오히려 즉각적으로 받아들일 수 있는 규범 또는 적어도 합리적인 동의를 위한 토대로서 이성적으로 거부될 수 없는 것에 대한 추구이다. 나는 이제 계약론적 선택 기준과는 약간 다른 견해를 정식화한 스캔론(Scanlon 1985)의 노선에 따라 논증할 것이다. 즉,

> 누구도 비강제적인, 정보에 근거한 일반적 합의의 기초로서 합당하게 거부할 수 없는 규범을 선택하라.4)

이와 같은 정식화는 이후의 논의에서 메타-규범으로서 그 기능을 수행할 것이다. 이는 결과주의와 비결과주의적 논증 간에 갈등이 생길 경우 주요한 선택 기준이 될 것이며, 페어플레이를 위한 규범을 명료화함에 있어서 도덕적 정당화의 최종적인 검사 방법으로서 이용될 것이다.

규범

도덕적 규범들은 사회 규범들의 하위 집합들이다. 그것들은 우리가 중요한 이익과 손해라고 간주하는 것이 문제가 될 때 상호작용의 상황에서 이루어지는 행동에 대한 공유된 규정들이다. 그것들은 다른 사회적 규범들과의 관계에서 종종 지배적인 기능을

---

4) Scanlon(1985)은 무엇보다 먼저 도덕적 그름(wrongness)의 정의에 대해 소개하고 있다. 즉, '정보에 근거해서 비강제적인 일반적 합의에 기초하여 합당하게 거부할 수 없는 행위의 일반적 규제를 위한 그 어떠한 규칙 체계에 의해서도 허용되지 않을' 경우 그 행위는 잘못된 것으로 여길 수 있다는 것이다(Scanlon 1985: 223). 하지만 나중에 그는 우리가 어떻게 선택하고 행위해야 하는지에 대해서 유사한 기준을 제시하는데, 이는 내가 메타-규범을 생각해 내는 데 제일 중요한 영감을 얻게 해주었다(p.240).

가지며, 위반 행위들에 있어서는 보통 죄책감과 수치심이라는 제재를 초래한다(Elster 1989: 113ff.). 나중에, 나는 다른 종류의 정당화와 다른 수준의 일반성을 갖는 페어플레이 규범에 대해 고려할 것이다. 현재로서는, 좀 더 정확하게 말해서 무엇이 그 규범들이 타당성을 갖는다고 할 수 있는지, 그리고 만일 있다면 다른 종류의 규범들 간의 연관성은 무엇인지에 대해서 관심을 가질 것이다.

최초의 구분은 규범 진술과 가치 진술 간에 이루어질 수 있다. 규범 진술은 무엇을 해야 한다거나 하는 게 좋다거나, 무엇이 행해져야 한다거나 행해지지 않아야 한다는 것을 규정하는 진술이다(von Wright 1983: 67ff.; Eckhoff and Sundby 1988: 45ff.; Elster 1989: 113ff.). 그것들은 '경쟁자들은 항상 이기기 위해서 경기해야 한다.'와 같은 책무, 허용, 금지를 표현한다. 가치 진술들은 '이것은 좋은 경기이다.'와 같은 좋음 또는 나쁨, 가장 좋음 또는 가장 나쁨, 혹은 중립적인 것과 같은 사태들의 등급을 매기는 가치 술어들을 포함한다.

가치 진술과 규범 진술은 상호 연관성을 갖는다. '이것은 좋은 게임이었다.'와 같은 가치 진술은 스포츠에서 좋은 게임이라고 통상적으로 인정되는 규범들을 끌어들여서 정당화할 수 있다. 반면에, 규범 진술은 '게임이 모두에게 의미 있고 즐거운 것이 될 수 있기 때문에 우리는 좋은 게임의 기준에 따라 경기를 해야 한다.'와 같이 중요한 가치를 갖는다고 여기는 것을 끌어들여서 종종 정당화된다. 여기서 논의는 규범들에 집중되지만 나는 마지막 장(5장)에서 가치에 대한 논의로 되돌아올 것이다.

롤즈(Rawls 1971: 108ff.)는 개인들에 대한 두 종류의 도덕적 규범, 즉 자연적 의무(natural duties)와 책무(obligations)를 구별

한다. 자연적 의무는 인간이 실행하는 모든 것에 적용되는 일반적 규범이다. 그 예로 타인이나 자신에게 불필요한 해를 끼치는 것을 금지하거나, 더 강한 견지에서는 모든 관련 당사자들 사이의 평균 선호 만족의 극대화를 규정하는 규범들이나 또는 공정하고 정의롭게 행동하기 위한 (비결과주의적) 규범들을 가리킬 수 있다. 자연적 의무와 대조적으로 책무는 개인들이 규칙-지배적 실천들에 참여하기로 자발적으로 선택하는 경우에 발생하게 된다. 우리가 공정성에 대한 토론에서 보게 되듯이, 책무의 내용은 인간이 행하는 모든 것을 망라하는 자연적 의무의 틀 내에서 정의된다.

만일 이를 위반하게 되면 자연적 의무와 책무는 부정적 제재를 발생시키게 된다. 또 다른 종류의 규범이 있지만 그것은 그러한 반응으로 드러나지 않는다. 잉여적 규범들은 칭찬할 만하지만 비책무적 행동, 즉 의무의 요청을 넘어서 있는 행동을 규정한다. 그것들은 도덕성에 의해 장려되지만 요구되는 것은 아니다. 예를 들면, 만일 사이클 선수가 경주 동안 타이어가 펑크가 난 동료 경쟁자를 돕기 위해 멈춰 서면, 다수에게는 이것은 칭찬할 만한 행동이다. 그러나 경기 중에 펑크 난 타이어를 스스로 고칠 수 있다는 공유된 규범이 사이클 선수들에게 있다면, 만일 그 사이클 선수가 동료를 돕기 위해 멈추지 않고 경기를 계속해도 어떤 비난도 가해지지 않는다. 반면에 만일 동료 선수가 충돌 후에 심하게 다쳐서 도움이 필요하다면 도우려고 멈추는 것은 타인을 불필요한 해에 노출시키지 않을 자연적 의무에 근거하여 도덕적 책무라고 간주된다.

스포츠 경기를 위한 규범은 우리가 자발적으로 규칙-지배적 실행에 참여할 때 얻게 되는 책무의 지위를 갖는다. 나는 자연적 의무가 특별한 실행에 연결된 책무를 뒤엎는다고 말했다. 그러나 이것들이 충돌할 때 우리는 어떻게 자연적 의무나 책무 사이에서 우선권을 결정할 수 있는가? 이것은 규범이 절대적이고 위계적인 체계에서 순서가 매겨진 것으로 보이는가, 아니면 충돌할 수도 있고 구체적 환경에서 상호간에 불리하게 작용하는 것으로 보이는가에 달려 있다(Eckhoff and Sundby 1988: 90ff.).

규범 진술은 '당연히 해야만 한다(ought to)', '해야 한다(should)', '하지 않으면 안 된다(must)'와 같은 지시어를 포함한다. 그것들은 또한 일반적으로 적용 가능한 규범에 대한 조건을 나타내는 한정사(…라면)와 그것에 뒤따르는 규정(…해야만 한다)을 포함한다. 비록 하나의 규범이 많은 특수한 예외들을 갖기는 하지만, 그것은 그 적용 범위 내에서만큼은 절대적인 타당성을 가질 수 있다. 이러한 범위 내에서의 선택은 그 규범을 따르거나 아니면 위반하거나 둘 중 하나를 선택해야 할 것이다. 절대적 규범은 상호 충돌하지 않는 독립적인 적용 영역을 갖는다.

페어플레이를 위한 규범은 지침의 성격을 가져야만 한다. 나는 위에서 정식화한 결과주의와 비결과주의의 일반적 규범들이 상호 보완적이며 그리고 모두 도덕적 합리성을 표현한다고 말했다. 자연적 의무와 특정한 실천과 연관된 특수한 책무 둘 다 다룰 필요가 있다. 책무는 다른 책무와 충돌할 수 있으며, 자연적 의무는 다른 자연적 의무와 충돌할 수 있다. 결과주의와 비결과주의 간에 있을 수 있는 충돌에 대한 논의에서와 같이, 각각의 주장을 주의 깊게 저울질해 보아야 하며, 계약론적 메타-규범에 따라서 '비강제적인, 정보에 근거한 일반적 합의의 기초로서 합당하게 거부될 수 없는' 해결책을 찾아야 한다. 그와 같은 절차를 따져보는 작업은 그 성격상 실천적 추론에 다름 아닐 것이다.

실천적 추론

20세기 후반 실천 윤리학의 성장과 더불어 실천적 추론에 대한 관심이 증가하고 있다. 책임과 허용의 논리인 의무 논리(deontic logic)에서의 연구는 형식 논리에서 이끌어낸 방법들과 기법들을 통하여 규범적 담론의 구조를 명료화했다(Wright 1963, 1983). 그러나 비록 그 논증이 규범들의 체계적 위계를 목적으로 하지만, 그것은 덜 형식적으로 진행되고, 의무 논리적 접근보다는 전통적인 실천적 추론과 더 밀접하게 연관된다.

『니코마코스 윤리학』 6권에서 아리스토텔레스는 이론적, 실천적, 기술적 합리성 간의 차이점에 관해서 다루고 있다. 목적의 선택과 행위와 관계하는 실천적 합리성(phronesis)의 경우에 아리스토텔레스는 일반적으로 수용된 의견(endoxa), 즉 유능한 사람들에 의해서 알려지고 인정된 주장이나 입장을 논증을 위한 만족할 만한 출발점으로 삼는다. 아리스토텔레스에 의하면, 유능함은 지혜, 확신 또는 단순히 결정의 일부인 사실에서 나올 수 있다. 나는 일반적으로 인정된 기술적인 전제들과 규범적인 전제들을 갖고서 시작한다. 1장에서 나는 스포츠 경기에 대한 기초적인 이해를 개관했으며, 이 장에서는 도덕적 관점을 구성하는 세 가지 기본적 규범들의 대강을 살펴보았다. 그리고 나는 이런 부족한 구성을 스포츠에 적절한 정보와 적합한 지식을 갖고서 보충하기 위해서 페어플레이 규범을 고찰할 것이다.

이러한 과정에서 나는 사례에 따라 찬성과 반대를 주장할 것이다. 현대의 의사 결정 이론(decision theory)은 그러한 찬반 추론을 비판적이면서도 체계적인 방식으로 발전시켜 왔다. 선택의 딜레마에서 우리는 대안적 선택에 관해 전반적인 조망을 하고, 그런 다음 특히 그 결과와 확률을 테스트함으로써 이를 평가하려고 한다. 4장에서는 좋은 경기에 대한 (공리주의적) 논의에서 직접 이러한 접근을 해볼 것이다.

3장의 정의에 관한 논의에서는 결의론적 접근을 더 많이 채택할 것이다. 밀러(Miller 1996)는, 결의론(casuistry)은 우리의 도덕적 지각 능력을 계발하는 데 도움이 될 수 있다고 주장한다. 그것은 우리의 도덕감을 계발하고 담론의 범위를 전통적인 윤리적 추론의 형식적 제한으로부터 '벗어나게 해준다.' 그 핵심은 논의 중인 사례들이 도덕적으로 어떤 특징들을 갖는지를 구분하며, 그리고 각 특정한 사례에 들어 있는 도덕적 딜레마를 더 엄밀하게 드러내는 것이다.

3장에서 나는 이를 위해서 유사한 사례들과 유추에 의존할 것이며, 또 분류법을 고안해 낼 것이다. 예를 들어, 나는 내가 말한 스포츠에서 제거 혹은 보상되어야 하는 부적절한 불평등과 특수한 평가를 요하는 (운동선수의 경기 수행에서의) 적절한 불평등을 구분할 것이다. 나는 이러한 작업을 수행하기 위해서 운동선수 개개인에게 특수한 요인들이라 할 외적 조건들과 운동선수와 팀을 지원하는 물질적, 경제적, 기술적, 과학적 자원의 체계와 관련되는 요인들을 구분하기도 할 것이다.

규범 체계

내가 다루려 하는 실천적 추론은 일련의 규범들에 대한 정식으로 가시화될 것이다. 나의 목적은 페어플레이 이론을 분명히 하는 하나의 도덕적 규범 체계를 세우는 것이다. 그러한 체계가 충족시켜야 할 필요조건들은 무엇인가? 실제로 무엇이 규범적 체계의 특징인가?

내적 필요조건

어느 정도까지는 우리는 과학적 이론 일반에 부여하는 것들과 유사한 필요조건들을 도덕적 규범 체계에 대해서도 부여할 수 있다. 이것들은 보통 명료성, 단순성, 완전성, 내적 일관성에 대한 요구를 포함한다.5)

규범 체계는 분명해야 한다. 사용된 용어들은 모든 사람에 의해 이해 가능해야 하며, 만일 어떤 전문적 용어가 있으면, 그것들은 분명하고도 직접적인 방식으로 설명되어야 한다. 더군다나 규범들은 애매해서도 안 된다. 특히, 어떠한 규범이 적용되는가, 그것은 어떤 종류의 행동을 금지하고 규제하는가, 규범이 위반될 경우 어떤 처벌이 부여되는가에 대해서 의심의 여지가 없어야 한다. 유자격자와 무자격자를 공식적으로 규정해야 한다. 1장은 '스포츠 경기'의 실제에 대한 우리의 이해를 분명하게 하려고 했다. 3장과 4장은 이러한 실제를 위한 도덕적 규범들을 정식화함에 있어 이와 마찬가지의 명료성을 추구할 것이다.

규범 체계는 단순해야 한다. 단순성 요구는 단일한 규범 및 전체로서의 체계 모두에 적용된다. 만일 그 체계가 매우 많은 특수하고 상세한 규범들로 이루어져 있으면, 그 행위-인도적 잠재성은 의심스럽게 될지도 모른다. 단순성은 총체적인 이해를 향상시키

5) 합리적 규범 체계의 필요조건은 Beauchamp and Childress(1983: 12-14), Darwall(1983: 203-39), von Wright(1983: 130ff.), Naess(1977), Tranoy(1986: 144-64), Aarnio(1987: 195ff.), 그리고 Eckhoff and Sundby (1988)에 기초한다.

고 실제적 실행을 용이하게 한다. 이 책에서 전개된 스포츠 경기에 대한 규범 체계는 형식적인 페어플레이와 비형식적인 페어플레이에 대한 일상적 이해 그리고 위에서 정식화했던 결과주의와 비결과주의의 일반적 규범들에 관계되는 두 부류의 규범들로 구성된다.

그렇다고 단순성 요구가 완전성 요구에 장애가 되어서는 안 된다. 규범 체계는 스포츠에서 또는 최소한 가능한 한 많은 사례들에서 서로 충돌하게 되는 모든 도덕적 딜레마에서 선택을 인도할 수 있어야 한다. 도덕의 영역은 '옳은 것'과 '선한 것'의 영역이다. 스포츠의 페어플레이에 대한 나의 이론은 옳고 정의롭고 공정하다고 간주되는 것을 규제하는 규범들과 선에 대한 규범을 포함할 것이다. 그러므로 나는 그것이 스포츠에서 모든 종류의 도덕적 딜레마에 대한 지침을 제공할 수 있으며, 그런 점에서 완전성의 기준을 만족시킨다고 주장할 것이다.

최종적으로, 체계의 지위를 차지하기 위해, 일군의 규범들은 내적으로 일관적이어야 한다. 내적 일관성이라 함은 규범이라 할 수 있는 것과 그렇다고 할 수 없는 것 두 가지 모두가 동일한 체계에서 발견되지 않는다는 것을 의미한다. 우리는 여기서 어떤 상황에서는 충동할 수 있는 지침을 갖고 논의하고 있다. 그러나 우리가 5장에서 보게 되듯이 페어플레이를 위한 규범은 그들 간에 어떠한 모순도 없다는 점에서 단지 일관성 요구만을 충족시키는 것은 아니다. 그 이상으로 그것들은 강력하게 관련되어 있다. 그것들은 다소 강력하게 상호 연관된 의미를 통해서 서로를 보완하고 상호 의지한다. 목적은 페어플레이를 위한 규범이 하나의 정합적인 전체를 이루어야 하고, 스포츠 경기들의 도덕적 목적에 대한 하나의 통합된 개념을 표현하는 것이다.

외적 정당화

만약 여기서 개발된 규범들이 전체로서 이러한 내적 요구들을 충족시키면, 그것들은 규범 또는 규범적 이론 체계를 구성한다고 말하게 될 수 있다. 그러나 나의 목적은 '도덕적' 규범 체계이다. 내적 필요조건들만으로 도덕적 정당화의 지표가 충족되는 것은 아니다. 명료성, 단순성, 완전성, 일관성이라는 필요조건은 도덕의 실체에 대해서 아무것도 말해 주지 않는다. 그것들은 잘 구성된 규범 체계이면서도 비도덕적인 것일 수도, 심지어는 악한 것일 수도 있다. 이기주의적 경쟁자는 속이는 것이 아무런 걸림돌 없이 순조로울 경우 언제나 일관되게 속이는 행동을 하게 되겠지만, 도덕적으로 허용할 수 있는 행동이라 할 수는 없을 것이다. 규범 체계의 도덕적 정당성을 어떻게 보여줄 수 있는가?

과학적 이론에 대한 표준적인 필요조건은 그것이 논리적 그리고/또는 경험적 오류 가능성에 열려 있다는 것이다. 우리는 도덕적 규범 체계를 같은 방식으로 정당화할 수는 없다. 좋은 윤리학은 확고한 사실에 의존하지만 전적으로 그러한 사실에 의해서만 인도될 수는 없다. 나는 여기서 윤리적으로 옳고 선한 것에 대한 어떠한 비판적 기준도 존재하지 않는다고 주장하는 상대주의, 그리고 도덕적 진리에 대한 절대적이면서 완벽하며 비역사적인 기도를 믿어 의심치 않는 소박한 실재론, 이 둘 모두를 피하려고 한다. 나는 나의 전제들 중 하나로서 우리가 강한 확신을 갖고 확실하게 믿는 어떤 도덕적 통찰, 예를 들어 쾌락을 위해 사람들을 다치게 하는 것은 도덕적으로 나쁘다는 것, 순수한 이기적 이유로 타인에게 거짓말을 하거나 속이는 것은 도덕적으로 나쁘다는 것을 수용한다. 이것들은 일차(first-order) 도덕적 믿음이라고 부를 수 있는 것들이다. 여기에서 채택된 또 다른 전제는 결과주의적 기도와 비결과주의적 기도 안에서 체계적으로 그리고 비판적으로 사고하는 것이 가능하고, 합리적 근거에서 도덕적으로 수용 가능한 해결책은 제안하고 그리고 수용 불가능한 것들은 거부하는 것이 가능하다는 것이다.

이러한 두 가지 전제들을 함께 고려하면서 나는 특별한 방식으로 스포츠에서 페어플레이 이론을 위한 연구를 수행한다. 나의 논증 과정에서 이론적으로 도출된 일반적 규범들은 실제적인 실천과 일차 도덕적 믿음들에 견주어 비교 검토될 것이다. 만약 일반적 규범이 그러한 믿음들과 분명히 충돌하는 실천을 수반할 경우, 우리는 그러한 규범들을 재검토하고 그것들을 개정하거나 조정해야 할지도 모른다. 예를 들어, 대중이 더 많은 폭력을 '원하는' 아이스하키 경기에서 결과주의적 추론에 의하여 심판들이 구경꾼의 충족을 증가시키기 위해 맹공격과 위험한 경기를 수용하는 상황이 발생할 수 있다. 그러나 이것은 공정성과 인간 존경에 대한 대부분 사람들의 일차 신념들과 충돌한다. 정당한 반성에 근거해서 그리고 비결과주의적 관점을 등에 업고서 관중의 만족까지 고려하는 그런 조치의 공식적인 수용은 수정되어야 하거나, 전적으로 폐기되어야 할 수도 있을 것이다. 다른 한편으로 체계적으로 전개된 일반적 규범들은 일면 전통적 신념들과 실천들에서 발견되는 도덕적 문제들을 새롭게 조명하면서 이를 개선하도록 해줄 수 있다. 현대의 고도의 수행적 스포츠에서의 상당한 불평등은 선수들, 지원 체계들, 대중들에 의해서 다소간 암묵적으로 수용되고 있는 것처럼 보인다. 그러나 우리가 3장에서 보게 되듯이, 깊이 생각해 보면, 이러한 불평등은 변명의 여지없이 부당한 것으로 보일 수 있으며, 우리는 자신의 믿음이 조정되어야 한다고 결정할 수도 있다.

방법론적으로, 이러한 상호 조정 과정의 목적은 롤즈(Rawls 1971: 19-22, 48-53)가 '반성적 평형(reflective equilibrium)'[6]이라고 부르는 것과 유사한 어떤 것에 도달하는 것이다.[7] 상호 조정을 통하여 페어플레이 규범과 일차적 도덕 신념들은 상호 일치하게 된다. 그런 평형은 결론의 합리성에 대한 하나의 지표로 간주된다. 이로써 나는 정당화 논리로서 이런 믿음들 간의 정합성을 옹호하는 전통(Jamieson 1993) 속에 서게 된다. 일반적 규범들은 하나의 가설로서의 역할을 하게 되는데, 이 가설은 실천을 통해서 그리고 일차 도덕적 믿음에 견주어서 시험을 받으며, 현재의 실천과 믿음은 더 많은 일반 규범들의 도움을 받아서 비판적으로 재검토된다. 도덕적 추론의 다양한 수준들은 상호간에 영

6) [옮긴이 주] '반성적 평형(reflective equilibrium)'은 상호 조정 과정의 목표의 실현을 위한 방법론적 측면에서 롤즈가 제안한 견해로, 스포츠의 경우 상호 조정을 통하여 페어플레이 규범과 일차(first-order)적 도덕 신념들은 상호 일치하게 된다. 그러한 평형은 결론의 합리성에 대한 하나의 지표로 간주된다. Rawls(1971: 19-22, 53) 참조.

7) 내가 보기에 여기에서 Rawls는 이것을 협소한 평형(narrow equilibrium)이라고 부른 것 같다. 넓은(wide) 의미의 평형을 설정하기 위해서는 대안적 페어플레이 이론으로서의 대안적인 도덕적 관점 역시 고려해야 할 것이다. 게다가 서로 다른 규범 이론들 사이에서 결정을 내리기 위해서는 좀 더 일반적인 철학적 논증 또한 고려해야 할 것이다. 나는 나의 기초적인 전제의 선택과 설명을 위해 이를 어느 정도는 고려의 대상으로 삼았지만, 그럼에도 불구하고 나의 페어플레이 이론에서는 특정한 관점에 집중할 것이다. 일반적으로 정당화(justifications)에 대한 정합적 구도, 특히 반성적 평형에 대한 Rawls(1971)의 모델은 수많은 논쟁점을 가지고 있다(Jamieson 1993). 서로 다른 이론들 사이에서 지금까지 롤즈가 비판해 온 것은 기술적 전제로부터 규범적 결론을 도출해 내는 직관주의와 상대주의이다. 예를 들어 Hare(1975: 81-107), Hudson(1983: 387-9), 그리고 Kukhatas and Pettit(1990: 69-71)를 보라.

향을 준다. 여기서, 이러한 비교 검토 과정에서 비판적 기준은 내가 위에 정식화했던 계약론적 메타-규범인데, 그것은 '어느 누구도 비강제적인, 정보에 근거한 일반적 합의의 기초로서 합당하게 거부할 수 없다.'고 하는 해결책의 선택을 규정해 준다.

이렇게 해서 나는 완화된(soft) 도덕 실재론적 입장이라고 하는 것을 제안한다. 나는 어떤 선택이 다른 것보다 도덕적으로 더 낫다고 판단할 만한, 그리고 도덕적으로 더 나은 타당한 요구라고 추정할 만한 이유들을 발견하는 것이 가능하다고 주장한다. 그러나 지식의 문제들과 관련해서 이루어지는 탐구들처럼 결코 완전한 확실성이란 존재하지 않는다. 도덕적 진리에 대한 요구들은 항상 특별한 태도와 개인의 믿음, 그 믿음을 만든 집단의 믿음에 의해서, 그것들이 개발되는 역사적 사회-문화적 맥락에 의해서, 그것들이 기술되는 언어에 의해서 영향을 받는다. 그 같은 요구들과 이에 대한 우리의 수용 또는 거부는 결코 절대적 타당성에 도달할 수 없다. 이렇게 해서 실천 윤리학은 우리가 살아가고 있으며, 그리고 그 안에서 행동하지 않을 수 없는 역사적, 사회적, 문화적 환경 속에서 도덕적 진리를 향한 열린 마음으로 지속적인 탐구를 하게 된다.[8]

[표 2]는 이러한 추론의 방향을 예시해 준다.

---

8) 실재론적 입장과 반실재론적 입장 간의 메타-윤리적 논의는 매우 복잡하기 때문에 여기에서 만족스럽게 다루기란 어렵다. 이에 관한 좋은 소개는 Beauchamp(1991: 111ff.)를 참조하기 바란다. 여기에서 나의 의도는 간단히 내 자신의 작업을 위한 전제를 좀 더 구체화하는 데 있다. 다행히도 실재론과 반실재론 논쟁에서 나의 입장은 나의 논증에서 그렇게 중대한 영향을 미치지 않는다. 나의 페어플레이 이론은 메타-윤리적 입장과는 독립적인 규범적 스포츠 이론으로 받아들이고, 이해되고, 비판될 수 있다.

1. 도덕적으로 옳고 선한 것에 대한
메타-규범 또는 기준의 선택
(윤리적 계약이론)

↕

2. 일반적 규범들의 정식화
(결과주의 규범들과 비결과주의 규범들)

↕

3. 스포츠 경기를 위한
특수한 도덕적 규범들(책무들)의 정식화

↕

4. 개인 규범과 규범 체계의
일차 도덕적 믿음들과의 비교 검토

[표 2] 실천적 논증 방식 : 개관

나는 윤리적 계약이론에 입각해서 선택한 메타-규범에서 시작한다. 2단계에서 나는 위에서 기술한 결과주의 규범들과 비결과주의 규범들 같은 후속 논증을 이끄는 일반적 규범들을 정식화하기 위해서 윤리 이론에 대한 적절한 지식과 이해를 사용한다. 3단계에서 스포츠 경기의 페어플레이 규범들이 정식화된다. 그 다음 4단계에서 관련 사실에 접근해서 나는 내적으로 일관성이 있는 페어플레이에 대한 도덕적 해석을 추구하기 위해서 일반적 규범들, 일차 도덕적 믿음들, 현재의 실천 간에 포함되어 있는 것을 비교 검토하는 과정에 이르게 된다.

5장에서 논의하겠지만, 개개의 규범들 간의 강한 내적 관련성으로 인해, 전체로서의 체계는 단일한 목적을 나타내는 것으로 볼 수 있는데, 나는 이를 (이 책의 끝에서) 스포츠 경기의 도덕적 목적이라는 제목 아래서 다룰 것이다.

요약

이 장에서 나는 이 책의 논증에 기초가 되는 가정을 분명히 하고자 했고, 그 범위와 한계를 이해함에 있어 효율성을 기하고자 했다. 첫 번째 가정은 사람들은 그 말이 갖고 있는 제한적이고 실천적인 의미에서 자유로운 선택 가능성을 갖는다는 것이다. 자발적 선택이라는 말이 바로 그것이었다. 자발적 선택이란 우리가 달리 선택할 수도 있었을 상황에서 우리의 선택을 특정한 방향에서 결정지어버리는 어떠한 외적 제약도 존재하지 않는다는 의미에서 강제적이지 않은 선택을 말한다. 나는 또한 만일 우리가 자유로운 선택 가능성을 가지고 있다면 자신의 선택에 대해서도 책임을 질 수 있으며, 그리고 그 정당성도 도전받을 수 있으리라고 가정해 왔다.

인간의 행위는 비합리적 요인과 합리적 요인 두 가지 모두로 이루어진 복합적인 산물이다. 나아가 나는 도덕적 이성이 인간의 행위를 조명해 주는 잠재력을 지니고 있으며, 도덕적 이성을 기술하고 사용하는 것이 윤리학의 핵심 과제라고 가정해 왔다.

나는 지금까지 도덕적 합리성의 기준에 대한 논의를 통해 정당한 도덕적 관점에 대한 일반적인 이해를 분명히 하고자 하였다. 좀 더 세부적으로는 스포츠에서의 페어플레이 관념에 대한 체계적이면서도 비판적인 검토에 힘입어 페어플레이 규범을 찾고자 했다. 이를 위해 이기주의적 입장을 살펴보고, 이를 공감과 상호 이해라는 자연적 성향을 갖는 무엇보다도 사회적 존재로서의 인간관에 대비시켰다. 나는 윤리적 문제에 대한 대답이란 비강제적인 방식으로 선택할 수 있는 지적이면서도 합리적인 인간과 도덕적 행위자로서 각자의 잠재력을 상호 존중하는 인간들 간의 의사소통에서 가장 잘 찾아낼 수 있다고 주장했다. 이것은 도덕철학에서의 비결과론적 계약론의 전통과 일치한다. 롤즈(Rawls 1971)와 특히 스캔론(Scanlon 1985)에 영향을 받아, 나는 나의 기획에 부합하는 메타-규범을 정식화했다. 이 메타-규범은 이론적 선택과 실천적인 선택 둘 모두를 이끌어 주며, 그리고 나의 도덕적 관점을 대변해 주는 가장 일반적인 표현이다. 아래의 규범 I이 이에 해당된다.

> I 비강제적인, 정보에 근거한 일반적 합의의 기초로서 합당하게 거부될 수 없는 규범을 선택하라.

나는 도덕적 추론에 포함되어야 하는 도덕적 논증이 갖는 또 다른 기본적인 관심사도 검토해 보았다. 우리의 행위와 도덕관이 도전받게 될 경우, 우리는 종종 그 결과에 대해서 언급하게 된다. 결과주의 이론은 바로 이 같은 방식, 즉 '행위와 정책의 옳음이 그 결과의 좋음에 의존하게 된다.'고 하는 방식에 따라서 사태들을 도덕적으로 판단해야 한다고 말한다. 가장 대표적인 결과주의 이론은 바로 공리주의이다. 나는 결과주의적 공리주의 규범을 정식화했는데, 앞으로 이를 규범 II라고 부를 것이다.

> II 모든 관련 당사자들 간에 기대되는 평균 선호 만족을 극대화하라.

결과주의 일반과 그 중에서도 특히 공리주의는 혹독한 비판을 받아왔다. 비판은 도덕적 행위자라는 사람에 대한 적합한 개념의 결여, 그리고 인간 상호작용의 다양성을 인정하지 못한 점들에 대해 지적한다. 다른 한편, 비결과주의 이론은 옳은 행위를 효용 극대화 및 효용 비교와 독립적이거나 혹은 이에 선행하는 논리적 기준에 기초를 두는 것으로 규정한다. 옳음의 관념은 선의 관념과는 독립적인 지위를 갖는다. 그래서 나는 정의의 규범(규범 III)을 제시할 수 있었다. 아리스토텔레스를 따라서 이를 다음과 같이 정식화할 수 있다.

III 적절하게 평등한 경우들은 평등하게 대우해야 하며, 적절하게 불평등한 경우들은 불평등하게 대우할 수 있으며, 그리고 불평등한 대우는 각 경우들 간의 실제적인 불평등에 따라서 합당하게 다루어야만 한다.

결과주의 규범 II와 비결과주의 규범 III은 윤리적 추론에서 두 가지 중요하면서도 상호 보완적인 조망을 대표한다. 그것은 이후의 논의에서 스포츠 경기에 대한 특수한 규범들을 위한 전제로 사용될 것이다. 그것은 절대적 규범으로서가 아니라 오히려 중첩되고 충돌할 수도 있는 하나의 지침으로 간주되어야 할 것이다. 이들이 서로 충돌할 경우에 결정적인 선택 기준은 메타-규범 I이 될 것이다.

마지막으로 나는 하나의 규범 체계로서 페어플레이의 해석을 위한 나의 목적에 어떻게 도달할 것인가에 대해서 언급했다. 그러한 체계는 명료성, 단순성, 완전성, 일관성이라는 내적 필요조건들을 충족시켜야 한다. 더구나 나는 정당화를 위한 하나의 정합론적 기획에 의해 진작되고 그리고 '반성적 평형'이라고 하는 것에 의해 특징지어진 하나의 외적 정당화 방안을 제안했다. 반성적 평형에서, 이론적으로 도출된 규범들과 그 규범들이 적용되는 실질적인 문제들에 관한 일차 도덕적 믿음들은 정합적이면서 서로를 지지하는 것으로 간주된다. 이른바 완화된 실재론적 입장을 제안했는데, 그것은 도덕적으로 허용 가능한 입장과 도덕적으로 허용할 수 없는 입장을 합리적으로 구별하는 것이 가능하다고 생각하며, 허용 가능한 것은 일종의 도덕적 진리를 표현한다고 주장한다. 하지만 그 같은 도덕적 진리는 다양한 윤리적, 도덕적 입장에 따라 다르게 표현되며, 서로 다른 역사적, 사회적, 문화적 상황에 따라 다양한 방식으로 드러날 수 있다고 하는 것을 지적해 두었다. 따라서 나는 윤리학에 대한 도전을 우리가 살아가고 행위하게 되는 특정한 맥락에서 가능한 최상의 것을 밝혀내는 일을 지속적으로 추구하는 것이라고 설명했다.

3 장

올바른 스포츠 경기

공정성

공정성(fairness)과 정의(justice)의 문제는 인생의 다른 영역처럼 스포츠에서도 제기된다. 이 시합은 페어플레이였는가? 그 축구팀은 그 골을 넣을 만했나? 더 나은 선수가 이겼는가? 간혹 우리는 최상의 팀이 실제로 졌다고, 경기가 불공정했다고, 그리고 그 패자는 '도덕적' 승자였다고 주장한다. 이러한 주장들은 뭘 의미하는가? 스포츠에서 공정성과 정의는 어떻게 이해될 수 있을까?

페어플레이의 이상은 정의라는 관념과 관련이 있다. '형식적 페어플레이'는 규칙을 준수하는 것, 혹은 1장에서 이해한 내용에 따라서 우리가 참가하는 스포츠가 가진 '에토스'의 관점에서 볼 경우 규칙들에 대해 사회적으로 공유된 해석을 준수하는 것에 대해 규정한다. 그러나 이러한 관념들은 좀 더 정교하고 상세하게 해명되어야 한다.

이를 위해 나는 우선 '공정성'과 '정의'의 관념들에 의거해서 '옳음(right)'의 개념에 대한 해석을 제시한 다음, 예비적 공정성 규범을 형식화할 것이다. 나는 예비적 규범을 스포츠와 관련지어 다루고, 그런 다음 정당한(just) 경기를 위한 규범들을 전개하는 순서로 논의를 진행시킬 것이다. 끝으로 나는 스포츠 경기를 위한 완전한 공정성 규범을 정식화함으로써 결론을 맺을 것이다.

공정성: 예비적 규범

현대의 철학적 문헌에서, 특히 롤즈(Rawls 1971: 11-17, 108-14, 342-50)에서, 정의의 문제가 논의될 때 공정성은 어떤 공평한(impartial) 절차들로서 이해된다. 2장에서 보았듯이, 롤즈는 공정한 상황의 전형적 사례로 간주되는 이른바 '원초적 입장(original position)'이 도덕적 옳음의 규범들을 도출하기 위한 근거의 역할을 할 수 있는 가능성을 제안한다. 도덕적 옳음의 개념은 이를 정의하기 위한 규범들, 즉 상대를 위해하지도 상해를 입히지도 않기 위한 규범과 같은 '자연적 의무(natural duty)', 그리고 공정성에 대한 규범과 같은 책무(obligation)를 포함한다(Rawls 1971: 113ff.).

처음에, 롤즈는 도덕적으로 옳은 행위를 선택하기 위한 형식적 조건들을 공정성의 조건으로 특징짓는다. 그러고 나서, 그는 이러한 조건하에서 확립된 공정성의 규범들에 대해 논의한다. 그가 주장하고 있는 이러한 측면들을 어떻게 이해할 수 있을까?

롤즈는 공정성을 두 가지 측면에서 해석하는 것으로 보인다. 첫째, 공정성은 옳음에 대한 규범들을 정당화하기 위해 충족되어야 하는 조건들로 특징지어진다. 나는 이러한 조건들을 '메타-규범 I'로 해석했는데, 이것은 비강제적이고 정보에 근거한 일반적 합의를 위한 기초로서 누구도 합당하게 거부할 수 없는 해결책을 규정하고 있다. 둘째로 롤즈는 공정성을 더 특수한 규범으로 이해한다.

> 다수의 사람들이 어떤 규칙에 따라 상호 이익이 되는 협동 체제에 가담하고, 따라서 그들의 자유를 자발적으로 제한할 경우, 이러한 제한에 복종하는 자들은 이로 인해 이득을 보는 사람들 쪽에 대해서도 유사한 동의를 요구할 권리를 갖는다. (Rawls 1971: 343)

요컨대, 한 인간이 그의 공정한 몫을 행하지 않고 타인들의 협동적인 노력으로부터 이득을 보는 것은 잘못이라는 것이다. 롤즈에 따르면, 공정성은 규칙-지배적인 실천(rule-governed practice)에 자발적으로 참여함으로써 발생하는 우선적인 책무를 구성한다.

공정성에 대한 이러한 해석은 도덕적 비결과주의에 기반하고 있다. 이것은 이성에 기초하여 자발적으로 선택하는 잠재성을 지닌 도덕적 행위자로서의 인간을 존중하는 칸트적(Kantian) 개념에 기원을 두고 있다. 그렇지만 공정성에 대한 의무가 무조건적으로 발생하는 것은 아니다. 충족되어야 할 첫 번째 조건은 우리가 자발적으로 참여해야 한다는 것이다. 여기에서 참여라고 하는 것은 어떠한 형태가 되었든 외부의 강제력 없이 선택했다는 것을 의미한다. 나아가, 인간 간의 상호작용을 위해서는 타당한 일반적인 도덕규범 혹은 '자연적 의무들'이 존재한다. 이들 중 하나가 정의를 지탱하는 것이다. 만약 이익과 부담이 임의적이고 자의적인 방식으로 분배된다면, 우리의 공정한 몫이 무엇인지에 대해, 그리고 우리들 각자가 서로 협력함에 있어 기여하거나 받아야 할 것이 무엇인지에 대해 불분명한 규정이 되고 말 것이다. 정당하지 못한 행위는 도덕적 존재로서의 인격체라는 개념을 결코 반영해 내지 못한다. 공정성이라는 개념 그 자체가 훼손되고 마는 것이다.

지금까지의 논의를 토대로 이제 스포츠 경기를 위한 공정성 규범을 정식화할 필요가 있다. 롤즈는 공정성의 개념을 구체화하기 위해 다음과 같이 명시적으로 게임(game)에 대해 언급하고 있다. '우리는 약속에 따라 그리고 묵시적인 이해에 따라 책무들을 갖게 되고, 심지어 게임에 참가할 때조차 규칙에 따라 경기해야 하고 훌륭한 스포츠가 되어야 하는 책무를 갖게 된다.' 1장에서 나는 스포츠에 자발적으로 참가하기로 선택한다는 관념을 다양한 종류의 의도적 목적들에 기초하고 있다고 언급한 바 있다. 목적의 실현은 다른 경쟁자들의 협동에 의존한다. 모든 경쟁자들이 이러한 목적을 실현하고자 한다면 이를 수행하기 위한 공유된 에토스를 준수하지 않으면 안 된다. 그래서 상호 협동을 통해 의도적 목적의 실현이 가능한 것과 마찬가지로 어떤 경쟁자에게도 이 것이 적용되는 것은 지극히 당연해 보인다. 공정성에 대한 예비적 규범을 다음과 같이 정식화할 수 있을 것이다.[1)]

1 스포츠 경기에 자발적으로 참여한 당사자들은 이 경기의 공유

---

1) 이후에는 특수한 페어플레이 규범은 아리비아 숫자 1과 2를 사용하여, 로마 숫자 I, II, III으로 표기한 우리의 도덕적 관점의 일반적인 배경 규범과 구분할 것이다.

된 에토스가 정당하다면 이 에토스에 따라서 행동해야 한다.

공정성 규범 1에서 자발적 참여와 '공유된 에토스' 등은 앞 장에서 논의된 바에 따라 쉽게 이해할 수 있을 것이다. 그러나 정의에 대한 세 번째 필요조건을 구체적으로 밝히지 않았다. 좀 더 엄밀히 말해서 스포츠 경기가 공정한 것은 어떤 경우인가?

형식적, 분배적 그리고 절차적 정의

이제 규범 III에서 주어진 정의의 일반적 해석의 문제로 돌아가자.

> III 적절하게 평등한 경우들은 평등하게 대우해야 하며, 적절하게 불평등한 경우들은 불평등하게 대우할 수 있으며, 그리고 불평등한 대우는 각 경우들 간의 실제적인 불평등에 따라서 합당하게 다루어야만 한다.

이러한 규범 III은 형식적인데, 다만 분배적 정의(distributive justice)를 구체화하기 위한 기본적인 구조를 제공하고 있다. 국소적인 분배적 규범은 매우 다양하다(Walzer 1983; Elster 1992). 무엇을 평등한 것으로 여길 수 있는지, 그리고 불평등하다고 했을 때 그것을 불평등하게 여길 만한 것이 무엇인지에 대한 실질적인 기준은 각각의 개별적인 관행이나 제도에 따른 다양한 목적의 견지에서 정식화될 수 있을 것이다.

특정한 액수의 돈이 다수의 사람에게 분배되는 상황을 생각해 보자.[2] 우선 전적으로 평등주의적(egalitarian)인 규범을 들 수 있다. 이 경우 여기에 속해 있는 모든 사람에게 똑같은 액수가 배분될 것이다. 다음으로 능력에 따라(meritocratically) 배분되는 경우를 생각할 수 있는데, 이 경우 각자 객관적인 수행 정도에 따라 서로 다르게 배분될 것이다. 세 번째 대안은 각자의 노력에 근거해서 돈을 배분하는 것이다. 여기에서는 최선을 다하려는 의지를 보여주는 선수에게 객관적인 수행에 상관없이 더 많은 액수가 배분될 것이다. 네 번째로 이익과 부담은 필요에 따라, 특정한 단체나 집단에서의 지위에 따라, 혹은 법적 권리에 따라 각기 달리 배분될 수도 있을 것이다. 실제 생활 속에서는 이러한 규범들이 서로 결합되어 있다.

분배적 정의 규범들은 분배가 지향하는 이상적인 구도를 형성하기도 하는데, 이러한 구도에는 그것을 수행하기 위한 절차가 요구된다. 롤즈처럼(Rawls 1971: 85-6), '완전한 절차적 정의(perfect procedural justice)', '불완전한(imperfect) 절차적 정의' 그리고 '순수(pure) 절차적 정의'로 구분할 수 있다.

'완전한 절차적 정의'는 주어진 분배적 규범이 예외 없이 완전한 범위에서 실현된다는 것을 보장하는 절차로서 규정된다. 롤즈가 제시하고 있는 사례를 통해 살펴보면, 다수의 사람에게 케이크를 공정한 방식으로 배분하는 경우를 생각해 볼 수 있다(Rawls 1971: 85). 물론 그들 모두는 케이크에 대해 똑같이 강한 욕구를 지니고 있다. 그렇다면 그 해결책으로는 이들 중 한 사람이 케이크를 자르도록 하고, 다른 사람들이 자르는 사람보다 먼저 케이크를 고르도록 하고 케이크를 자른 사람이 마지막 조각을 가져가

2) 이 사례는 Perelman(1980: 1-23)에 기초하고 있다.

게 하는 것이다. 그럴 경우 케이크를 자르는 사람이 취해야 할 최선의 전략은 그 케이크를 정확히 균등하게 자르는 것이 될 것이다.

'불완전한 절차적 정의'는 비록 결과에 대한 독립적인 기준이 있다 하더라도 그것을 보장할 수 있는 확정된 절차가 존재하지 않는다는 것이다. 노르웨이의 '누진 과세 체계'가 좋은 사례인데, 그 의도는 각자 혹은 각 가정이 능력에 따라 세금을 낸다는 것이다. 재산을 가장 많이 가진 자가 가장 많은 세금을 내고, 재산을 가장 적게 가진 자는 가장 적은 세금을 내게 된다. 그러나 이것은 이상일 따름이지 현실적으로 실현해 낸다는 것은 매우 어렵다. 사람들이 정말로 필요로 하는 것이 무엇인지, 그리고 그들이 공동체에 얼마나 많이 공헌해야만 하는지 등에 대해 정확히 측정하는 것 모두 문제가 될 수밖에 없다. 이러한 노르웨이식의 과세 절차가 완전하다고 보기는 어려울 것이다.

<table>
<tr><td rowspan="3">정의에 대한
형식적 규범</td><td>분배적 정의를 위한
국소적 규범들</td><td>절차들</td></tr>
<tr><td>평등주의적
능력주의적
노력에 따라
필요에 따라
지위 혹은 법적 권리에 따라
위의 규범들의 조합</td><td>완전한
불완전한</td></tr>
<tr><td colspan="2">순수 절차적 정의</td></tr>
</table>

[표 3] 정의의 규범과 절차들에 대한 개관

'순수 절차적 정의'는 공정한 분배를 정의하는 어떤 독립적인 기준이나 분배적 규범도 결코 존재하지 않는다는 특징을 지닌다. 절차 그 자체만이 공정한 산출을 보장할 따름이다. 그 전형적인 사례로 들 수 있는 것이 복권이다. 참가자들이 자발적으로 참여한다는 조건 하에 그들 모두가 임의적인 제비뽑기(random lot)에 의해 당첨금이 분배된다는 것을 받아들이고 또한 이를 인정한다면, 결과는 누가 당첨되는가와 상관없이 정당한 것이다.

[표 3]을 왼쪽에서 오른쪽으로 읽으면 귀결 관계를 알 수 있다. 정의의 일반적인 형식적 규범, 즉 규범 III이 그 출발점을 이룬다. 여기에 정보를 추가해서 나는 스포츠의 경우에 한정된 정의의 특정한 규범을 정식화하고자 한다. 스포츠와 관련한 사회적 구조와 다양한 목적, 스포츠의 역사와 사회적 역할, 그리고 경쟁자들 간에서 발견될 수 있는 다양한 종류의 에토스 등을 전제로 하여, 메타-규범 I에 의해 설정된 필요조건을 충족시킬 수 있는 해결책을 모색해야 할 것이다.

실험으로서의 스포츠 경기

스포츠 경기의 구조적 목적은 운동선수의 경기 수행에 따라서 둘 이상의 참가자들을 측정하고 비교하며 순위를 매기는 것이다. 어떤 의미에서 운동경기는 특정한 종류의 지식 추구를 표현한다. 프랠리(Fraleigh 1984: 41)의 용어를 빌리자면 '운동경기란 합의된 규칙들에 의해 규정된 범위 내에서 많은 것을 공간과 시간 안에서 해내는 참가자들의 상대적 능력에 대한 지식의 추구이다.' 이러한 생각은 우리가 다양한 의도적 목적을 갖는 스포츠에 참가하며 그것에 대한 지식의 추구가 정당한 것이라는 측면에서 한계를 지니기도 하지만, 정의에 대한 논의에 초점을 맞추는 데 도움이 될 수 있을 것으로 보인다.

스포츠 경기가 운동선수의 경기 수행의 '변수'에 근거를 둔 참가자들을 측정하고 비교하며 순위를 매기려는 과학적 실험이라고 생각해 보라. 규범 III의 첫 번째 부분에서 평등한 경우는 적절히 평등하게 취급되어야 한다고 규정하고 있다. 수행 평가를 가능한 한 정확하게 하기 위해서는 신뢰성(reliability)이 있어야만 할 것이다. 과학적 방법론의 용어 사용에 있어서 신뢰성은 그 측정이 어떻게 이루어지는가와 연관된다. 게다가 여기에는 무엇보다 개인의 내적 주관성(intra-subjectivity)과 상호 주관성(inter-subjectivity)이 요구된다(Galtung 1969: 28-9). 개인의 내적 필요조건들이 동일한 관찰자에 의한 동일한 반응의 반복된 관찰을 확보하기 위한 것이라고 한다면, 상호 주관성의 필요조건들은 다른 관찰자들에 의한 동일한 반응의 반복된 관찰에 따라 동일한 데이터를 산출한다는 것을 의미한다.

규범 III의 두 번째 부분은 적절한 불평등에 기초를 둔 불평등한 대우를 허용한다. 평등에 대한 논의는 스포츠의 운동 수행에서 적절한 불평등이 무엇인지를 더 분명히 해둘 수 있는 지름길이 될 수 있다. 그런데 운동선수의 경기 수행은 실험에서의 종속변수가 된다. 운동 수행에서의 불평등을 평가하기 위한 고려 사항은 그 실험이 얼마나 타당한가를 반영하는 것이다: '데이터는 명백한 수준에서부터 잠재적 수준에까지 추론이 적법하게 이루어질 수 있는 그러한 종류와 방식으로 얻어져야 할 것이다.'(Galtung 1969: 29) 우리는 우리의 관심사와 관련된 것들만을 측정해야 한다. 즉, 잠재적 수준을 대표하는 '운동선수의 수행'으로 간주되는 운동경기에서의 명백한 행동들이 여기에 해당한다. 결국 이와 관련이 없는 요인들이나 '오류의 원천들'을 제거하거나 보상해야만 할 것이다. 이러한 제거 그리고/또는 보상 절차는 스포츠에서의 평등에 대한 논의에서 중요한 부분을 차지한다.

마지막으로, 규범 III의 두 번째 부분은 불평등한 대우와 실제적 불평등 사이의 합당한 일치를 규정하고 있다. 불평등한 대우의 기준은 바로 운동선수의 경기 수행에서의 불평등이다. 누가 더 빠르고, 누가 더 강하며, 누가 더 지구력이 있는지, 혹은 누가 기술적으로 그리고 전략적으로 최고의 기량을 가진 선수인지 등에 대한 물음은 스포츠에서 전형적인 질문에 속한다. 순위, 점수, 골 득점 등 이른바 경쟁상의 우위를 서로 다르게 분배하는 방식을 통해 경쟁자들을 불평등하게 대우한다. 순위, 점수, 그리고 골 득점은 '경기 수행'이라는 종속 변수를 통해 조작 처리된다. 스포츠에서 불평등한 대우와 실제적 불평등 간의 합당한 일치에 대한 요구는 실험에서의 신뢰도와 타당성에 대한 관심과 일치한다. 다양한 종류의 우위에 따른 측정과 분배는 경기력에서의 실제적 불평등을 정확히 반영해야 한다.

따라서 일반적으로 서로 다른 경쟁자들을 경기의 수행에 따라 측정하고 비교하며 순위 매기는 '실험'이 신뢰성과 타당성의 필요조건을 만족시킨다면, 그것은 아울러 정의의 필요조건 역시 만족시키는 것이라고 말할 수 있을 것이다. 측정, 비교, 그리고 순위를 매기는 것은 오직 실제적 불평등에 기초해야 하고, 또 이와 합당하게 일치해야만 할 것이다. 이러한 논의를 배경으로 이제 스포츠에서의 정의의 규범 III이 함축하는 바에 대해 검토해 보기로 하자.

평등

형식적 정의 규범 III의 첫 번째 부분은 다음과 같다:

III.1 적절하게 평등한 경우들은 평등하게 대우해야 한다.

스포츠 경기에서는 무엇이 평등해야 하는가? 1장에서 보았듯이 운동경기를 위한 분배적 규범은 능력주의적이다. 개인들은 경기 수행의 비교적 엄밀한 정의(定意)에 따라 보상을 받게 된다. 물론 평등의 규범 역시 중요하다. 만일 우리가 수행에서의 적절한 불평등을 측정하고자 한다면, 몇 가지 조건들을 표준화해야 한다. 적절한 지식을 산출하고 타당한 것이 되기 위해서는 실험에 적절한 통제가 요구된다. 그래서 경쟁의 시작과 과정에서 부적절한 불평등은 제거되어야 한다. 하지만 그러한 제거가 현실적으로 가능한 것인가? 반드시 그렇다고 보기는 어려울 것이다. 예를 들어, 실외 경기에서 기상 조건의 완전한 평등은 하나의 유토피아적인 이상에 불과할 것이다. 그럴 경우 문제는 적절하지 못한 불평등이라고 생각되는 것에 대해서 가능한 한 최선의 방식으로 보상하는 것이다. 경기에 참가한 모든 선수에게 평등한 기회를 제공하기 위해 노력하지 않으면 안 된다.[3] III.1에 근거해서 우리는 다음과 같이 말할 수 있다:

---

3) Rae의 용법에 따라(1981: 65ff.), 마치 복권(lottery)에서 모든 참여자들이 이기기 위한 평등한 기회가 주어지는 것과 같이, 스포츠에서도 전망-연관적(propect-regarding) 평등한 기회가 주어지지는 않지만, 오히려 수단-연관적(means-regarding) 평등한 기회는 주어진다고 말할 수 있다. 모든 사람에게는 마땅히 이기기 위한 수단에 있어서만큼은 평등한 접근이 제공되어야 한다.

III.1.1 모든 선수들은 부적절한 불평등의 제거 혹은 보상을 통해 경기 수행을 위한 평등한 기회를 제공받아야 한다.

평등한 기회는 수행에서의 불평등을 평가하기 위한 필요조건이다. 이 규범의 역사는 스포츠 자체만큼이나 오래된 것이다. 예를 들어, 고대 그리스의 전차 경주에서 어떤 전차들은 만약 그것들이 첫 코너를 도는 코스가 더 긴 경우에는 '달리면서 하는 스타트(flying start)'가 허용되었다(McIntosh 1979: 7-8). 18세기와 19세기의 영국 스포츠의 발전은 특히 점차적으로 개선된 표준화 기술을 보여주었다. 육상 경기에서는 공식 경기장에서의 똑같은 표면과 트랙 그리고 거리의 정확한 측정 등에 관해서 큰 관심이 있었다. 스톱워치 등과 같은 새로운 기술이 정확성을 향상시켰다. 축구와 같은 구기 종목들에서는 규칙들이 세부적으로 정교화되고 성문화되었으며, 그러한 규칙들 가운데는 각 팀의 선수들의 번호, 그리고 공격 방향의 전환 등에 관한 엄격한 세부 규정들이 있었다(Mandell 1984: 132ff.). 실제로 거트만(Guttmann 1978)은 근대적 스포츠의 명확한 특징들 중 하나로 '표준화(standardization)'를 들고 있다.

오늘날에는 평등한 기회를 확보하기 위한 다양하고 상세한 규범들이 존재한다. 나는 먼저 평등한 기회에 대한 규범 III.1.1이 경기의 시작과 진행 과정에서 외적 조건들의 규제에 어떻게 적용되어야 하는지를 살펴보겠다. 그런 다음 개인-의존적 문제들 및 자원(resources)에의 접근에 있어서의 불평등을 검토할 것이다.

최초의 외적 조건에서의 평등

'외적 조건'은 주로 바람이나 햇빛 혹은 강우와 같이 경쟁하는 동안의 기후적 조건들 그리고 경주 트랙의 표면이나 축구 골대 간의 거리 또는 알파인 스키의 코스와 같은 경기장과 연관된 물리적 조건들을 의미한다. 그러나 여기에서 나는 적절한 외적 조건들의 불평등에 대한 경쟁자들의 주관적 체험에 대해 언급할 것이다.

외적 조건들을 변경하는 도전은 경쟁이 이루어지는 방식에 따라 영역별로 차이가 난다. 우선 직접 경쟁과 간접 경쟁으로 구분할 수 있다(Patriksson 1982: 33-5; McPherson *et al*. 1989: 16). 참가자들이 동일한 장소와 동일한 시간에 경쟁할 경우, 직접 경쟁으로 규정할 수 있다. 그 사례로 트랙 경기와 필드 경기에서의 1,500미터 경주, 수영에서의 400미터 자유형, 그리고 다양한 구기 종목에서의 경기들을 들 수 있다. 간접 경쟁의 경우 참가자들이 개인별로 경쟁하며, 시간과 공간적 측면에서 부분적으로 혹은 전적으로 격리되어 경쟁하게 된다. 멀리뛰기, 높이뛰기, 투창, 그리고 알파인 스키 등은 모두 간접 경쟁이라고 할 수 있다. 우선 직접 경쟁부터 살펴보자.

직접 경쟁

과학 실험에서 테스트를 실행하기 전에 무엇보다도 측정 도구들에 대한 표준화가 선행되어야만 한다. 스포츠 경기에서 역시 최초의 조건들은 참가자 모두에게 평등해야 할 것이다. 구기 종목에서 경기장의 양쪽은 동일한 조건이어야 하고 골대와 바스켓 역시 크기가 같아야 한다. 수영 경기에서 모든 참가자들은 수면

위의 같은 높이의 같은 플랫폼에서 출발한다. 100미터 달리기에서 모든 주자들은 같은 라인에서 동일한 출발 블록을 이용해 출발한다.

그럼에도 불구하고 최초의 외적 조건들이 완벽하게 동일한 경우가 가능한가? 아마도 거의 드물다고 보아야 할 것이다. 직접 경쟁에서는 공간적으로 분리된 위치 자체가 특정한 불평등을 야기할 수 있다. 8명의 주자가 달리는 100미터 경기에서는 8개의 레인들 중에 중간에 위치한 레인들이 더 좋은 것으로 평가된다. 중간에서 달릴 경우 다른 경쟁자들이 어디에 위치하고 있는지를 보기가 더욱 수월하기 때문이다. 1만 미터 달리기에서 경쟁자들은 출발 전 마지막 몇 초 동안 가능한 한 유리한 위치를 차지하기 위해 발 빠르게 움직인다. 요트 경기에서도 출발하기 전에 순조로운 출발을 위해 다른 배들에 가려 바람이 없는 곳을 피하려고 애쓴다.

위와 같은 불평등한 조건들을 보상해 주는 것이 가능한가? 나아가 이것이 바람직하다고 할 수 있는가? 우선 100미터 달리기의 경우를 생각해 보자. 100미터 달리기와 같은 직접 경쟁에서는 분리된 레인들에서 출발하는 것이 물리적으로 필연적이다. 이 경우 가장 일반적으로 채택되는 절차 가운데 하나는 능력주의적 규범에 기초한다. 가장 좋은 레인은 과거에 가장 좋은 성적을 보여준 경쟁자에게 할당된다. 올림픽과 세계선수권대회 등의 행사에서 레인의 할당은 예선전 결과를 토대로 한다. 그렇다면 우리는 왜 이러한 절차를 채택해야 하는가? 왜 추첨을 통해 레인을 할당하지 않는가?

그 이유는 다음과 같다. 100미터 달리기에서는 종종 10분의 1초 혹은 100분의 1초에 의해 순위가 가려진다. 이 말은 최소한의 차이라고 할지라도 조건에 따라 결과에 결정적인 영향을 미칠 수 있다는 것을 의미한다. 기량이 좀 떨어지는 주자라고 해도 최상의 레인에 배정되어 유리한 위치를 점하게 된다면, 기량이 뛰어나서가 아니라 외적 조건에 따른 불평등 덕분에 최종 순위에서 1위를 차지할 수도 있을 것이다. 한편, 최고의 주자로 여겨지는 자가 최상의 레인에 배정된다면, 기량이 떨어지는 것으로 여겨지는 주자들과의 시간적 차이가 증가하겠지만, 주자들의 순위 자체는 타당성을 얻을 것이다. 나아가, 중간 레인들은 기회의 평등 측면에서 거의 동일하므로, 최고의 주자로 여겨지는 주자들 2인에서 4인 그룹 내에서의 순위의 타당성 역시 증가하게 된다.

이제 1만 미터 달리기와 요트 경기의 경우를 생각해 보자. 장거리 주자들의 경우에 최초의 외적 조건에서의 평등을 증가시키기 위한 방안은 무엇인가? 한 가지 가능성은 주자들의 숫자를 줄이거나, 혹은 각 주자마다 하나의 레인이 주어지도록 트랙을 확장하는 것이다. 또 다른 가능성은 현행 절차를 유지하면서 출발 시의 최초 위치가 주자의 적절한 전략적 기량의 일부라고 말하는 것이다. 모든 주자들이 출발 직후 안쪽 레인 쪽으로 달리는 것은 아니다. 때때로 최고의 주자들은 필드의 뒤쪽에서 출발하고 나서, 달리는 도중에 선두로 나서기도 한다. 그러한 출발 시의 위치가 스포츠의 전략적 기술로 간주된다면, 여기서의 불평등은 우리가 평가하고자 하는 적절한 불평등의 일부일 것이다. 마찬가지로, 요트 경기는 조건들이 끊임없이 변화하는 실외 스포츠로서 출발 시의 불평등한 요소들을 제거하기란 사실상 불가능하다. 그것은 통상 행운과 기술의 결합(혹은 부족) 덕분이며, 적절한 불평등으로 간주될 수 있다. 흥미로운 것은 장거리 달리기와 요트 경기 등과 같은 스포츠에서는 공식 출발 신호가 떨어지기 전부터 경기가 시작되는 것처럼 보인다는 사실이다.

이제 한 선수에게는 유리하지만 다른 선수에게는 불리하게끔 체계적으로 작용하는 통제 가능한 조건들로부터 기인하는 불평등을 고려해 보도록 하자.

최초의 외적 조건들과 관련된 기회의 불평등의 또 다른 문제는 경기가 모든 경쟁자들에게 중립적인 장소에서 이루어지기 어렵다는 것이다. 1984년 LA 올림픽에서 칼 루이스(Carl Lewis)는 스타디움의 팬들로부터 지지와 응원을 받은 반면, 그의 영국인 라이벌 린포드 크리스티(Linford Christie)는 어떤 응원도 거의 받지 못했다. 2000년 호주 오픈 테니스 대회에서는 레이턴 휴이트(Lleyton Hewitt)에게는 그를 응원하는 수천 명의 팬들이 있었지만, 러시아의 예브게니 카펠니코프(Yevgeny Kafelnikov) 같은 상대는 제한된 응원을 받았다. 올림픽 대회의 메달 통계에서 어느 정도 주최국이 기대 이상의 좋은 성적을 거두는 것을 보면 이를 알 수 있다(Kamper and Mallon 1992). 구기 종목의 경우 홈팀이 60 : 40으로 홈그라운드의 이점을 갖는다는 것이 밝혀졌다(Weinberg and Gould 1999: 83). 이러한 불평등을 어떻게 제거할 수 있으며 또 어떻게 보상될 수 있을까?

대부분의 스포츠에서 모든 경쟁자들에게 홈경기와 원정 경기에서 같은 횟수의 경기를 제공하는 절차들이 공식화되어 있다. 트랙 경기와 필드 경기에서 그리고 테니스에서는 한 시즌 동안 여러 다른 장소에서 경주와 토너먼트가 있으며 대부분의 선수들은 적어도 한 번 자신의 홈그라운드나 혹은 이에 인접한 곳에서 시합하게 된다. 구기 종목의 시리즈와 리그에서 팀들은 서로 두 번 경기하고 똑같은 횟수의 홈경기와 원정 경기를 벌인다. 대부분의 시기에서 비중립적 장소 때문에 생기는 불평등은 참가자들 간에 공평하게 분배된다. 이것은 그러나 4년마다 개최되는 올림픽 같은 경우에는 거의 불가능하다. 올림픽에서 대부분의 선수들은 자신들의 홈그라운드에서 경기할 기회를 전혀 갖지 못한다. 그래서 선수들에게 홈그라운드의 이점이 없다는 그 사실이 그러한 불평등을 어쩔 수 없이 수용하게 만든다. 또다시, 해결책은 불완전 절차적 정의에 근거하게 되는 것이다.

직접 경쟁의 최초의 조건들에서 가장 문제되는 불평등은 아마도 실외 스포츠에서의 기후 변화일 것이다. 왜냐하면 이것들은 통제가 될 수 없고 제거 혹은 보상이 어렵거나 불가능하기 때문이다. 전형적인 사례로 등에 바람을 업고 경기를 펼치는 이점을 지닌 축구팀이나, 혹은 햇빛에 눈이 부시는 불리함을 감수해야 하는 테니스 선수 등을 들 수 있다. 이러한 불평등을 어떻게 처리할 수 있을까?

한 가지 극단적인 해결책이 있다. 우리는 실외에서의 경기를 그만두고서 마치 실험실과 같은 실내 시설에서 모든 조건을 완벽하게 통제할 수 있다. 그리고 사실상 평등의 필요조건을 충족시키기 위해 그리고 관중의 편안함과 TV 보도의 질을 향상시키기 위해 더 많은 스포츠를, 심지어 스키나 윈드서핑 같은 전통적인 실외 스포츠조차 실내에서 치르려는 경향이 있다. 그러나 여기서는 논의를 평등과는 다소 다른 문제들로 옮겨가 보자. 다른 책(Loland 1996)에서 나는 어떤 스포츠에서는 자연 환경과 근접하여 경기하는 것과 태양, 바람, 비, 그리고 눈 등과 같은 자연적 요소들과 상호작용하는 것이 기술적 테스트의 복잡성과 경기의 즐거움을 증가시킨다는 것을 생태철학적(eco-philosophical) 근거에서 주장하였다. 이 책에서 이러한 문제들을 자세히 다루지는 않겠다. 나는 단지 실외 경기가 평등에 대한 외곬의 관심에 의해 반드시 압도되어야 하는 것은 아닌 가치들을 가진다는 것을 하나의 승인된 전제로서 받아들일 것이다. 외부조건들이 너무 극단적이어서 가령 강한 바람과 폭우에 의해 운동경기가 요행수 게임(chance game)으로 바뀔 정도가 아니라면, 나는 기회의 평등에서의 문제점에도 불구하고 실외 스포츠가 받아들일 만하다고 제안한다. 여기서의 목적을 위해 나는 최대한 가능한 범위에서 경기수행의 평등한 기회를 보장하는 일관적인 규범과 절차들을 찾는데 집중할 것이다.

그렇다면 다소 통제 불가능한 기후상의 불평등에 직면할 경우 그 출발점을 제비뽑기에 의해 결정하는 온건한 해결책이 있을 수 있다. 이러한 방식에서는 경쟁자들이 불평등하게 영향받을 수 있는 가능성을 임의적으로 분배하는 것이다. 축구와 테니스에서는 누가 먼저 공격할 것인지 혹은 서브할 것인지를 동전 던지기나 라켓 돌리기 등에 의해 결정하기도 한다. 우리는 복권에서처럼 순수 절차적 정의에 의해 움직이지만, 그럼에도 불구하고 우리는 기회의 평등을 향상시킬 새로운 방안들을 계속해서 모색해야 한다. 다음 항목에서 살펴보겠지만 최초 조건에서의 불평등을 경기 중에 위치를 바꿈으로써 보상할 수도 있다. 축구는 전반전이 끝난 후 공격 방향을 바꾸고 테니스는 매 경기 후 공격 방향을 바꾼다. 규범 III.1.1은 운동선수의 경기 수행을 위한 평등한 기회를 가능한 최대한으로 제공하는 절차를 통해 실현되어야 한다.

간접 경쟁

참가자들이 시간과 공간에서 전체적으로 혹은 부분적으로 분리되어 경기하는 간접 경쟁의 경우 처음의 외적 조건에서의 불평등과 관련하여 어떠한 논의가 가능할까? 또한 간접 경쟁에서 수행의 평등한 기회를 보장하기 위한 규범은 어떻게 실현될 수 있을까?

여기에서는 직접 경쟁의 경우보다 오히려 더 많은 문제들이 있다. 특히 이것은 실외 경기에서 경쟁자들이 다른 시점에서 출발한다는 사실에 기인한다. 트랙과 필드에서 점프하고 던지는 경기에서는 바람의 변화가 운동선수의 경기 수행에 중대한 영향을 끼칠 수 있고, 평가가 부정확해질 수도 있다. 활강 스키에서 강한 바람은 경주를 불공정하고 위험하게 만들 수 있다. 그래서 이러한 불평등에 대해 대부분의 실외 스포츠는 비교적 정확한 수용 가능성의 한계로 정의해 온 것이다. 폭풍이 몰아치는 날씨는 트랙과 필드에서의 경기와 활강 스키를 불가능하게 만들 수도 있다. 그러한 조건에서 적절한 기술과 전략적 기량의 발휘에 대한 신뢰가 어렵기 때문에 이것은 다시 경기의 취소나 포기로 이어지게 마련이다.

그러나 외적 조건에서의 불평등에 대한 수용 가능성의 규칙-한정적(rule-defined) 범위는 대체로 어느 정도의 불평등은 허용하도록 되어 있다. 때로는 결과에 결정적인 영향을 미치는 최소한의 불평등도 발생하게 된다. 뜻밖의 약한 맞바람이 원반을 더 높이 날아가게 할 수 있다. 갑작스레 등 뒤에서 부는 바람 덕분에 멀리뛰기 선수가 몇 센티미터 더 뛰게 되어 우승할 수도 있다. 우리가 실외 스포츠의 개념을 받아들이는 한, 그러한 불평등은 통제가 불가능하다. 그것들은 경기력에 결정적인 영향력을 미치게 된다. 우리는 누가 '득' 혹은 '실'을 보게 될지 미리 알 수 없으며, 경기 수행의 평등한 기회를 위한 규범을 충족시키기 위한 어떠한 특정한 분배적 절차도 적용할 수 없다. 따라서 출발 순서는 임의적인 제비뽑기에 의해 정해진다. 결국 우리는 복권에서와 같은 순수 절차적 정의의 원칙에 따르게 된다.

다른 간접 경쟁에서 우리는 혼합된 절차를 사용한다. 이것은 우리가 부적절한 불평등을 부분적으로 통제할 수 있는 경우이다. 알파인 스키에서 스키 선수들은 이전의 성적에 기초한 순위 점수에 따라 출발한다. 그리고 시드 배정을 받은 최고로 예상되는 그룹의 선수들끼리만 출발 순서를 정하기 위한 추첨이 이루어진다. 이 그룹에 있어서 코스는 여전히 좋은 조건에 있고, 따라서 최고의 선수들만이 순위 표에서 비교적 높은 위치를 차지할 수 있다는 점에서 다소 평등한 기회를 갖는다. 크로스컨트리 종목에서는 최고로 예상되는 선수들('시드 배정을 받은' 그룹)이 맨 마지막에 출발한다. 그럼으로써 그들은 그들에 앞서 출발한 선수들의 결과에 기초하여 앞설 수 있는 가능성을 선택한다는 점에서 전략적 이점을 갖게 된다.

그렇다면 여기서 혼합된 절차를 적용하는 이유는 무엇인가? 왜 최고로 예상되는 선수들에게 가장 유리한 조건 하에서 출발하도록 허용하는 것인가? 이것들이 '과학적 실험'에서의 '오류의 원천'에 대해, 즉 최초의 조건에서의 불평등에 대하여 가장 잘 보상하는 절차인가?

이 문제는 100미터 단거리에서 레인이 할당되는 경우와 유사하다. 채택된 방식에 따른 하나의 정당성은 만약 기량에 있어 최고로 추정되는 선수들이 그렇지 못한 선수들보다 불리한 조건 하에서 경기가 수행된다면 부적절한 불평등으로 인해 최고의 기량을 가진 선수들이 그렇지 못한 선수들에게 뒤지게 된다는 것이다. 변수가 될 수 있는 '경기 수행'에 기초한 순위는 타당성을 상실하게 될 수도 있다. 이에 해당하는 반대 논증은 이 같은 출발 절차가 최고의 기량을 보유했다고 보는 선수들과 이보다는 덜한 수행 잠재력을 지닌 선수들 사이의 시간상의 간격을 오히려 더 늘릴 수도 있다는 것이다. 이로써 우리는 간격을 재는 측정 수준에 대한 신뢰도를 잃게 된다. 그러나 앞서 제시된 바와 같이, 이러한 대가가 의미 있는 것은 최종 순위의 타당성을 증가시킨다는 점이다. 더구나 100미터 단거리와 크로스컨트리 스키와 같은 스포츠에서 시간 차이가 때로는 크게 문제되지 않기 때문에, 유사 수행 잠재력을 지닌 경쟁자 그룹 내에서는 순위의 타당성이 증가하리라 기대할 수 있다.

스포츠 경기는 최고로 추정되는 선수들과 두 번째로 추정되는 선수들, 그리고 세 번째의 선수들, 나아가 모든 참가자들의 경기 수행의 측정, 비교, 그리고 순위 등에 관한 것이다. 우리가 궁극적으로 추구해야 할 것은 규범 III.1.1, 즉 '모든 참가자들의 평등한 수행을 위한 기회의 제공'일 것이다. 위에서 개략적으로 제시된 혼합된 절차가 비록 불완전할지라도 그러한 상황 하에서는 이러한 이상에 가장 가까운 것으로 보인다.[4]

경기 중의 외적 조건에서의 평등

경기 중의 외적 조건에 대해서는 평등한 기회를 위한 규범

4) 비록 그렇기는 하지만, 추가적인 설명은 반드시 있어야 할 것으로 보인다. 외적 조건에서 불평등의 결과가 언제나 드라마틱한 것은 아니다. 그리고 그들과 맞서기 위한 선수들 나름의 방식이 있기 마련이다. 좋은 경기 수행을 통해, 선수들은 다음 경기에서 그들의 입장을 언제나 개선할 수 있는 것이다. 경기 결과에 따른 청소년 스키 선수의 향상은 순위에서 자신의 입장을 개선시키게 될 것이다. 나아가 출발 지점은 특정한 경기 내에서 개선시키는 효과를 갖게 된다. 회전 활강 경주는 두 과정으로 이루어진다. 두 번째 과정에서 스키 선수들은 처음 수행한 결과에 따른 순서로 출발하게 된다. '언제나 또 다른 기회가 있을 것이다.'라는 말은 이러한 의미에서 사실상 참이라고 스포츠인들 사이에서 회자되고 있다.

III.1.1이 어떻게 준수될 수 있겠는가? 우리는 다시 이른바 간접 경기에서 시작할 수 있다. 간접 경쟁인 100미터 달리기에서 출발 총성이 울리고 주자들이 결승선까지 달린다고 가정하자. 각 선수는 거의 똑같은 조건 하에서 달린다. 갑작스런 강풍이나 낮게 깔리는 석양빛은 모든 사람에게 똑같이 영향을 끼칠 것이다. 이는 레인의 배정과 원정 대(對) 홈에서의 경기 등에서 이미 언급된 불평등을 제외하고는 평등의 규범이 실현되는 것으로 보인다.

그러나 다른 스포츠에서 평등의 문제는 경기의 과정 중에서도 발생할 수 있다. 예를 들어, 모터크로스(motor-cross) 경주에서 앞에 가는 선수는 다른 선수들을 뒤로 한 채 트랙을 휘젓고 달린다. 만약 그 트랙이 젖었다면 진흙과 파편이 튀어서 그들의 시야를 방해할 것이다. 크로스컨트리 경주에서 필드에 주자가 많으면, 진흙 지역에서는 선두 그룹에 비해 멀리 떨어져 뒤따르는 주자들은 통과하기가 어렵게 된다. 그렇다면 여기에서 제거되거나 보상되어야 하는 부적절한 불평등을 다루고 있는가?

그렇다고 보기는 어렵다. 모터크로스 선수들의 경우에 경기 수행은 트랙에서 마주치게 되는 모든 조건들에 숙달되는 것을 의미하는 한편, 크로스컨트리 주자는 만약 그가 전략적으로 잘 달리고 출발에서부터 빨리 달린다면 응당 받을 만한 이득을 자치하게 될 것이다. 외적 조건에 따른 정도의 차이는, 만약 그 차이가 적절한 기술적, 전략적 기량의 수행과 연관되어 있다면 적절한 불평등으로 나타난다.

권투나 농구와 같은 직접 경쟁의 경우 경쟁자들은 얼굴을 마주하고 경기를 한다. 이 경우 기후적 조건과 같은 불평등이 발생할 수 있지만, 여기에서의 불평등은 경쟁자들 간에 규칙적인 간격으로 위치를 바꾼다면 보상될 수 있다. 물론 위치를 바꾸는 것이 그러한 불평등을 어느 정도는 해소할 수 있다. 기상 조건과 같은 통제 불가능한 불평등은 그것을 어렵게 만들 수 있다. 축구 경기에서 후반전에 바람이 불 수 있다. 등에 바람을 업고 시합하는 팀은 이익을 본다. 낮게 깔리는 햇빛은 테니스 선수에게 결정적 게임의 경우 핸디캡이 될 것이고 상대 선수가 같은 위치를 차지할 때쯤 태양이 질 수도 있다. 명백히, 위치의 변경은 단지 불완전한 절차적 정의의 지위를 가질 따름이다. 우리는 수행의 평등한 기회를 규정하는 분배적 규범 III.1.1을 갖기는 하지만 이것이 결코 완전한 절차가 될 수 없다.

간접 경쟁에서 외적 조건들에 직면할 때 평등 규범에 관해 말할 수 있는 것은 무엇인가? 참가자들이 서로 다른 시점에서 경기를 한다고 했을 때, 이 경우 바람, 햇빛, 그리고 기온은 커다란 불평등으로 이어질 수 있다. 만약 조건에서의 변화가 규정된 수용 가능성의 범위 내에 있다면 순수 절차적 정의가 최선의 전략이 될 것으로 보인다. 출발에서의 정렬(line-up)은 임의적인 제비뽑기에 의해 정해진다.

끝으로, 외적 조건에서의 불평등은 날씨 변화와 위치에 기인하는 것만은 아니다. 직접 경쟁에서와 같이 경기장 자체에서의 변화가 문제를 야기할 수 있다. 그러나 어느 정도까지는 그러한 불평등이 통제될 수 있다. 알파인 스키에서 코스는 쉽게 파괴되어 요철로 가득하게 되므로 정기적으로 보수해야만 한다. 빠르고 능률적인 스키 타기가 점점 더 어려워지는 것이다. 스피드 스케이팅에서 얼음은 각 팀이 경기한 후에 바닥이 패이기 때문에 정기적으로 물을 뿌려야 한다. 이 경우 대체로 첫 번째로 경기를 하거나, 혹은 물을 뿌리고 난 직후에 경기하는 것이 유리할 것이다.

만일 실외 경기를 수행함에 있어 자연적 요소들과의 긴밀한 상호작용 속에서 이루어져야 한다는 입장을 받아들인다면, 이러한 종류의 불평등을 제거하기란 사실상 어렵다. 그러나 그것들은 선수들의 기량에 대한 측정의 타당성과 신뢰도에 부정적인 방식으로 영향을 미치기 때문에, 그것들에 대한 보상이 이루어져야 한다. 이상적인 상황은 참가자 모두에게 똑같이 준비된 눈과 얼음 표면일 것이다. 그럼에도 불구하고 여기에서 최소한의 불공정한 절차들은 무엇일까?

스키와 스피드 스케이팅 같은 스포츠에서 일반적으로 발생하는 것은 무엇보다 경기가 시작하기 전에, 영향을 받게 될 모든 당사자들의 대표들이 만나서 경기장의 조건이 동일하도록 보수되는 간격을 결정하는 것이다. 그리고 난 후 출발 리스트를 임의적 추첨에 의해 결정하는 것이다. 이런 방식에 따라 각 선수는 최악의 위치에서 끝나게 될 위험에 똑같이 노출되는 것이다. 이 경우 사실상 롤즈의 '원초적 상황'과 밀접한 상황이 된다. 결정하는 사람들은 '무지의 베일' 뒤에서 그들 자신의 이익을 추구하는데, 여기에서 그들은 앞으로 닥치게 될 계약에서 자신의 입장에 대한 지식을 제외하고 관련된 모든 정보를 갖게 된다. 이러한 상황에서 그들은 보상에 따른 결정이 공평하게 이루어지도록 보장하게 된다.

외적 조건에서의 평등의 두 규범

나는 외적 조건에서 선수들 간의 완전한 평등이 사실상 어렵다고 주장해 왔다. 그래서 순수 절차적 정의는 실현될 수 없다는 것이다. 그러나 그 평가가 신뢰할 만하고 타당한 것이 되기 위해서는 평등한 기회의 규범 III.1.1이 가능한 한 준수되어야 할 것이다.

이를 토대로 규범 III.1.1이 갖는 의미를 구체적으로 제시할 수 있을 것이다. 첫 번째는 실외 스포츠에서의 외적 조건의 불평등처럼 통제 불가능한 불평등과 관련된 것으로, 상술하면 다음과 같다.

> III.1.1.1 외적 조건에서의 통제 불가능한 불평등은 선수들의 위치에 대한 제비뽑기에 의해 분배되어야 한다.

두 번째는 다른 경주 레인의 표면의 불평등과 같은 완전히 통제 가능한 불평등, 혹은 간접적인 스키 경기에서의 눈의 상태나 축구 경기가 진행되는 동안 바람 상태의 불평등과 같이 부분적으로 통제 가능한 불평등에 관한 것으로, 상술하면 다음과 같다.

> III.1.1.2 외적 조건에서의 통제 가능한 불평등은 제거되어야 하는 반면에, 외적 조건에서의 부분적으로 통제 가능한 불평등은 가능한 한 최대로 수행의 평등한 기회를 실현하는 혼합 절차에 의해 보상되어야 한다.

개인-의존적 문제에서의 평등

스포츠 경기의 구조적 목적은 운동선수의 경기 수행에 따라 경쟁자들을 측정하고, 비교하며, 그 순서를 매기는 것이다. 평가되어야 하는 적절한 불평등으로서의 경기 수행은 일련의 요인들에 의존한다. 수행은 문제의 경기에서 상황적 요인들과 아울러 환경과의 상호작용에 따른 유전적 성향의 복합적 결과이다. 다음에 이어질 불평등과 관련한 논의에서 나는 이에 대해 좀 더 구체적으로 언급할 것이다. 이 단계에서 나는 수행의 평등한 기회를 위한 규범 III.1.1에 의해 규제되어야 하는 개인-의존적 불평등에 관심을 갖는다.

도덕적 관점에 따른 전제 가운데 하나는 개인이 자발적으로 선택할 수 있다는 것과 그들이 선택에 대해 책임을 져야 한다는 것이다. 다른 한편, 만약 우리가 자발적으로 선택하지 않음으로 인해 불평등이 야기된다면, 가령 개인에 의해 영향을 받을 수 없는 자연발생적인 운(lottery)에 따라 특정한 결과를 이야기한다면, 우리는 그것들에 대해 사람들로 하여금 타당하게 책임을 지울 수 없다. 이것은 대부분의 윤리 이론에서 합의된 것으로, 사람들이 그 어떠한 방식으로도 영향을 미칠 수 없는 불평등에 기초한 본질적인 문제에 있어 불평등하게 사람들을 대우하는 것은 부당하다는 규제적 원리와도 부합한다(Rawls 1971: 74; Beauchamp 1991: 372). 개인-의존적 문제에서의 불평등이 경기 수행의 진행에 어느 정도까지 영향력을 행사하는가? 그리고 여기에서 제거 혹은 보상이 어느 정도 필요한가?

신체의 크기: 신장과 체중

우선 그 영향력에 있어 극히 제한된 범위를 차지하는 자연-발생적인 운의 결과 가운데 하나에 대해 살펴보자. 여기에 해당하는 것으로는 신장과 (정도가 덜한) 몸무게와 관련한 신체의 크기를 들 수 있다. 키는 유전적으로 결정되며 어린 시절의 특별한 의학적 처방에 따른 것 이외에는 좀처럼 조작될 수 없다. 비록 우리 자신이 몸무게에 영향을 줄 수도 있지만, 신체 구성은 유전적 특성에 기초하기 때문에 여기에는 분명히 한계가 있다. 몸무게는 키와 밀접하게 연관되어 있다(Bouchard *et al.* 1997: 149-72,

173-219). '수행의 평등한 기회를 위한 규범' III.1.1이 신체 크기에 따른 불평등에 있어서도 영향을 미쳐야만 하는가? 신체 크기에서의 불평등은 스포츠 경기에서 적절한 불평등인가, 아니면 부적절한 불평등인가?

무엇보다 비판적으로 생각해 보아야 할 문제는 이것이 '경기 수행'에서의 적절한 불평등의 평가에 어느 정도까지 영향을 주는가 하는 것이다. 어떤 스포츠에서는 신체의 크기가 별다른 영향을 미치지 못할 수도 있다. 최고의 축구선수들은 키가 160에서 210센티미터 사이일 수 있다. 그리고 우수한 단거리 주자들, 장거리 주자들, 그리고 테니스 선수들도 마찬가지이다. 특정한 공중 공격에서 키가 큰 축구선수가 이점을 가질 수 있고, 60미터 단거리에서는 주자가 단신인 것이 유리하지만, 이러한 스포츠들의 복잡한 기술 필요조건들에 의해 신체 크기는 그 중요도가 떨어진다. 작은 축구선수들은 방향 전환에서 더 빠르고 페인트에서 민첩하다는 장점을 가질 수 있다. 키가 큰 주자는 더 강하고 가속하는 힘이 더 좋으며 100미터가 넘어도 스피드를 유지한다. 비록 신체 크기에서의 불평등이 때로 특정한 상황에서는 중요한 영향을 미칠 수 있지만, 그것들은 수행에 대해서 체계적인 영향력을 행사하지는 않는다. 따라서 그러한 불평등은 '수행의 평등한 기회를 위한 규범'을 만족시키기 위한 실험에서 진정한 평가의 차이를 나타내지 못한다. 따라서 우리는 이러한 경우 '자연적인 타고난 운'이라는 순수 절차적 정의로 받아들일 수 있다.

그러나 다른 스포츠에서는 신체 크기가 더 큰 문제가 되기도 한다. 노튼과 올즈(Norton and Olds 2000)에 따르면 엘리트 선수들은 일반적으로 키가 더 크고 몸무게가 더 나가며, 일반인들보다 성장률이 높다. 어떤 스포츠에서는 신체 크기가 중요하고 체계적인 영향력을 행사한다. 권투가 좋은 예이다. 권투의 경우 '자기방어를 위한 기술'에 따른 구성적 규칙들은 무엇이 적절한 기술로 간주되는지에 대한 기준을 제공한다. 글러브를 착용하고 머리와 몸에 가격되는 펀치는 득점으로 이어진다. 그러나 글러브를 착용하지 않은 펀치나 벨트 아래를 가격하는 펀치는 금지된다. 그러나 대체로 체중 100킬로그램의 권투선수는, 비록 더 작은 권투선수가 우월한 기술적이고 전략적인 기량을 보인다 하더라도, 70킬로그램의 권투선수와는 쉬운 경기를 할 것이다. 권투 시합은 최소한 10초 동안 심판의 판정에 따라 한 권투선수가 무방비 상태로 여겨질 경우, 즉 그가 시합을 계속할 수 없을 정도의 충격을 받을 경우 결판이 난다. 신체가 큰 권투선수는 리치(reach)가 더 길고 펀치의 힘도 더 클 것이므로, 비교적 초보적인 기술을 가지고도 KO승을 거둘 수 있다.

따라서 신체 크기에서의 차이는 권투에서 부적절한 불평등을 야기할 수 있다. 이러한 불평등은 수행에 대한 평가의 타당성을 약화시킨다. 이러한 경우 측정의 범위를 벗어나기 때문에 측정 자체가 불가능하다. 그렇다면 이러한 문제를 어떻게 처리해야 하는가? 물론, 신체 크기와 수행 사이에 일대일 대응 관계가 존재하는 것은 아니다. 때로는 작은 권투선수가 더 크고 더 위협적인 상대를 쓰러뜨리기도 한다. 문제는 신체 크기에서의 불평등이 유의미하고 체계적인 영향력을 행사하는 기준점(break point)을 찾는 것이다. 권투에서 체급은 3-5킬로그램의 간격으로 구분된다. 체급 구분이 결정적인 통계적 분석에 근거하기보다는 경험과 전통에 근거하긴 하지만, 기회의 평등이 합당하게 보장되는 것으로 보인다. 다시 우리는 불완전 절차적 정의에서 끝나게 된다.

신체 크기에서의 불평등이 유의미하고 체계적인 영향을 끼치는 다른 스포츠들에서도 우리는 유사한 해결책을 발견한다. 체급은 모든 격투기, 즉 레슬링, 펜싱, 유도, 가라테(karate), 태권도, 그리고 또한 역도 등의 체력 스포츠에서 발견할 수 있다. 그러나 신체 크기에서의 불평등이 수행을 위해 동등하게 중요하지만 그것을 제거하거나 보상하기 위한 어떠한 시도도 행해지지 않는 스포츠들도 있다. 예를 들어, 야구와 농구에서 신장은 결정적으로 중요하다. 이러한 점은 미국 NBA에서 신체 크기와 경제적 보상 사이의 관계에 대한 연구에 의해 뒷받침된다. 더 큰 선수들은 더 긴 경력을 가지고 그들은 더 많은 돈을 번다. 평균적으로 1990년대 후반의 NBA 선수들은 매년 체중 킬로그램 당 약 3만 1천 달러, 신장 센티미터 당 4만 3천 달러를 벌어들였다. 그러나 키가 가장 큰 NBA 선수들은 체중 킬로그램 당 매년 1만 5천 달러, 그리고 신장 센티미터 당 놀랍게도 4만 5천 달러를 추가로 벌어들였다(Norton and Olds 2000). 투포환 경기에서 질량 가속도는 투척 거리를 위해 결정적이다. 60킬로그램의 투포환 선수는 만일 그가 100킬로그램의 상대와 경기한다면 더 가벼운 경쟁자에 유리한 기술상의 차이가 크다고 하더라도 이길 가능성이 거의 없다. 명백히 그 이유는 질량 가속도가 수행에 있어 결정적이기 때문이다. 체조에서 신체 크기는 마찬가지로 매우 중요하지만 정반대의 방식으로 그러하다. 민첩하고 잘 조정된(well-coordinated) 신체 동작의 필요성 때문에 비교적 작은 신장이 선호된다. 180센티미터인 여성 경기자는 성공적으로 경기할 가능성이 거의 없다. 우리는 이러한 스포츠에서 신체 크기에서의 불평등을 제거하거나 보상할 필요가 있는가?

제거하거나 보상하지 않는 유일한 이유는 그러한 불평등이 변화 가능한 '경기 수행'과 연관된 부분이라고 생각하기 때문이다.

이러한 주장에 대해 좀 더 체계적으로 살펴볼 필요가 있을 것이다. 신체 크기에서의 불평등이 가령 야구, 농구, 그리고 투포환에서도 적절한 것인가? 우리는 현재 스포츠의 구조적 목적에 대해, 그리고 참가자들이 갖고 있는 의도적 목적의 다양성에 대해 어느 정도의 지식을 가지고 있다. 우리는 야구, 농구, 그리고 체조에서의 신장이, 그리고 투포환에서의 체중이 수행에 어떤 영향을 미치는지에 대해 잘 알고 있다. 만약 신체 크기에서의 불평등이 별다른 문제가 안 된다고 생각한다면, 야구와 농구에서 신장과 체중이 평균 이상이거나 체조에서 평균 이하를 가진 선수들만이 그러한 해결책으로부터 이득을 보게 될 것이다. 더구나 많은 참가자들이 그러한 규칙 때문에 바로 입문하면서부터 불리한 입장에 놓이게 될 것이다. 그러나 특정 집단의 사람들이 그들 대부분에게 불리하게 작용할 것이라는 데 대해 동의하는 것은 불합리하다. 이러한 해결책은 그것이 비강제적이고 정보에 근거한 일반적 합의를 위한 기초로서 정당하게 받아들여질 수 없기 때문에 메타-규범 I을 만족시킬 수 없다. 따라서 신체의 크기에 따른 불평등을 적절한 불평등으로 여기기 어렵다.

이러한 결과가 현실적으로 어떻게 적용되겠는가? 야구, 농구, 그리고 체조에서 리그 경기를 생각해 볼 수 있다. 예컨대, 남자 선수의 경우 신장을 180센티미터로 제한을 둔 상태에서 두 개의 리그로 구성하고, 여자 선수의 경우 신장 170센티미터로 제한을 둔 상태에서 두 개의 리그로 구성하는 것이다. 나아가, 선수들은 똑같이 상대적 수요를 충족시키는 것을 보장하기 위해 외적 조건에서의 어떤 변화를 줄 수도 있다. 바스켓과 네트 높이 그리고 체조 기구는 그 집단을 정의하는 결정적 신장과 관련해서 조정될 수 있다. 마찬가지로, 투포환의 경우 여자와 남자의 평균 체중을 서로 다른 분류 기준에 따라 각 성(性)을 두 집단으로 나눌 수 있다.

물론, 이것에 대해서는 많은 가능한 반론들이 있을 수 있다. 한 가지 반론은 광범위한 분류(체급 등) 체제에 대한 일반적 회의주의에 의거한 것일 수 있다. 스포츠의 세계는 매우 다양하다. 어떤 스포츠는 작고 가벼운 선수들에게 유리한 반면, 다른 스포츠들은 키 큰 선수들에게 다소 유리하게 되어 있다. 각 개인은 무엇이 그의 재능과 이익에 적합한지를 선택할 수 있다. 따라서 이미 존재하는 것 이상의 분류를 요구할 필요가 없다.

그러나 만일 일반적 규범으로 회의주의적 견해를 받아들인다면, 더 많은 분류를 오히려 즉시 허용해야 할 것이고, 권투, 역도와 함께 오랜 전통을 가진 다른 스포츠들에서의 분류 또한 전적으로 포기해야 할 것이다. 이들 스포츠에서의 분류에 대한 근거는 야구에서 분류하는 것 이상으로 강하다. 명백히 이것은 권투 같은 스포츠를 덜 복잡하게 만들 것이다. 아마도 헤비급과 그러한 권투 스타일로만 끝나게 될 것이다. 게다가, 우리들 각자가 우리의 신체 크기에 맞는 스포츠를 선택할 수 있다는 제안은 스포츠에 대한 우리의 관심과 동기가 작용하는 방식과 반드시 일치하지는 않는다. 비록 키가 작다고 해도 그 사람은 농구의 기술적이고 전략적인 요구를 위한 특별한 재능을 가질 수 있다. 그러나 현재의 상황에서 놀라운 기술과 탁월한 '게임 안목'으로 그 선수를 최상의 팀원으로 만든다는 것이 그리 쉬운 일은 아니다. 키가 작은 것이 기술보다는 오히려 키 큰 선수에게 유리하도록 그를 제외시킬지 모른다. 다시금 수행의 평등한 기회의 규범 III.1.1에 따라서 이것은 불공정한 것으로 보인다.[5)]

두 번째 반론은 다른 방향에서 이루어진다. 만약 수행에 있어 중요하고도 체계적인 영향을 미치는 개인-의존적 문제에 따른 불평등을 위해 분류하는 것이라고 한다면, 유전적 특성에 따른 불평등으로부터 우리가 태어나고 성장한 사회적이고 문화적인 환경에서의 불평등에 이르기까지 거의 모든 것을 위한 분류로 종결지을 수 있을 것이다. 이 문제는 다음절에서 더 구체적으로 논의할 것이다. 여기에서는 이러한 반론이 우리가 어떤 중요한 방식에서 영향을 미칠 수 없는 불평등에 대해 그 제거나 보상을 규정하는 보조 규범에서 중요한 요소를 간과하고 있다고 말하는 것으로 충분할 것이다. 특정한 범위에서, 개인들은 그들의 체력, 인내력, 그리고 속도에 대한 발전에 영향을 미칠 수 있다. 우리는 훈련을 통해 향상될 수 있다. 유전적 특성에 따라 제한된 자연적 재능은 자신의 노력을 통해 체력을 보강함으로써 극복될 수 있다. 나아가, 비록 환경이 우리가 무엇이 되고 무엇을 수행할 수 있을지에 대해 광범위하게 영향을 미친다고 할지라도, 우리는 여전히 이성에 기반하여 자율적으로 선택하는 그러한 잠재력을 가진 도덕적 행

5) 폭넓은 분류 체계에 대한 비교 검토를 통해 좀 더 생각해 본다면, 관중의 관점에 따라 농구, 배구 그리고 투포환과 같은 스포츠에 대한 매력은 점차로 감소된다는 점이다. 이들 스포츠는 규모(size)에 따라 극단적인 신체 형태를 낳기도 한다. 신체 크기가 작은 선수들의 경쟁은 이렇다 할 볼거리를 제공하지도, 그다지 매력적이지도 않을 것이라고 얼마든지 생각할 수 있기 때문이다. 권투에서는 선수들을 체중에 따라 분류하고, 헤비급에서의 한판 승부는 '가장 위대한 것'이라고 생각하게 된다. 하지만 신체 크기에 따른 분류가 반드시 관중들 사이에서 관심의 하락을 이끈다는 것은 논란의 여지가 있다. 권투 열성팬은 가장 빠르고 기술적으로 최상의 경기는 종종 낮은 체급에서 볼 수 있다고 주장할 것이다. 마찬가지로, 농구나 배구의 경우 경량급 선수들을 위한 또 다른 경기 스타일을 발전시킬 것이라고 생각할 수 있다. 만일 그렇게 된다면, 스포츠에서의 대중적인 관심으로 좋은 선수나 팀의 수가 점차 증가하게 된다고 예상할 수 있을 것이다.

위자로서 인격성의 개념을 유지할 수 있을 것이다. 그래서 우리는 문제가 되는 사회적이고 문화적인 배경에 대항하여 투쟁하고 이를 극복할 수 있다. 우리 자신의 노력에 의해 영향을 미칠 수 있는 것들을 포함하여 온갖 종류의 개인차에 기초한 광범위하고 세부적인 분류 체계는 합당하지 않은 것으로 보인다.

성별과 연령

대부분의 스포츠에서 선수들은 성별에 따라 체급이 나누어진다. 남자들은 남자들과 겨루고 여자들은 여자들과 겨룬다. 나아가, 어린이와 청년, 장년을 위한 스포츠의 발전과 함께 경쟁자들은 연령에 따라 분류되어 왔다. 그래서 나이별로 경기가 치러지기는 하지만, 일정한 연령에 도달하면 그 이후에는 대부분의 스포츠에서 나이에 따른 분류가 없다. 일정 나이 이후에 선수들은 5년에서 10년 간격으로 시니어, 마스터, 혹은 '올드 보이즈'와 '올드 걸즈'에 위치한다. 그렇다면 성별과 연령에 따른 선수들의 분류에 있어 어떤 논의가 가능할까? 그것들은 수행의 평등한 기회를 위한 규범 III.1.1에 부합하는가?

성별 그리고 연령에 따른 합리적인 분류는 가장 일반적이고도 생물학적으로 인간 전 생애에 걸친 발달에 기반한 가정이다. 남자와 여자, 젊은 사람과 노인은 그 수행 성향에 있어서 불평등하다고 생각된다. 그래서 만일 이러한 분류가 적절하게 이루어지지 않는다면, 경쟁자들은 그 어떠한 의미 있는 방식으로도 효과적일 수 없는 불평등에 기반한 득실이 이루어지게 될 것이고, 더군다나 그 책임 또한 그들에게 물을 수 없을 것이다. 여전히, 경기 수행의 평등한 기회를 위한 규범 III.1.1을 충족시킬 수 있기 위해 스포츠에 대한 분류 체계는 더욱 보강되어야만 한다.

성별에 의한 분류를 먼저 살펴보자. 여성과 남성 간의 생물학적 차이는 많은 사람들이 믿고 있는 것과 같이 그렇게 분명하지는 않다. 양 성 사이에 불분명한 부분이 그만큼 많다는 것이다. 심리적, 사회적으로 남성으로 정의된 어떤 여성은 유전적으로 말하면 여성과 유사하고 그 역으로도 그렇다. 각 성별 안에서 운동력을 발전시키는 성향에서의 차이는 성별 간의 평균적 차이보다 더 크다. 여성으로 분류된 사람들 중 일부는 의심할 바 없이 많은 남자들보다 수행 능력에 있어 더 큰 잠재력을 지니고 있다. 국제올림픽위원회(IOC)의 많은 외상적(traumatic) 역사로부터 성별에 의한 테스트 체제는 분류가 얼마나 성차별주의적 편견에 기초하는지를 보여준다. 남자에 비교하여 여자들의 단순히 가정된 생물학적 열등성에 대한 어떤 종류의 생각들이 그것이다(Skirstad 2000; Schneider 2000).

그렇다면 그 결론은 무엇인가? 누구보다도 탠죠(Tännsjö 2000)와 탐버리니(Tamburrini 2000: 104ff.)에 의해 제안된 급진적인 해결책은 성별에 의한 분류를 전적으로 포기하는 것이다. 스포츠에서 이러한 '성별 평등 프로그램'이 그 정당성을 확보할 수 있는가? 탠죠(2000)가 지적하듯이 통계적 차이에 기초한 분류가 개별적 경우들에서 부정의로 이어질 수 있다는 것이 사실이라 하더라도, 만일 성별에 의한 분류가 포기될 경우 더 큰 부정의가 행해질 수도 있을 것이다. 결정적인 문제는 성별에 의해 결정되는 불평등이 정말로 수행 능력에 있어 중요하고도 체계적인 영향을 미칠 수 있느냐 하는 것이다.

또다시, 스포츠들 간에 구분해야 할 필요가 있다. 속도가 결정적인 100미터 달리기에서, 그리고 그 결과가 폭발적이고 최대한 체력에 크게 의존하는 역도에서 성별 간의 생물학적이고 생리학적인 불평등은 매우 중요하고 체계적인 영향력을 행사하는 것으로 보인다(Bouchard *et al*. 1997: 311ff.). 여자들은 그들에게 책임을 지울 수 없는 불이익을 경험한다. 이러한 스포츠에서 성별에 의한 분류는 정당한 것으로 보인다. 축구, 골프, 양궁, 그리고 사격과 같은 스포츠들은 각각의 선수들에게 서로 다른 필요조건들을 부과한다. 봄파(Bompa 1994)가 생체 운동 능력(bio-motor abilities)이라고 부르는 속도, 인내력, 그리고 힘은 더 이상 수행을 위한 토대가 아니다(Bompa 1994: 259ff.). 이러한 영역에서의 한 가지 혹은 몇 가지 우월한 능력은 성공을 보장하기에 충분치 않다. 정말로 중요한 것은 기술적이고 전략적인 기량인 것이다. 축구에서 선수들은 공을 잘 다룰 수 있어야 하고 유리하게 만드는 방식으로 팀 동료 및 상대 선수들과 움직일 수 있어야 한다. 펠레(Pele)나 마라도나(Diego Maradona) 같은 최고의 선수들은 인내력에 있어서는 평균적인 수준에 머물렀지만, 기술적이고 전략적인 측면에서는 뛰어난 기량을 발휘했다. 골프에서 기술적이고 전략적인 선택은 본질적인 부분을 이룬다. 사이먼(Simon)은 여성 골퍼 패티 쉬한(Patty Sheehan)의 경우를 예로 들면서, 그녀는 세계에서 스윙을 가장 잘하는 사람 중 하나로 의심할 바 없이 대부분의 최상급 남자 선수들과도 성공적으로 겨룰 수 있었다고 술회한다(Simon 1994: 20). 사격 종목에서 세련된 운동 기술과 정신 기술은 결정적인 요인이다. 1992년 스페인 바르셀로나 올림픽에서 사격선수 탕샨(Thang Shan)은 성별을 초월한(cross-sex) 경기에서 우승한 최초의 여성이었다(Tamburrini 2000: 104). 그녀는 스키트 사격(skeet shooting)에서 올림픽 세계기록을 경신하였다. 이러한 스포츠의 복잡성과 생체 운동 능력의 지배적 역할이 적음에도, 여성들은 남성들만큼 좋은 기록을 낼 수 있다. 성별에 따른 분류는 수행의 평등한 기회에 대한 규범 III.1.1에 모순되며, 따라서 정의롭지 못하기 때문에 그러한 스포츠에서는 포기되어야 마땅하다.

우리는 연령에 대해서도 유사한 방식으로 추론할 수 있을까? 통계상, 절대적 기준에 따라 잘 수행하기 위한 우리의 잠재력이 힘, 스피드, 유연성과 같은 생체 운동 능력의 경우 35세 이후로 지속적으로 줄어든다는 것이 생리학적 사실이다(Bouchard *et al*. 1997: 311ff.). 이에 따른 분류는 정당한 것으로 보인다. 그러나 통계는 평균에 의해 얼마든지 자의적일 수 있다. 성별에 따라 커다란 개인차가 존재한다. 나아가, 이와 관련한 연구에서 콘젤만(Conzelmann 1998)은 나이든 사람들에 대한 수행 잠재력을 일반적으로 과소평가하고 있다는 사실을 보여주고 있다. 60세의 크로스컨트리 스키 선수는 20세의 상대와 겨룰 수 있고 사실상 이길 수도 있다. 75세의 선수가 50세의 선수보다 더 좋은 기록을 거둘 수도 있다. 영국 축구의 전설 스탠리 매튜(Stanley Matthews)는 50세에 은퇴하기까지 33년간 프로 선수로 활약하였다. 그러나 기초적인 운동 능력을 수행함에 있어 중요하고도 체계적인 영향을 미치는 스포츠에 있어서는 더 많은 선수들이 만약 연령 분류가 지켜지지 않을 경우 정의롭지 못하게 될 것이라고 믿을 만한 충분한 이유가 있다.

‘올드 보이즈’, ‘올드 걸즈’, 그리고 ‘전문가들’ 집단에 대한 생각은 얼마든지 그 정당성을 가질 것으로 보인다. 다른 한편으로 골프, 양궁, 그리고 사격 같은 스포츠에서의 연령에 따른 분류의 경우 우리가 가령 70세 이상의 사람들에 관해 언급하지 않는다면 다소 무의미할 것으로 보인다. 성별 간의 불평등에서와 같은 낮은 수행 성과는 아마도 유전적-생물학적 요인보다는 사회-문화적 규범과 가치 그리고 활동에 대한 제한된 가능성에 기인하는 것으로 보인다.

어린이와 청소년은 모든 스포츠에서 약간 다른 경우를 이룬다. 태어나서부터 노년에 이르기까지 성숙은 주요 운동적, 정신적, 사회적, 그리고 도덕적인 모든 성향의 발전을 포함한다. 연령 차이는 커다란 불평등을 야기한다. 예를 들어, 호아레(Hoare 2000)는 호주의 농구에서 그가 '상대적인 연령 효과'라고 부르는 것을 연구하였다. 대표팀에 선발된 선수들의 출생일에서는 왜곡된 분포가 존재할 수 있다는 것이다. 연중 초기(1-3월)에 태어난 사람들이 초과로 나타난다. 어린 나이에는 성숙하는 과정에서 1년 차이가 결정적으로 중요할 수 있다. 더 어린 참가자들이 그들보다 나이든 상대자들과 유사 수행 잠재력을 가졌음에도 불구하고 탈락하는 경향이 더 큰 것처럼 보인다. 어린이와 청소년에 있어 연령에 따른 분류는 따라서 필수적인 것으로 보이며, 나아가 적절하게 세분화되어야 한다.

이러한 잠정적 결론은 현실화에 관련한 일련의 문제가 선행되어야 할 것이다. 성별 간에 그리고 서로 다른 연령 집단들 간에 특정한 생체 운동 능력을 향상시키기 위한 선행 조건이 있다고 했을 때, 그것은 사실상 분명하고도 체계적인 불평등이 존재한다는 전제에 대해 더 심도 있는 검토가 요구된다. 더 나아가, 스포츠 가운데 어떤 것이 성별과 연령에 따른 분류가 있어야 하는지, 또 어떤 것이 그럴 필요가 없는지에 대해 지속적으로 평가할 필요가 있다. 이러한 논의에 따라 꾸준한 관심만이 변화를 야기할 수 있을 것이다. 한편으로 사격, 승마, 양궁, 요트 등을 들 수 있는데 이러한 스포츠에서 다만 어린이와 연장자들 사이의 연령에 따른 분류만이 어느 정도 그 정당성을 확보할 수 있을 것으로 보인다. 또 다른 측면에서는 생체 운동 능력이 경기 수행에 대해서 갖는 중요성 때문에 체계적인 성별, 연령별 분류가 필수적인 스포츠로는 100미터 달리기와 역도 같은 것을 들 수 있다.

개인-의존적 문제에서의 평등에 대한 두 규범

개인-의존적 문제로서의 평등에 관한 지금까지의 논의로서 두 가지 규범에 대한 정식화를 통해 하나의 가능한 결론을 도출할 수 있을 것이다. 나는 규범 III.1.1.3에서 표현된 것과 유사한 전제로부터 시작하였다:

> III.1.1.3 경쟁자들이 중대한 방식으로 영향을 끼칠 수 없으며, 그리고 그들에게 책임을 지울 수 없는 개인-의존적 문제들에서의 불평등이 경기 수행에 체계적이고 중대한 영향을 미칠 경우에만 그들은 항목에 따라 구별되어야 한다.

신체 크기, 성별 그리고 연령의 논의에 근거하여 이를 좀 더 구체화할 수 있다.

> III.1.1.3.1 신체 크기, 성별과 연령에서의 불평등이 경기 수행에 중대하고도 체계적인 영향력을 행사할 경우, 그러한 불평등은 마땅히 표준화된 체중, 신장, 성별, 그리고 연령 집단을 마련함으로써 제거되거나 보상되어야 한다.

자원에 대한 접근

평등에 대한 논의를 통해 마지막 절에서는 좀 더 확장적인 관점이 제공될 것이다. 지금까지 살펴본 바와 같이 경기 수행은 수

태의 순간에서부터 수행의 순간에 이르는 유전적 특질과 환경적 영향 간의 복합적인 상호작용의 결과이다. 환경적 영향에 대해서는 수행의 평등한 기회를 위한 규범 III.1.1의 귀결은 무엇일까?

일반적으로 우리는 스포츠 경기장과 장비와 같은 물질적 자원, 코치와 심리적이고 의학적인 보조 체계와 같은 인적 자원, 그리고 무시할 수 없는, 스포츠 경기에서 연습하고 경기하기 위해 필요한 경제적 자원 등에 대한 접근에 있어서 개인들 간에 커다란 불평등이 존재한다는 것을 알고 있다. 많은 스포츠에서 장비와 시설에 대한 접근은 결정적이다.

테니스, 스키 그리고 다른 겨울 스포츠에서 특수한 장비 및 환경은 어떤 경우에도 수행을 위한 필수조건이다. 전형적으로, 정예의 테니스 선수들은 그러한 시설들에 접근 가능한, 세계 선진국의 중 · 상류층 출신이다. 스키는 특수한 기후 조건뿐만 아니라 기술과 시설에도 의존한다. 몇 년 전 스웨덴의 알파인 팀은 훌륭하고 안정적인 눈의 조건과 광범위한 알파인 시설을 가진 스웨덴 북부 지역인 타르나비(Tarnaby) 출신의 선수들이 대부분이었다. 노르웨이의 밴디(bandy: 아이스 스케이트를 신고 스틱으로 공을 치면서 하는 팀 대항 경기) 선수들은 모두 중앙의 남동부 지역 출신이다. 그 나라의 다른 곳에서는 시설도 없고 그 게임을 하는 전통도 없다.

선수들이 대안들 간의 비강제적 선택이 가능한 한, 그러한 불평등을 제거하거나 보상해야 할 어떠한 이유도 거의 존재하지 않는다. 지역적 수준의 스포츠 경기에서는 같은 지리적 여건을 지닌 사람들과 시합을 한다. 여기에는 스포츠 시설에 대한 비교적 평등한 접근, 조직적 훈련에 참가할 평등한 가능성 등등을 갖는다. 일반적으로 대부분의 선수들이 훈련과 시합에 따르는 경제적 부담을 감당할 수 있다고 말할 수 있다. 그들 대부분은 아마추어 축구나 아마추어 자전거 경주에 참가할 수 있는 여유가 있다. 자원에 대한 접근은 주로 무엇보다도 순위(priorities)의 문제이므로 여기서의 불평등은 불공정한 것이 아니다.

그러나 지역적, 국내적, 그리고 국제적 수준의 경기에서 자원에 대한 접근은 상이한 그리고 더욱 문제되는 방식으로 분배된다. 거의 20년 전에 헤이닐료(Heinilä 1982: 235-54)는 높은 수행(high-performance)의 '전체화 과정(totalization process)'이라 부르는 것에 대해 설명하였다. 경기 수행은 시설과 장비, 훈련 기구, 의학적이고 행정적인 뒷받침, 운동 과학자, 기술자 등등을 포함하는 물질적, 기술적, 그리고 과학적 자원의 거대한 체계 내에서 전개된다. 이러한 모든 것이 주어지면 우승한 선수 혹은 팀에 대한 대중의 찬양은 거짓 전제들에 기초한 것처럼 보인다. 기량에 따라 선수들을 측정하고, 비교하고, 순위 매기는 것만이 아니다. 오히려 우리는 전체 체계의 힘을 측정하고 있는 것이다. 흥미롭게도, 헤이닐료(1988)는 스포츠에서의 높은 수행의 '숨겨진 타당성(hidden validity)'에 대해 언급한다.

헤이닐료의 주장에 대해서는 구체적인 경험적인 근거가 제시되고 있다. 몇몇의 올림픽 대회에서의 메달 분포에 대한 통계는 자본주의 서양 국가들과 이전의 동구권 국가들이 어떻게 대부분의 메달을 차지하게 되는지를 분명히 보여준다(Kamper and Mallon 1992). 사실 당시 소련은 1952년 여름 대회와 1956년 겨울 대회에서 처음 참가한 이후로 1980년대 후반까지 올림픽 대회를 압도하였고, 동독과 미국에 의해서만 도전을 받았을 뿐이다(Riordan 1999: 57ff.).

현재의 상황은 적어도 어떤 스포츠들에서 정부가 후원하는 스포츠 프로그램이 덜 중요해지고 있다는 것을 나타낸다. 그렇다고 해서 그것이 반드시 불평등이 감소했다는 것을 의미하지는 않는다. 스포츠는 국제적 엔터테인먼트 산업에서 작동하는 시장의 힘에 의해 크게 영향을 받는다. 한 선수가 속하는 스포츠 시스템의 경제석 상황은 성공을 위해 결정적인 것으로 여겨지고 있다. 유럽 축구가 그 전형적인 예이다. 영국의 맨체스터 유나이티드(Manchester United)와 첼시(Chelsea), 독일의 바이에른 뮌헨(Bayern Munchen), 이탈리아의 유벤투스(Juventus)와 밀란(Milan), 그리고 스페인의 바르셀로나(Barcelona)와 레알 마드리드(Real Madrid)는 거대한 경제적 자원을 갖고 있고 스포츠 시장에서 최고의 선수들을 영입할 수 있다. 상대적으로 적은 자원을 가진 팀들은 부유한 팀들과는 평등하게 경기할 수 없다.

평등한 기회를 위한 규범 III.1.1은 높은 수행의 스포츠에서 자원의 접근에 따른 불평등을 규제해야 하는가? 그러한 불평등은 경기 수행에 대한 평가에 있어 오류의 원천으로 간주되어야 하는가? 그것은 제거되거나 보상되어야 하는가?

만약 시스템 강도에 따른 불평등을 적절한 것으로 수용한다면, 약한 체계에 따른 선수들은 바로 시작에서부터 경기를 수행함에 있어 불이익을 받게 될 것이다. 스키, 요트, 또는 오토바이 경주와 같은 최대의 자원 요구적(resource-demanding) 스포츠에서 그들은 기회가 전혀 없을 것이다. 동시에 우리가 속한 체계는 자발적 선택의 문제가 아닌 동시에 개인적 노력에 의해 영향을 미치기 어렵다. 따라서 개인들은 그러한 불평등에 대해 책임이 있다고 정당하게 주장할 수도 없다. 도덕적 관점에서 볼 때 시스템 강도의 관점에서 자원에 대한 접근의 불평등은 제거되거나 보상되어야 한다.

이러한 생각은 결코 새로운 것이 아니다. 그것의 역사적 기원은 19세기 영국 스포츠의 아마추어 정신(amateurism)의 개념에서 발견할 수 있다. '아마추어'('사랑하는 사람' 혹은 '친구'라는 뜻의 라틴어 '*amator*'에서 나온 말)는 어떤 개별적인 주제나 관행을 사랑하는 사람을 묘사한다. 그러한 어원에 기초하여 '아마추어'는 활동 그 자체와 관련된 경험적 가치 때문에 참가하는 사람으로서 스포츠 자체를 위하여 스포츠에 대한 사랑을 갖는 사람으로 이해될 수 있다. 위신이나 금전 같은 외적 목적들은 중요치 않은 것으로 간주된다. 20세기에 아마추어 정신이라는 개념은 올림픽의 이데올로기에서 가장 강력한 표현을 갖는다.

아마추어 정신에 대한 IOC의 견해의 수정은 근년에 걸쳐 그 개념이 얼마나 발전하였는지 보여준다. 원래 모든 형태의 '프로정신(professionalism)'은 스포츠에 직접적으로나 간접적으로 관련되어 있는 수입으로서, (가령 코치나 체육 교사처럼) 스포츠 안에서의 일로서, 일로부터 잃어버린 수입에 대한 보상으로서, 광고비로서 다양하게 정의되는바, 실격(disqualification)을 의미했다(Grader 1978: 129-68). 그러나 높은 수행을 요하는 스포츠의 프로화와 상업화에 따라서 아마추어 정신에 대한 규칙은 점차 유연해졌다. '아마추어'라는 단어 자체가 1974년 올림픽 헌장에서 사라졌다. 1986년 IOC는 프로 선수들을 올림픽 경기에 허용할지 결정하는 문제를 국제스포츠연맹에 위임하였다. 1988년 캐나다 캘거리에서 열린 동계 올림픽에서는 프로 아이스하키 선수들이 참가하였다. 1992년 바르셀로나 올림픽에서는 프로 선수에 불리한 모든 규칙들이 사실상 폐지되었다. 국제농구연맹(FIBA)은 미국 NBA의 억만장자들이 앙골라, 푸에르토리코, 리투아니아 같은 가난한 나라에서 온 팀들과 경기하도록 허용하였고, 단 한 게임도 패배하지 않고 금메달을 딸 수 있도록 허용하였다.

오늘날 아마추어 정신에 대한 전통적 규칙들은 엄격하고, 온정주의적이고, 다소 비현실적인 것처럼 보인다. 그것들의 역사는 경쟁적 맥락 바깥에서 선수들의 생활을 규제하는 규칙들의 집행이 매우 어려울 수 있다는 것을 명백히 입증한다. 아마추어 규칙들은 불공정하고 차별적인 방식으로 그리고 이른바 노동 계층 출신의 선수들을 제외시킴으로써 정치적 목적을 위해 사용되었다 (Grader 1978; Holt 1982; Guttmann 1992).

따라서 현재는 약물 복용 금지를 위한 것을 제외하고 명백한 불평등을 제거하거나 보상하려고 의도하는 시합에 임하는 준비에 대한 규제가 거의 없다. 수행의 평등한 기회를 위한 규범 III.1.1을 높은 정도로 실현할 수 있는 아마추어 정신에 대한 규칙 같은 것 이외에 다른 절차들이 존재하는가?

크로스컨트리 스키에서 강한 체계는 스키 준비 전문가와 선수들에게 경기 직전에 전략적 도움을 제공하고 경기 도중에 선수들의 상대적 위치에 대한 정보를 제공하는 사람들을 포함한다. 약한 체계에서 선수들은 이러한 종류의 후원을 거의 혹은 전혀 받지 못한다. 중요한 선수권 대회에서 미국의 육상 팀은 그들을 보조하기 위한 트레이너, 의사, 물리치료사, 안마사의 거대한 인원을 가지는 반면, 제3세계 국가 출신의 선수들은 그들 스스로 많은 것을 행해야 한다. 이러한 불평등을 보상하기 위한 한 가지 제안은 개별 선수 혹은 팀이 경기 직전과 특히 경기 도중에 그들 홀로 남겨져야 한다는 것이다. 어떠한 외부 원조도 경기 직전과 특히 경기 도중에 허용되어서는 안 된다는 것이다. 또는 만약 우리가 외부 원조를 받아들인다면 모든 선수들이 그 이익을 평등하게 누릴 수 있는 방식이어야 한다는 것이다.

과학기술에서의 불평등으로부터 야기되는 체계적이고 유의미한 영향을 줄이기 위한 조치들도 취해져야 한다. 한 가지 방안은 표준화의 증진이다. 어떤 스포츠에서는 장비의 표준화가 오랜 전통을 갖고 있다. 투포환, 투창, 원반과 해머 던지기에서 장비는 모든 선수들에 대해 동일하다. 펜싱에서는 장비에 대한 엄격한 기준이 있다. 요트 경기에서 배들은 선체와 돛에 대한 매우 정확한 세부 규정들에 따라 여러 부류로 구분된다. 그러나 스키 등의 다른 스포츠에서는 표준화의 시도가 거의 혹은 전혀 없다. 따라서 어떤 조건 하에서는 최고의 스키 장비와 최고의 준비 팀을 갖춘 선수가 우승할 것이다. 이러한 불평등이 제거되거나 보상될 수 있는가?

전통적으로 스키 장비를 준비하고 왁스칠하는 기술은 스키 타기 전략의 일부로 간주되어 왔고, 따라서 경기 수행 평가에서 적절한 것으로 간주되어 왔다. 그러나 우리가 규범 III.1.1을 적용한다면 모든 선수들, 스키 장비, 준비 전문 기술, 준비 재료 등에 대해 평등하게 접근할 수 있어야 한다. 다시, 가능한 불평등을 제거하거나 보상하기 위한 방안은 표준화일 것이다. 그러나 문제의 스포츠에 대한 직관에 근거해서 우리는 애써 표준화해야 하는가? 예컨대 스키 경기에서 올바른 절단, 견고성, 길이 등을 가진 스키대를 고르는 것은 결정적으로 중요하다. 이러한 것들은 개인적인 기술적 그리고 전략적 기술에 대한 선수들의 통찰과 연관되어 있고 평가되어야 할 수행의 일부로 보일 수 있다. 여기서의 불평등은 제거되거나 보상되어서는 안 된다. 다른 한편, 스키 바닥면과 그 공정의 품질에서 생기는 불평등은 기술자들과 전문가들에게서 생기는 것이지 선수 자신이 만들어낸 것은 아니다. 스키 바닥의 품질은 경기에서 결정적일 수 있기 때문에 불평등은 제거되거나 보상되어야 한다.

다시 말해, 모든 부문에서 모든 스키 선수들은 동일한 바닥면과 동일한 공정을 거친 스키를 사용해서 경기해야 한다. 스키 산업의 대표들은 동일한 바닥면을 가진 두 쌍의 스키를 생산하는 것은 불가능하다고 주장한다. 오늘날의 첨단 제조 기술을 생각하면 이것은 믿기 어렵다. 그러나 그것이 사실이라면, 우리는 규범 III.1.1.1에 적절한 외적 조건에서의 통제 가능한 불평등을 처리하는 방식에 따라 그것을 처리해야 한다. 우리는 가능한 한 동일한 바닥면을 가진 스키를 생산해서 그것들을 임의적인 추첨을 통하여 순수 절차적 정의에 근거해서 스키 선수들에게 분배해야 한다.

장비의 측면에서 평등한 기회를 보장하기 위한 또 하나의 원초적 절차를 언급할 가치가 있다. 이것은 참가 자격이 모든 이에게 개방된 자동차 경주인 이른바 '대중적 경주(folkrace)'에서 발견된다. 자동차 품질에서의 큰 불평등은 다음과 같은 규칙을 적용함으로써 제거된다. 경주 후에 모든 참가자들은 명시된 낮은 가격으로 우승자의 자동차의 구입을 요구할 수 있다. 이것이 중요한 것은 모든 참가자들이 어떤 다른 차들보다 값어치가 나가지 않는 자동차들을 가지고 경기하려는 경향이 있기 때문이다. 그러나 만약 어떤 선수가 우승을 매우 고귀하게 생각한다면, 그 또는 그녀는 비싼 자동차로 경기하는 것을 선택할 것이다. 패자들, 혹은 적어도 그들 중 한 사람을 위한 보상은 경주 후에 거의 공짜로 좋은 차를 얻을 기회가 있다는 것이다. 게다가, 우승자의 문제는 승리가 진정한 것으로 생각되지 않으며 아마도 사회적 위신을 거의 얻지 못할 것이라는 점이다. 대체로 기회의 평등은 보장되는 셈이다.

그러면 유럽 축구의 경우에서처럼 수행에 유의미하고 체계적인 영향을 미치는 선수들 간의 경제적 불평등에 대해서는 무슨 논의가 가능할까? 다시, 표준화의 노력이 관심이 될 수 있다. 예컨대, UEFA(Union des Associations Europeennes de Football)과 FIFA (Federation Internationale de Football Associations) 등의 축구 연맹들은 축구팀이 새로운 선수를 영입하는 데 소요될 수 있는 최대 비용을 정할 수 있다. 클럽의 기술과 전략적 사고는 그것의 재정적 상황보다 더 중요해지고 있다. 팀은 훌륭한 수준의 선수 세 명을 영입해야 하는가, 혹은 한 명의 스타 선수를 영입해야 하는가? 올해의 전략은 어리고 재능 있는 선수에 투자하는 것인가, 아니면 평소대로 출중한 선수에게 투자하는 것인가? 통제된 자원, 코치 그리고 감독을 가진 체계에서는 우선순위가 결정되어야 한다. 더구나, 축구 문화 전체는 좀 더 예측 불가능해지고 기술에 더 의존하게 될 것이다. 더 많은 축구 클럽이 국제적 성공을 거두는 기회를 잡을 수 있을 것이다. 또 다른 긍정적인 부수 효과는 해당 스포츠의 대부분의 코치들과 경영자들이 문제로 삼는 개별 선수들에게 지급되는 엄청나게 늘어나는 보수가 어느 정도의 통제 하에 들어올 것이라는 점이다.

나는 외부 자원에 있어서 수행의 평등한 기회를 위한 규범 III.1.1의 적용의 몇 가지 사례들을 개략적으로 제시하였다.[6] 이

6) 이러한 논의는 스포츠에서 서로 다른 '체계'의 강도가 그 결과를 전적으로 결정한다는 인상을 주게 될지도 모른다. 이것은 지나치게 과장된 것이다. 선수 개개인과 팀은 여전히 모든 역경을 딛고 성취할 수 있을 것이다. 케냐는 세계 최고의 장거리 선수들을 보유하고 있고, 자메이카는 최상의 단거리 선수단 가운데 하나를 보유하고 있다. 아이슬란드는 핸드볼에서 독일을 상대로 이길 수 있는 전력을 보유하고 있으며, 나이지리아 역시 축구에서 상대를 얼마든지 이길 수 있다. 하지만 이러한

제 좀 더 일반적인 규범을 정식화함으로써 이 절을 결론짓도록 하겠다.

III.1.1.4 자발적인 선택에 속하지 않으면서 경기 수행에 중요하며 체계적인 영향력을 행사하는 자원에 대한 접근에서의 불평등은 경쟁적 상황의 규제에 의해 그리고/또는 적절한 표준화 절차에 의해 제거되거나 보상되어야 한다.

스포츠 경기에서의 불평등: 운동선수의 경기 수행

평등에 대한 앞의 논의에서 스포츠 경기를 평가함에 있어 무엇을 적절한 불평등으로 여겨야 할 것인지, 혹은 비유적으로 '과학적 실험'에서 무엇이 '종속 변수'가 될 수 있는지에 대해 논의해 보았다. 지금부터는 선수들에 대한 측정, 비교 그리고 순위의 근거, 즉 '경기 수행'의 도덕적 정당화 가능성에 대한 세부적인 논의가 있어야 할 것이다.

앞에서 스포츠는 기본적 규칙들의 해석을 위한 공유된 규범, 즉 에토스에 근거한 상호작용적 실천에 의해 이루어진다고 보았다. 또한 어떻게 스포츠에 대한 공유된 이해가 역사적, 사회적, 그리고 문화적 맥락에 따라 다양화되는지에 대해서도 언급했다. 스포츠는 '자연 종(natural kind)'이 아닌 '사회적 종(social kind)'

사례는 경제적, 기술적 자원의 측면에서 제한된 역할을 수행하는 경쟁에서만 가능하다. 고도의 기술적 장비에 기반한 스포츠, 즉 자동차 경주, 스키와 요트 경기, 혹은 유럽 프로 축구와 같이 경제적 자원이 결정적인 경기의 경우, '약한' 체계에서 나온 대표선수가 더군다나 처음 출전하는 것이라고 한다면 우승하기란 거의 희박하다.

으로서, 분명 인간의 관심과 목적에 따른 문화적 실천이다. 이러한 관심과 목적은 그 종류에 있어 매우 다양하다. 이는 개인의 지향적 목적, 스포츠 경기의 구조적 목적, 그리고 그것들의 도덕적 목적 등으로 구분할 수 있다. 여기에서 의도하는 바는 도덕적 목적에 대한 해석을 더 구체화하는 것이다. 좀 더 구체적으로 경기 수행에 대한 도덕적 해석은 스포츠 경기의 대상이 무엇이어야 하는지에 대한 기본적인 개념을 나타내기 때문에 매우 중요하다고 말할 수 있다.

나는 이러한 논의를 불평등 규범 III을 다루는 형식적 정의에 대한 일반적 규범의 두 번째 부분에서 시작하고자 한다.

III.2 적절하게 불평등한 경우들은 불평등하게 대우할 수 있다.

스포츠에서 적절한 불평등과 불평등한 대우에 대한 주된 근거는 경기 수행이다. 경기 수행에 따른 불평등은 경쟁적인 이익의 분배에서 불평등한 대우를 발생시킨다. 가장 빠른 단거리 주자는 다른 선수들을 리드하며 그들보다 결승선까지의 거리가 상대적으로 짧을 것이다. 축구팀은 골을 기록하여 최종 순위에 결정적일 수 있는 이익을 확보한다.

그러나 수행에 근거를 둔 이익이 불평등의 유일한 원인은 아니다. 간혹 선수들은 공정성 규범 1을 어기고 공유된 정의로운 에토스를 위반하기도 하는데, 이것은 불공정한 이득으로 이어질 수 있다. 부정한 방식에 따라 출발하는 주자는 적절한 기량을 진정으로 수행하지 않고도 이득을 본다. 정당하지 않은 방식으로 공을 더 좋은 위치로 이동시키는 골프 선수의 수행은 공정하게 경기하는 선수들의 수행과 동등하게 비교할 수 없다. 에토스 위반에 따른 불평등은 적절치 못한 불평등으로서 제거되거나 보상받아야 마땅하다. 이와 같은 맥락에서 운동경기에서의 이득이 어떻게 정의로운 방식으로 분배될 수 있는지에 대한 구체적인 논의가 요구된다. 이 단계에서 나는 경기 수행에 대한 해석에 집중할 것이다. 우리는 규범 III.2.1을 다음과 같이 정식화할 수 있다.

III.2.1 스포츠에서 불평등한 대우는 경기 수행에 따른 불평등에 근거하여야 한다.

경기 규칙들은 어떤 행동이 허용되고 어떤 행동이 금지되는지, 그리고 이익과 불이익이 어떻게 분배되어야 하는지를 명시한다. 그것들은 경기 수행에 대한 해석의 틀을 제공한다. 그런데 각 스포츠는 그것을 다른 스포츠와 구분 짓게 만드는 그 자체의 고유한 목적을 갖는다. 마라톤에서는 합의된 코스에서 42.195킬로미터를 달려서 첫 번째로 결승선을 통과하는 주자가 최고의 선수가 될 것이다. 테니스에서 승자는 공유된 정의로운 에토스에 따라서 세트를 가장 많이 얻는 자이다.

동시에 '경기 수행'이라는 용어 자체가 그렇듯이 서로 다른 스포츠들에서 수행이라는 개념은 어떤 공통의 근거를 공유하는 것으로 보인다. 일상적인 대화나 대중매체에서 그 해의 선수가 누구인지, 누가 최고의 선수인지, 어떤 스포츠에서 누가 신기록을 세웠는지 등에 관해 끊임없이 논의가 이루어지고 있다. 여기서는 우선 경기 수행의 기본 요소들에 대한 공통된 이해가 전제되어야 할 것이고, 그러고 나서 도덕적 관점에서 그에 대한 가능한 해석에 대한 검토가 있어야 할 것이다. 나아가 궁극적으로는 비강제적이고 정보에 근거한 일반적 합의를 위한 기초로서 정당하게 거부할 수 없는 해석으로서 메타-규범 I에 일치하는 해석을 제시하는 것이다. 그리고 마지막으로 이러한 해석의 적절성과 행위-지도적 잠재력이 그것을 현대의 경쟁적 스포츠에서 주된 도덕적 딜레마 중 하나에 적용할 것이다. 여기에는 '도핑(doping)'이라고 알려진 다양한 화학물질과 수행-향상의 기술적 사용이 포함될 것이다.

경기 수행: 한 가지 설명

은퇴한 노르웨이의 장거리 육상선수 와이츠(Grete Waitz)는 위대한 선수의 모범적인 사례가 되었다. 그녀는 엄청난 스태미나를 지녔다. 정신적으로 그녀는 강한 동기가 있었고 무엇보다 피로와 고통을 인내할 수 있는 장거리 주자의 특별한 능력을 지녔다. 전반적으로 그녀는 기술적이고 전략적으로 장거리 경주에서 좋은 성적을 거둘 수 있었다. 즉, 그녀는 자신의 페이스를 적절하고도 일관되게 유지함으로써 아무런 무리 없이 끝마무리를 잘 할 수 있었다.

마찬가지로, 캐나다의 아이스하키 선수인 그레츠키(Wayne Gretzky)는 해당 스포츠에서 전설적인 인물로 꼽힌다. 그레츠키의 빠른 스케이팅과 퍽(puck)을 다루는 솜씨는 고도의 기술적 조화를 보여주었다. 게임에 대한 그의 전략적 이해는 타의 추종을 불허한다고 생각된다. 그의 움직임과 패스는 다른 선수들을 무력화시키고 득점을 올리는 데 있어 놀랍고도 효과적이었다. 그는 스트레스와 정신적 긴장이 최고조에 달하는 중요한 시합에서 집중하면서 최선을 다하여 경기할 수 있었다. 그리고 대부분의 훌륭한 선수들처럼 그레츠키는 강한 동기를 가지고 있었고 집중적으로 그리고 강도 높게 훈련할 수 있었다.

무엇보다 우선적으로 제기되는 물음으로는, '경기 수행의 기본 요소들은 무엇인가?', '어떤 요인들이 고도의 수행을 가능하게 하는가?' 등이 될 것이다. 선수들은 다양한 인간적 능력과 기량을 보여준다. 고도의 수행은 가장 복잡한 단계의 인간적 기능의 전형으로 보일 수 있다. 드레이퍼스(Dreyfus and Dreyfus 1986: 30)에 의하면, 전문가 수준에서의 수행은 비분석적이고, 창의적이며 직관적인 것으로 알려져 있다. 물론 그것의 총체적인 특성을 완벽하게 포착하기란 불가능하다. 경기 수행에 대한 다른 해석들을 비판적으로 논의할 수 있기 위해서는 도덕적으로 수용 가능한 것과 그렇지 않은 것 사이의 본질적인 구분이 있어야 할 것이다.

물론 경기 수행은 이와 연관된 수많은 유전적 요인들과 비유전적 요인들의 결과이다(Bouchard *et al*. 1997: 3ff., 384). 스포츠에서 좋은 수행을 가능하게 하는 유전적 성향은 통상 '재능(talent)'으로 불린다. 비유전적 요인들은 '환경적 영향'이라고 할 수 있다. 지금까지 양육과 심리-사회적 자극으로부터의 영향들과, 신체적 그리고 사회-문화적 환경으로부터의 일반적 영향들을 거쳐, 훈련, 시설, 장비, 코칭, 그리고 다른 종류의 전문기술에 대한 접근으로부터의 스포츠-특수적인 영향들에 대해 언급했다. 스포츠에서의 불평등에 대한 이전의 논의에서 환경적 영향들에서의 불평등에 대해 검토했고, 수행에 대한 신뢰성과 타당한 평가가 모든 선수들에게 수행의 평등한 기회가 주어지는 것에 의존한다고 언급했다. 그리고 수행에 유의미하고 체계적으로 영향을 주지만 개인들이 어떠한 유의미한 방식으로도 영향을 줄 수 없고 따라서 정당하게 책임을 질 수 없는 그러한 불평등은 제거되거나 보상되어야 마땅하다는 규제적 원리를 적용하여 논증했다. 또한 외적 조건들에서의, 신체 크기, 성별과 연령 같은 개인-의존적 문제들에서의, 체계의 강도(물질적 자원, 재정, 그리고 일반적이고 스포츠-특수적인 전문지식의 강도)에서의 불평들을 규제하기 위한 규범을 구체화시켰다. 그런데 여기에서의 관심은 개인 자신들에 의해 보상되거나 혹은 강화될 수 있는 경기 수행과 연관된 일련의 불평등에 관한 것이다.

기본적으로 이러한 불평등에는 두 가지 종류가 있다. 첫 번째는 모든 인간에게 다소 유전적인 측면을 기반으로 한 성장이나 성숙과 연관된다. 물론 이는 일반적 능력에 관한 것이다. 두 번째는 경험에 의해 학습되는 것과 특수한 환경적 자극, 혹은 소위 '기량'에 따른 결과이다. 이 두 종류에 대해 좀 더 구체적으로 살펴보자.7)

---

7) 기초적인 능력과 기량 간의 구분이 결코 문제가 없는 것은 아니다. 게다가 그 발달에 따른 유전적 특성의 역할이 그리 분명한 것도 아니다. 예를 들어 운동신경 발달과 연관된 유전적 특성에 관해서는 거의 알려져 있지 않다(Bouchard 1991: 302-3). 말하자면, 기초적인 운동력을 갖는 작동 패턴(걷고, 뛰고, 달리는), 운동력을 갖지 않는 패턴(밀고, 잡아당기고, 균형을 이루는), 그리고 섬세하게 다루는 패턴(차고, 던지고, 치는)과 같은 어떤 일반적 기량을 향상시키기 위한 유전적인 성향과 같은 것이 있기나 한 것인가? 우리는 배우고 향상시키기 위해 특정한 방식에 따라 자극을 받아야만 한다는 측면을 염두에 둔다면 왜 인간이 갖게 되는 모든 기량을 순수한 자연의 산물(이미 그와 같이 조건지어져 있다는 의미에서)로만 보아야 하는가? 직립보행이 진정 모든 정상적인 인간이 특정한 조건이나 자극 없이 습득하게 되는 그 무엇인가? 동물들 사이에서 자라난 어린 아이에 대한 탐구는 (늑대들 사이에서 자라난 경우처럼) 정반대임을 보여주는데, 이들은 마치 네 다리를 갖고 있는 것처럼 걷는다.

재능 그리고 능력의 발달

통상 재능은 수행을 증진시키기 위한 유전적 성향들로 이해할 수 있을 것이다. 그것들을 범주로 나누는 방식은 다양하다(Schmidt 1991: 127ff.; Martin *et al.* 1991: 24ff.). 현재의 맥락에서는 간단한 일반적 개관으로 충분할 것이다.

경기 수행은 내가 말했던 생체 운동 능력의 발달에 의존한다(Bompa 1994: 259ff.). 구체적으로 다음 사항들에 대해 언급하고자 한다.

- 근력(strength) : 한 번의 최대 근육 수축 시의 근육 집합들에 의해 발휘되는 힘
- 인내력(endurance) : 국부적 근 지구력과 심장 혈관 지구력
- 유연성(flexibility) : 관절에서의 동작의 부드러움
- 속도(speed) : 반응 시간, 단위 시간당 동작의 빈도, 특정 거리에 대한 이동 속도
- 조정(coordination) : 동작의 문제들을 합리적으로 해결하는 능력으로서 중추신경계에서의 신경 과정들의 조정에 부분적으로 의존한다.

물론, 생체 운동 능력의 성공적인 수행은 가령 다음 항목들과 연결된 것들과 같은 특정한 일반적 정신 능력의 작용을 포함한다.

- 감각 : 시각, 청각, 후각, 미각, 그리고 다양한 육체적 감각들을 통한 단순한 자극과 연합된 경험들
- 동기 : 행동에 에너지와 방향 그리고 목적을 제공하는 요인들
- 감정 : 대체로 높은 에너지와 흥분을 포함하며, 공포, 분노, 기쁨 등의 감정과 정념을 불러일으키는 강한 정신 상태들

- 인지 : 지각, 기억, 추리, 의사 결정, 문제 해결
- 성격적 특성 : 외향성, 신경증, 사교성, 그리고 정서적 안정과 같이 환경과 한 개인의 상호작용을 규정하는 사고, 감정 그리고 행동의 독특한 유형[8)]

모든 '정상적' 인간에게 있어 능력은 어느 정도 유전적 프로그래밍에 따라 성장하게 된다. 이러한 유전적 프로그래밍은 세포핵에 있는 유전자들의 전체적 집합, 즉 게놈(genome)으로부터 그 '판독'이 가능하다. 유전자는 염색체에서 고정된 유전자좌(locus)를 갖는 유전 정보의 단위이다. 더 특수하게 그것들은 모든 살아있는 유기체의 세포에서 (생화학적 과정의 촉매가 되는) 다양한 효소와 (세포와 조직의 기본 구성요소가 되는) 구조적 단백질의 생산을 위한 암호이다. 게다가, 각 가능한 결합은 DNA의 30억 가지 화학적 쌍들에 의해 암호화되는 수십만 개나 되는 유전자들의 한 가지 특정한 배열을 나타낸다. 당연히 이것은 '자연적 행운(natural lottery)'이라 일컬을 만하다. 더구나, 유전자는 절대로 독자적이거나 고립적으로 작동하지 않는다. 성장의 초기 단계에서 인간과 같은 복잡한 유기체의 세포들은 이를테면 근육 세포로, 뇌와 신경 체계의 세포로, 심장혈관 체계를 구성하는 세포들로 분화하고 전문화한다. 세포들의 분화와 전문화는 유전자들 사이의 그리고 유전자들과 환경 사이의 복잡한 상호작용으로부터 기인한다. 그러므로 내가 유전적 성향이라고 부르는 것은 순수한 형태로 관찰되기가 불가능하다. 아니, 오히려 그것은 수태의 순간에만 순수한 형태로 존재한다. 마찬가지로 인간 행위는 환경적

---

8) 여기에서 제시된 용어는 Atkinson *et al.*(1996)의 용어사전을 참조하여 설명한 것이다.

영향의 순수한 표현으로서는 결코 이해할 수 없다. 정도가 다양하긴 하지만 인간의 (그리고 비인간적) 생명은 항상 유전적 성향과 환경적 영향의 결합과 함께 드러나는 것이다.

그렇다면 이제 스포츠에서의 재능이 의미하는 바를 더 정확히 말할 수 있다. 그것은 해당 스포츠에서 수행과 관련된 표현형(phenotypes)을 나타내는 개인의 유전적 성향이다. 자연적 행운에 의한 재능의 분배는 임의적 과정이다. 게다가, 우리는 재능이 경기 수행에 유의미하고 체계적인 영향을 끼친다는 것, 그리고 다른 스포츠는 다른 재능을 요구한다는 것을 안다. 잘 적응된 신경체계와 속도를 발전시키기 위한 근육 섬유의 빠른 경련의 높은 비율이 없다면 단거리 주자는 최고 수준에서 성공하는 데 문제를 안게 될 것이다. 로저 바니스터 경(Sir Roger Bannister 1997)이 지적했듯이 '속도의 능력은 타고나는 것이다.' 반면에 더 복잡한 기술적이고 전략적인 필요조건이 요구되는 스포츠에서는 이러한 유전적 성향에 덜 의존하게 된다. 예를 들어, 축구선수는 스피드가 부족할 수 있지만 탁월한 지구력과 게임에 대한 훌륭한 이해가 있는 한 그는 여전히 최고의 수행자가 될 수 있을 것이다.

재능에서의 불평등이 경기 수행에 대한 아래의 다양한 해석들의 논의에서 제거되거나 보상되어야 하는지의 문제로 돌아갈 필요가 있다. 이제 다양한 환경적 영향에 따른 요인들에 대해 살펴보자.

환경의 영향과 기량의 신장

재능과 훈련을 통한 적절한 능력의 발휘는 기량의 성장을 위한 기반이 된다. 기량은 최대의 확실성과 시간과 에너지의 극소화와 이에 따라 최대의 결과를 산출하는 능력으로 정의될 수 있다

(Schmidt 1991: 11). 기량은 유전적 프로그래밍의 결과로서 특수한 환경적 영향에 의존한다. 능력은 기량 발전을 위한 근거를 제공한다. 기량은 스포츠의 임무와 도전을 효과적으로 처리하기 위해 필수적이다. 그 과정에 따르면, 감각과 인지를 통해 우리는 어떤 스포츠 경기에서의 특별한 임무, 그리고 이전의 경험, 학습 그리고 기억에 기초한 행동을 지각하고 해석하게 된다. 근력, 유연성 그리고 조정과 같은 생체 운동 능력을 사용함으로써 우리는 그러한 임무들을 실행하기 위해 다양한 종류의 운동을 수행한다. 이러한 의미에서, 모든 종류의 수행은 기량을 발휘하는 것이다 (Arnold 1986: 13-27; Schmidt 1991: lff.).

기량에는 일반적 것과 특수한 것이 있다. 내가 일반적 운동 기량(motor skill)이라 부르는 것의 사례로는 걷기와 달리기가 있고, 일반적 인지 능력(cognitive skill)의 사례로는 언어의 숙달이나 사회적 규범과 관습에 대한 이해가 있다. 특수한 기량은 스포츠에서 규칙의 틀 혹은 해당 스포츠에서 공유된 에토스의 세부적인 측면에서의 특정한 실천과 연관된다고 생각한다. 스포츠에서는 통상 기술적인 (운동적) 기량과 전략적인 (인지적) 기량을 구분한다. 테니스에서 기술적 기량을 위한 규범은 '상대가 공을 칠 때 그 공을 봐라.' 같은 것일 수 있고, 축구에서 전략적 기량에 대한 규범은 '상대 팀이 우월할 때는 방어적으로 경기하고 상대의 분열과 빠른 반격에 집중하라.' 같은 것일 수 있다.

좋은 스포츠 기술은 특정한 스포츠 상황에서 한정된 임무를 수행하기 위해 적합하고 효과적인 동작을 수행하는 것으로 정의될 수 있다(Martin *et al*. 1991: 45). 좋은 기술을 가진 배구선수는 규칙(세트 플레이, 패스, 그리고 찔러넣기 같은)에서 정하고 있는 바에 따라 공격을 조절하고 게임 도중에 발생하는 대부분의 상황에서 최적의 동작을 선택하는 경향이 있다. 기술은 동작 패턴에 따른 수행을 의미한다. 좋은 전략적 기량에 따른 수행을 최적화하기 위해 많은 대안들 가운데 올바른 행동 계획에 대한 선택을 포함한다(Martin *et al*. 1991: 229). 공격할 때 높은 점프로 상대를 속이고 짧고 낮게 공을 밀어 넣는 배구팀은 효과적인 전략적 해법을 선택하는 기량을 보여주는 것이다.

적어도 나의 관점에서 보았을 때 전략적 기량에는 특히 정신적 기량 또한 포함시켜야 할 것이다. 스포츠 심리학자들은 경기 수행을 향상시키기 위한 다양한 방법들을 고안해 낸다(Weinberg and Gould 1999: 221-350). 예를 들어, 신체적 스트레스를 관리하기 위한 방법들로 자기-지향적 이완과 생체 자기제어와 같은 것이 있고, 인지적 스트레스 관리를 위한 방법들로 이미지 기술, 목적 설정 등이 있다. 어떤 점에서, 기술적 기량과 전략적 기량 사이의 구분은 상당 부분 자의적이다. 대부분의 스포츠에서 좋은 기술과 좋은 전략은 함께 진행된다. 노련한 탁구선수는 상대 선수의 공을 미리 '파악한다.' 훌륭한 권투선수는 직관적으로 어퍼컷을 예상하고 제때에 움직인다. 봄파가 지적했듯이, '전략은 선수의 기술과의 함수'라고 말할 수 있다(Bompa 1994: 61). 논의의 목적상 좀 단순화할 수 있는데, 이에 따른 전략은 스포츠-고유의 문제에 대한 해결이라는 측면에서 대안적 해결책들(때로는 운동 패턴의 관점에 따라 정의되기도 한다) 간에 (인지적) 선택을 다룬다고 말할 수 있다.

득점과 게임 중간에 여러 차례 '휴식(time out)'이 있는 테니스 시합에서 스트레스 관리는 아마도 축구 경기에서의 스트레스 관리와는 다른 성격을 지닐 것이다. 특별한 정신적 기량이 없다면 경험을 통해서나 혹은 전문가들에 의한 적극적 개입을 통해 학습이 이루어졌다고 하더라도 선수들은 성공적인 방식으로 그들의 기술적 기량을 실행할 수 없을 것이다.

경기 수행: 요약

지금까지의 논의를 통해 다음과 같이 요약할 수 있을 것이다. 경기 수행은 어떤 스포츠의 적절한 에토스의 틀 내에서의 능력을 의미하며 다음에 근거한다.

- 적절한 능력과 기량의 성장을 위한 유전적 성향으로서의 재능
- 적절한 능력과 기량의 학습을 통한 재능의 현실적 실현

여기에서 핵심적인 문제는 이러한 관점이 도덕적 측면에서 과연 정당화될 수 있는가 하는 점이다.

도덕적 관점에서 본 경기 수행

적절한 스포츠 기량을 계발함에 있어 유전적 성향에 따른 개인적 불평등은 여전히 존재한다. 여기에서 주목하는 것은 자연적 행운의 산물인 타고난 재능에 따른 불평등에 관한 것이다. 다른 한편, 훈련과 기량의 학습을 통한 재능의 실현은 환경적 영향에 근거한다. 우리는 서로 다르게 영향을 받고 선택한다. [표 4]를 통해 알 수 있듯이 논리적으로 경기 수행은 네 가지 방식으로 해석될 수 있다.

그렇다면 도덕적 관점에서 경기 수행의 해석에 대한 올바른 선택은 무엇인가?

해석	재능에서의 불평등	환경적 영향에서의 불평등
1	부적절	부적절
2	적절	부적절
3	부적절	적절
4	적절	적절

[표 4] 경기 수행에 대한 네 가지 해석

해석 1 : 재능과 환경적 영향에서의 불평등은 부적절하다.

이것은 절대적인 평등주의적 해석으로 선수들 간에 수행 잠재력의 완전한 평등을 요구하는 것이다. 그렇다면 절대적 평등주의에 도달하기 위해서는 재능과 환경적 영향에서의 불평등을 제거하거나 보상해야 할 것이다. 과연 이것이 가능한가? 만약 가능하다면, 경기를 어떻게 받아들여야 할 것인가?

유전적으로, 완전하게 동일한 개인들은 (복제 기술의 가능성에도 불구하고) 현실적으로 가능하지 않다. 세포 분화와 전문화는 언제나 일말의 차이가 있을 수 있고, 이것은 일란성 쌍둥이의 경우에서조차 그러하다. 그러나 가까운 미래에 우리는 꽤 근접시킬 수 있을 것이다. 버차드 등(Bouchard *et al*. 1997: 369)에 따르면, 지구력과 근력 같은 특정한 기본적 능력을 발전시키는 유전적 성향에 대한 통제는 불과 10년에서 15년이면 사라진다. 경기 수행을 향상시키기 위한 체세포 교체나 생식선 교체는 오늘날에도 가능하다.

환경적 영향에 있어서의 완전한 평등도 가능하지 않다. 우리가 반드시 시공간적으로 유일하며 완전히 동일한 방식으로 우리의 환경과 관련 맺는 것은 논리적으로 불가능하다. 말 그대로, 세계에 대한 한 사람의 관점은 다른 사람의 관점과 결코 동일하지 않을 것이다. 그러나 행동과학과 기술에서의 진보를 통하여 개인들에 대한 환경적 영향에 있어 거의 완벽히 통제하는 상황은 아마도 실현시킬 수 있을 것이다. 여기서 나는 가령 최면과 '세뇌'를 통한 진보된 심리학적, 사회적인 조작에 대해 말하고 있는 것이다. 어느 경우든지 요점은 평등주의적 해석이 동일한 선수들을 우리가 추구해야 할 이상으로 간주한다는 것, 그리고 이의 완전한 실현을 생각해 보는 것은 해볼 만한 하나의 사유실험이라는 것이다.

유전적으로 동일한 선수들이 동일한 환경적 자극에 노출되어 왔을 때, 그들의 스포츠 경기에 대한 결과는 어떠한가? 능력에 따른 불평등이 존재한다면 필시 우연의 일치일 것이다. 갑작스런 바람으로 인해 투창 경기에서 창을 더 유연하게 날아가게 한다면 이것이 투창 경기에서 최종 순위를 결정짓게 만들 것이다. 정확히 똑같은 기술적, 전략적 기량을 학습한 유전적으로 똑같은 선수들로 구성된 팀들 사이의 축구 경기에서는 우연히 공을 찬 것이 골로 이어질 수 있다. 그러면 스포츠 경기는 요행과 운수 게임이 될 것이다.

나는 스포츠 경기의 구조적 목적을 경기 수행에 따라 어떻게 측정하고, 비교하고, 순위 매기는지에 대해 참여 당사자들 간에 공유된 이해에 따라 서술하였다. 경기란 능력주의적 실천이다. 순전히 요행에 의한 게임은 이러한 목적을 실현시킬 수 없다. 그러므로 재능과 개인적 영향이 동일하게 유지되는 평등주의적 해석 1의 귀결은 스포츠 경기가 더 이상 성립하지 않는다는 것이다. 따라서 스포츠에서 해석 1은 사실상 무의미하다.

해석 2 : 재능에 따른 불평등은 적절하지만, 영향에 따른 불평등은 부적절하다.

해석 2에서 재능에서의 불평등은 적절한 것으로 여길 수 있지만, 이에 반해 환경적 영향에 따른 불평등은 제거되거나 보상되어야 할 것이다. 하지만 이러한 해석에서 무엇보다 중요한 것은 '자연의 은총(natural grace)'과 타고난 재능이라는 선물이지 재능을 발전시키는 도구적인 훈련 과정에 따른 고된 작업이 아니라는 점이다.

따라서 경기의 결과는 자연적 행운의 결정에 맡겨지게 된다. '적절한' 재능을 소유한 선수는 최상의 경기 수행을 위한 잠재력을 아울러 가지고 있는 것이다. 신경 근육 기능이 가장 잘 적응되어 있고, 빨리 수축하는 속근(fast twitch muscle)의 섬유조직의 양이 가장 많고, 이에 적합한 정신력을 발전시키는 성향이 가장 강한 단거리 선수가 100미터에서 우승할 것이다. 심장 혈관 체계와 근 지구력을 발전시키는 성향이 가장 강하고, 최상의 신체의 구성과 형태를 가진 수영선수가 경기에서 승리할 것이다. 그래서 다른 선수들보다 많은 훈련을 함으로써 제한된 재능을 보상받을 수 있는 가능성은 없다.

이러한 해석에서는 모두가 동일한 환경적 영향에 노출되어 있기 때문에 자신의 의지에 의한 노력에 따라 보상받는다는 의미에서의 공과(merit)는 중요하지 않을 것이다. 자연적 재능이 유일한 결정 요인일 경우, 경기는 평등의 논의에 따라 제안된 규제 원리, 즉 그것들이 영향을 미칠 수 없고 따라서 책임을 질 수 없는 불평등에 근거해서 사람들을 불평등하게 다루지 않는다는 원리를 위반할 것이다. 경기력에서의 모든 불평등은 앞 절에서 논의된 신체 크기, 성별, 그리고 나이에서의 불평등과 똑같은 근거를 가질 것이다. 나아가 모든 미래의 경기는 자연의 복권과 세포의 분화·전문화의 무작위 과정에 의해 결정될 것이다. 해석 1에서와 마찬가지로 해석 2는 스포츠를 요행에 의한 경기로 전락시키고 만다는 점에서 부당하다.

해석 3 : 재능에 따른 불평등은 부적절하고 영향에 따른 불평등은 적절하다.

해석 3에서 운동선수들은 동일한 재능을 갖지만 환경적 영향에서 다르다고 할 수 있다. 모든 선수들은 대등하게 경기할 수 있는 유전적 성향을 갖는다. 그러나 그들은 개인별로 그 배경이 다르다. 그들은 다른 경제적 그리고 사회·문화적 체제, 그리고 그 강도에 있어 서로 다른 스포츠 체제로부터 왔으며 그들은 질과 양의 관점에서 서로 다르게 훈련받아 왔다. 따라서 경기력에서의 불평등은 환경적 영향에 따른 불평등에서 비롯된다.

평등의 규범이 제시하고 있듯이 각 개인이 책임질 수 없는 불평등을 제거하거나 보상이 이루어진다면 이러한 해석은 전적으로 능력주의적 구도를 나타내고 있는 셈이 될 것이다. 100미터 달리기와 수영 경기의 우승자는 다만 가장 효과적으로 훈련한 사람일 것이다. 선수들은 단지 그들 자신의 노력에 따라 보상받게 될 것이다. 요행과 행운은 철저하게 제거될 것이고, 그렇다면 경기의 구조적 목적은 분명하게 실현될 수 있을 것이다. 또한 경기는 이상적인 과학 실험에 근접하게 될 것이고, 측정은 거의 완벽하게 그 타당성을 지니게 될 것이다. 만일 능력주의적 분배야말로 스포츠의 가장 주된 목적이라는 전제를 받아들인다면, 앞의 수정된 해석은 최적의 해결책을 제공하는 것처럼 보인다.

그러나 직관적으로 보았을 때 이러한 해석에는 문제가 있다.

스포츠 재능의 완전한 평등의 실현을 위해 유전자 조작을 받아들이는 것은 과연 정당한가? 완전한 능력주의적 정의의 과정에 대한 관심이 여기에서 문제가 되는 유일한 것인가?

이후에 스포츠에서의 요행과 행운이 반드시 정당하지 못한 영향력을 행사하는 게 아니라는 것을 알게 될 것이고, 불평등한 대우에 관한 다음 절의 논의에서 요행과 행운이 경기를 위한 특별한 역할을 하게 된다는 것에 대한 논의가 이루어지게 될 것이다. 여기에서는 앞의 수정된 해석에 대한 더 일반적인 도덕적인 문제들에 집중하고자 한다. 앞 장에서 경기의 구조적 목적에 대해서뿐만 아니라 또한 선수 개개인의 지향적 목적과 도덕적 목적에 대해 언급하였다. 지향적 목적은 스포츠에 참여하는 것에 대한 개개인의 주관적인 이유를 나타내는 것이다. 도덕적 목적은 인간의 삶이라는 거대한 틀 속에서의 스포츠의 의미와 가치에 관한 것이다. 여기에서는 운동선수들이 비강제적이고 이성적인 선택을 할 수 있는 잠재력을 가진 도덕적 행위자라는 전제에서 출발하였다. 이러한 전제가 없다면 스포츠의 지향적 목적도 그리고 도덕적 목적도 말할 수 없다. 유전자 조작을 통해 얻어지는 순수한 능력주의적 관점에 의해 인정되는 재능, 혹은 해석 1과 해석 2에 의해 인정되는 재능, 그리고 환경적 영향의 조작이라는 입장은 이러한 전제와 모순되는 것으로 비쳐진다. 이에 관한 좀 더 구체적인 논의가 필요하다. 물론 인간 게놈과 그 환경적 영향이 어떻게 서로 상호작용하는지에 대한 새로운 통찰은 중요한 의미를 지닌다. 먼스(Munthe 2000)는 그 분야에서의 혁신이 도덕적인 측면과 충돌을 일으켜서는 안 된다고 강조하고 있다. 이를테면 빠르게 발전하는 의학 기술은 일반적으로 인간의 건강과 복지 증진과 특히 스포츠의 즐거움을 위한 엄청난 잠재력을 갖고 있다. 그러나 새로운 기술이 파괴적으로 사용될 수 있다는 점도 명백하다. 경험은 우리에게 스포츠 체계가 지위와 이익을 획득하기 위해 어떻게 거의 모든 수단을 기꺼이 동원하게 되는지를 말해 준다. 호버만(Hoberman 1992)의 경기력 향상을 위한 약물과 방법에 관한 상세한 역사는 '죽음의 엔진: 경기력의 과학과 스포츠의 비인간화'라는 인상적인 제목을 가지고 있다.

그렇다면 앞에서 제시된 해석 1, 2, 3에서 발생하는 문제는 도덕적 행위자로서의 운동선수의 지위가 무시된다는 것이다. 선수들은 그들 자신 혹은 후원 체계의 그릇된 야망의 실험도구가 되어 강력한 경기력 기계장치에 봉사하는 수단으로서 행동하기 십상이다. 지금까지 도덕적 행위자로서의 운동선수라는 전제 하에 그들이 정당하게 책임질 수 없는 불평등에 기초해서 선수들을 불평등하게 대우해서는 안 된다는 것에 관심을 기울여 왔다. 그런데 위의 세 가지 해석 1, 2, 3에서는 한 사람의 어떤 측면이 조작되고 통제될 수 있는지에 대한 어떠한 제한도 없다. 육상선수와 수영선수는 최상의 경기력을 위해 외부의 힘과 후원 체계에 의해 유전적, 정신적, 사회적으로 얼마든지 만들어질 수 있다. 이러한 상황에서 '자발적 선택'이나 '자신의 행동에 대한 책임' 따위의 개념은 공허한 말이 되어 버리고 만다. 여기에서 제안된 도덕적 관점에 따른 구성적 규범, 즉 비강제적이며 정보에 근거한 일반적 합의의 기초로서 어느 누구도 합당하게 거부할 수 없는 선택을 규정하고 있는 메타-규범 I은 무의미하게 된다. 따라서 '경기수행'에 대한 앞의 해석 1, 2, 3은 도덕적 전제를 염두에 둔다면 근본적으로 문제가 있다고 볼 수 있다.

해석 4 : 재능과 환경적 영향 모두에서의 불평등은 적절하다.

이와 같이 수정된 해석 4에서는 재능과 환경적 영향에서의 불평등을 모두 받아들인다. 우리의 재능은 자연적 행운의 결과이고, 그것을 실현하기 위한 가능성은 어느 정도 우리 자신의 노력과 어느 정도의 요행과 운수에 의해 결정되는 것이다. 경기력은 순수 절차적 정의, 그리고 능력주의적 정의 모두의 결과인 것이다.

이러한 분배 과정의 어떠한 측면도 그렇게 불공정한 것은 아니다. 그러나 평등에 관한 논의에서 살펴보았듯이 그 결과는 불공정한 것일 수 있다. 여기서 불공정한 결과는 앞에서 언급한 평등의 규범에 의해 규제된다는 것을 당연히 받아들이는 것이다. 만약 평등의 규범이 준수된다면 삶의 불행한 측면들을 자기 자신의 노력에 의해 보상할 방법들이 항상 존재하며 나아가 운 좋은 측면들을 개발하고 연마할 방법들은 언제나 존재한다. 기초 운동능력의 관점에서 보통 수준으로 타고난 선수들은 강한 정신적 자질과 기량 습득에 의하여 얼마든지 보완될 수 있다. 비록 과학적이고 기술적인 지원이 결핍되었다고 하더라도 경기에서의 표준화 절차에 의해 그리고 훈련과 준비에서의 열성과 인적 지원에 의해 보완될 수 있다.

그렇다면 평등 규범의 틀 내에서 경기력의 근간이 되는 유전적, 환경적 요인에 대한 지식과 통찰은 개개인을 통제하거나 조작하기 위한 수단으로서가 아니라, 오히려 그러한 변화를 육성하고 도덕적 행위자로서의 인간의 다양성을 촉진시키기 위한 수단으로 여길 수 있다. 앞에서도 언급했듯이 인간의 삶의 목적과 관련하여 우리 인간의 자발적인 선택은 인간적 삶의 풍요로움과 우리의 잠재력을 실현해 주는 것이기도 하다. 이러한 해석은 하나의 특정한 삶의 방식이 다른 모든 방식보다 낫다는 본질주의적인 관점에서 이해되어서는 안 되고 오히려 롤즈의 과정-지향적인 '아리스토텔레스적 원리'에 맞춰서 이해되어야 한다.

> 다른 조건이 동일하다면, 인간은 그들의 실현된 능력(그들의 타고난 혹은 훈련된 능력)을 발휘하는 것을 즐기며, 이러한 즐거움은 그 능력이 더 많이 실현되거나 그 복잡성이 증대됨에 따라 증가한다. (Rawls 1971: 426)

이러한 아리스토텔레스적 원리는 개개인의 차이에 대한 가치 부여와 그 존중을 함축하고 있다.[9)]

이제 우리는 경기 수행에 대한 다양한 해석들을 선택하는 문제가 인간이 무엇을 목적으로 하는지에 대한 기본적인 이해와 근본적인 도덕적 관점들을 선택하는 문제로 압축된다는 것을 알 수 있다. 사실 그것은 윤리적 공리(ethical axioms)의 선택이다. 해석 1, 2, 3에 비해 혼합적 해석인 4가 의미하는 바는 이성과 자발적 선택의 잠재력을 지닌 도덕적 행위자로서 해석된 인간에 대한 풍부한 방식을 열어주고 있는 것이다. 여기서의 나의 주장은 해석 4가 메타-규범 I에 따라 '비강제적이며, 정보에 근거한 일반적 합의의 기초'로서 정당하게 거부될 수 없는 유일한 해석이라는 것이다. 그러므로 해석 4야말로 여기서 전개된 도덕적 관점이 주어질 경우 분명한 선택이 된다.[10)]

---

9) 흥미롭게도 이것은 미국 인간 게놈 프로젝트의 근본적인 윤리적 목적 가운데 하나이다. 이는 인간의 유전적 다양성에 대한 광범위한 수용을 촉진하기 위한 것이다(Bouchard *et al*. 1997: 11).

10) Carr(1999)는 공과(merit)의 산출로서 운동 능력에 대한 공통된 이해를 정당화하기란 어렵다고 주장한다. 그는 이러한 이해를 우리 자신처럼 자유민주주의 체제에서 자라난 이기적이고 개인적인 가치 체계의 전형적인 표현으로 여겼다. Carr는 경기 수행의 능력주의적 요소를 거부하

불필요한 위해를 가하지 않을 의무

'경기 수행'에 대한 해석에서 논의해야 할 조건 하나가 더 있다. 스포츠 경기는 롤즈가 일반적인 '자연적 의무(natural duties)'라고 부르는 것, 즉 모든 인간적 실천들에 대해 타당하다고 생각되는 규범의 틀 속에서 실행되어야 한다는 점이다(Rawls 1971: 108ff.). 개개인에 있어서 한 가지 기본적인 자연적 의무는 이미 논의된 바와 같이 정의를 유지하는 것이다. 우리는 이러한 자연적 의무를 또 다른 의무, 즉 '타인들이나 자신을 불필요한 위해로부터 노출되지 않도록 하는 것(무해의 원리)'에 추가할 필요가 있다. 스포츠에서 이러한 기본적인 규범에 따라 귀결되는 바는 무엇인가?

축구에서는 부상의 위험 때문에 뒤에서의 태클이나 높은 위치에서의 킥을 금지하는 규칙이 있다. 유럽식 핸드볼에서는 상대 선수들을 다치게 할 수 있을 정도로 무릎을 높이 올리고 점프 슛하는 것을 금지하는 규칙이 있다. 아이스하키에서 안면 부상을 막기 위해 스틱은 빙판 위에 닿은 상태로 경기에 임해야 한다. 이와 마찬가지로 모든 종류의 스포츠 훈련과 준비에서 주된 관심은 부상과 위해를 막는 것이다.

지는 않았지만 지나친 과장을 경고하면서, 운동선수들이 스포츠의 실천으로 얻게 되는 경험적 성질과 관련한 근본적인 보상을 가치 있게 여기는 것을 배우고, 개인적 공적과 명성에 사로잡히지 않게 하는 스포츠 교육을 권장하고 있다. 이것은 나의 주장과 일치한다. 규범 I은 우연의 영향을 인정하되 순전히 능력주의적 경쟁이라는 관념을 거부하는 것으로 정식화했다. 더구나 외적 체계와 전문적 기술의 영향을 감소시키는 방향으로 규범을 발전시켰고, 자발적인 선택을 위해 잠재적인 도덕적인 행위자로서 운동선수의 역할을 한층 고양시키고자 했다. 만일 경쟁적 스포츠 체계의 구조가 그러한 지침에 따른다면, 아마도 Carr가 옹호하는 스포츠에 어울리는 겸손을 위한 여지는 더 많아질 것이다.

물론 이것이 대수롭지 않은 문제로 들릴 수 있겠지만 다시 한 번 생각하면 그리 쉽지만은 않은 문제임에 분명하다. 수많은 스포츠는 다양한 종류의 위해의 위험을 내포한다. 낙하산 타기와 활강 스키와 같은 스포츠들은 죽음의 위험을 포함하고 있다. 훈련 체제는 적어도 강도 높은 수준의 수행이라면 신체의 이화(catabolic)와 동화(anabolic)의 과정 사이에서 섬세한 균형을 유지하는 데 있다. 균형을 잡지 못하는 선수들은 부상과 과도 훈련으로 끝나기 쉽다. 경쟁적인 스포츠와 대조적으로 가벼운 신체적 운동은 그 위험도에 있어 훨씬 덜할 것이다. 위해의 가능성이 높은 경쟁적인 스포츠는 그렇다면 피해야만 하는 것인가?

스포츠가 생물학적으로 반드시 필요한 것은 아닐 것이다. 우리가 생존하기 위해서 스포츠를 수행할 필요는 없다. 스포츠는 우리가 다양한 지향적 목적을 실현하기 위해 그것에 참여하여 선택했기 때문에 생겨난 것이다. 그렇다면 분명한 것은 대부분의 참가자들에게 있어 스포츠의 가치가 그것의 잠재적 위험성을 능가하는 것으로 보일 것이다.

이것은 잠재적 위험에 대한 평가가 객관적이고 통계적인 관점에 따른 조사에 입각해 있다는 것을 의미하지는 않는다. 예컨대, 중상이나 심지어 죽음의 위험을 감수해야 하는 낙하산 점프(base-jump)와 같은 스포츠들이 있다. 여기에서 무엇을 위해의 규칙으로 받아들이고 받아들일 수 없는지에 대한 세부적인 평가는 사실상 불가능하다. 하지만 대부분의 스포츠에서 위해와 부상의 위험에 대한 제한은 언급할 수 있다. 비록 자신이나 타인을 불필요한 위해에 노출시키지 말라는 규범을 통해 안전한 수행에 대한 끊임없는 모색을 촉진시켜야 하는 것은 사실이지만, 위해와 부상의 위험은 일반적으로 실현해야만 하는 스포츠의 지향적 목적을 위해 치를 수밖에 없는 대가로도 여길 수 있다.

스포츠에서 부상과 위해를 논의할 때 종종 제기되는 또 다른 쟁점이 있다. 많은 스포츠들이 격렬한 신체 접촉을 포함하게 되는데 이것 때문에 선수들은 부상을 당하거나 심지어 죽기도 한다. 그렇다면 도덕적 관점에서 이러한 측면을 어떻게 받아들일 수 있을까?

이에 대한 적절한 답변은 패리가 제안한 것처럼 도덕적으로 적절한 구분을 할 수 있는가에 달려 있다(Parry 1998). 럭비, 미식축구, 아이스하키는 격렬한 신체 접촉을 포함하지만, 그래서 그러한 접촉을 가급적 규제하는 데 그 스포츠들의 기술과 전략은 그렇게 중요하지 않다. 의도적으로 경쟁자들에게 신체적으로 위해를 가함으로써 경기를 수행하는 것이 그리 대단한 것은 아니다. 그런 의미에서 이러한 스포츠들은 도덕적으로 그 정당성이 요구되기도 한다. 다른 한편, 프로 권투, 가라테, 그리고 킥복싱과 같은 격투기들은 가능한 한 가장 효과적인 방법으로 손이나 발로 가격하여 의도적으로 상대를 무력화시키는 것을 그 본질로 삼는다. 하지만 격투기는 논란의 여지가 있다. 권투에 대한 지속적인 논란을 통해 어떤 이들은 윤리적 측면에 비추어 그것은 금지되어야 한다고 주장한다. 도덕적 관점에서 고의로 상대에게 위해를 가하는 것은, 특히 도덕적 행위자로서의 개인을 위한 존중을 요구하는 비결과주의적 관점에 따라 결코 옹호될 수 없다는 것이다(Simon 1991: 54-64; Davies 1993: 94). 또 어떤 사람들은 그러한 금지에 대한 요구를 권투의 가치에 대한 편견에서 비롯된 오해인 동시에, 약자인 권투선수들 자신의 이익에 대한 일방적인 비난으로 여긴다(Burke 1998). 결정적인 문제는, '용기, 인내력, 불굴의 투지와 같은 접전에서 펀치에 의존하는 것을 권투의 가치로 볼 것인가?', 아니면, '이와 동일한 가치들이 덜 위험한 행위를 통해 실현될 수 있는 것인가?', '잠재적으로 위해를 가하는 것은 필요한 것인가 아니면 불필요한 것인가?'와 같은 물음들일 것이다.

운동선수의 경기 수행의 해석을 위한 규범

위와 같은 물음들에 대한 대답은 경기 수행의 해석 한 가지의 적용에 대한 논의에 속하는데 여기서 모색될 수 없다. 이제 논의를 요약해 보자. 도덕적인 관점에서 혼합적 해석 4는 올바른 선택이다. 전제는 경기 수행이 평등 규범의 틀 안에서 이해되어야 한다는 것이다. 따라서 우리는 다음과 같이 말할 수 있다:

III.2.1.1 스포츠에서 불평등한 대우는 다음과 같은 적절한 에토스의 틀 안에서 경기 수행에서의 불평등에 기초해야 한다.

- 재능은 적절한 능력과 기량의 성장을 위한 유전적 성향에 기초한다.
- 적절한 능력의 개발과 기량의 학습을 통한 재능의 현실적 실현에 기초한다.
- 자신과 타인을 불필요한 위해에 노출시키지 말라는 기본적 규범에 일치한다.

도핑 목록상의 약물의 사용과 방법

앞에서 나는 '경기 수행'에 대한 도덕적으로 건전한 해석인 '재능과 환경적 영향에 따른 불평등은 적절하다.'는 견해에 대해 제시하였다. 그래서 이러한 해석이 스포츠에서의 현실적인 도덕적 딜레마에 지침을 제공할 수 있어야 한다는 전제 하에 각 사례들을 통해 그 해석을 응용하여 적용하였다. 그러나 이를 더 철저히 검증하기 위해 현대 스포츠에서 가장 많이 논의되는 도덕적 딜레마 가운데 하나를 살펴볼 필요가 있다. 경기력 향상을 위한 약물과 기술, 즉 '도핑'으로 알려진 기술의 사용이 그것이다.

IOC의 반도핑 조항(Anti-Doping Code)에서 다음과 같은 항목을 찾을 수 있다(IOC 2000a: 6).

1. 도핑은 올림픽 정신과 스포츠 그리고 의료 윤리의 근본 원리에 위배된다.
2. 도핑은 금지된다.
3. 도핑이나 부정 거래의 정의에 포함되는 그 어떠한 약물의 사용이나 방법의 적용을 추천하고, 제안하고, 허가하고, 묵과하거나 조장하는 것 또한 금지된다.

도핑 약물의 종류로는 자극제(암페타민, 코카인 등), 마약성 진통제(헤로인, 메타돈), 아나볼릭 작용제(스테로이드, 테스토스테론), 이뇨제, 펩티드 호르몬제, 당단백질 호르몬제, 그리고 그 유사 약물(무엇보다 인간 성장 호르몬제) 등이 포함된다(Verroken 1996). 도핑 방법으로는 혈액 도핑과 약학적, 화학적, 신체적 조작 등이 있다. 세 번째 범주는 특정한 제한에 속하는 약물들로, 즉 술, 마리화나, 국부 마취제, 코르티코스테로이드(corticosteroid), 아드레날린 작용억제제(beta-blocker) 등을 들 수 있다. '특정한 제한'이라는 용어는 반드시 경기력이 향상되는 것은 아니지만 중독과 같이 개인에게 장기간의 부정적 영향을 줄 수 있고 사회적으로 스포츠의 이미지를 손상시킬 수 있는 물질들에 대한 규제를 가리킨다. 이어서 '경기력을 향상시키는 물질(약물)과 방법들'에 대해 논의하고자 한다. '도핑'이라는 용어는 금지된 행위를 가리키며 그 용어의 사용은 완전히 검토되기 전에 그러한 행위의 불법적이고 비도덕적인 측면에 동의한다는 것을 의미한다.

스포츠에서 사용되는 약물은 대체로 작업-향상적인(ergogenic) 혹은 성장 자극적인(anabolic) 것들이다. 정기적으로 복용할 경우 그것들은 일정 기간 동안 경기력을 향상시킨다. 그 예로는 원반던지기 선수가 아나볼릭 스테로이드(anabolic steroids)를 복용함으로써 빈약한 근육 덩어리와 폭발적인 근력을 향상시키는 경우라든지, 크로스컨트리 스키 선수가 에리스로포이에틴(rEPO)을 복용하여 적혈구 생산을 증가시킴으로써 산소 운반과 지구력을 향상시키는 경우가 이에 속한다. 중요한 경기에 앞서 단기간의 경기력 향상을 위해 약물과 관련한 다양한 수법들이 동원되기도 한다. 그 사례로 프로 사이클 선수가 에리스로포이에틴의 복용과 유사한 효과를 내도록 수혈을 받는 경우라든지, 사격선수가 경기 동안 심장 박동을 줄이고 초조함을 감소시키기 위해 아드레날린 억제제를 복용하는 경우가 있다.

경기의 수행 능력을 향상시켜 주는 물질과 기법은 특별한 방식으로 작용한다. 화학물질은 그것의 생물학적 효과에 따라 상호작용함으로써 신체의 생화학적 변화를 일으킨다(Mottram 1996: 1). 아나볼릭 스테로이드와 같은 물질(작용제)은 신체에서 자연적으로 생성되는 물질인 내생적인(endogenous) 생화학적 물질의 작용을 모방하게 된다. 베타 수용체 차단제(beta-blocker: 길항제)와 같은 물질(억제제)은 몸에서 생성되는 생화학적 작용제가 몸 자체에서 생성되지 못하도록 그 수용체(receptor)와 상호작용을 막는다. 그러나 이러한 다양한 물질과 기법의 공통점은 그것들이 근력, 속도, 지구력 등의 이른바 생체 운동 능력과 지각 및 감정 등의 정신적 능력을 향상시키는 것을 주된 목적으로 한다는 것이다.[11)]

경기력 향상 물질과 기법에서 비롯되는 경기력에서의 불평등은 스포츠 경기에서 적절한 불평등으로 여겨야 하는가, 아니면 부적절한 불평등으로 여겨야 하는가? 그것들을 제거하거나 보상해야 하는가, 아니면 받아들여야 하는가? 이 논쟁에서 대부분의 주장은 공정성, 정의, 선수의 권리, 그리고 그러한 사용과 결부된 건강상의 위험 등을 다룬다(Parry 1987; Simon 1991: 71-92; Houlihan 1999: 107-28; Butcher and Schneider 2000).

언뜻 보기에, 정의(justice)에 호소해서 특정한 경기력 향상 물질과 기법을 금지하는 것이 가능할 것 같지는 않다. 오히려 정반대인데, 즉 어떤 비판자들은 평등 규범에 의거해서 정의에 대해 언급하기도 한다. 왜냐하면 그러한 금지가 현실적으로 적용되기 어렵기 때문에, 현재 상황으로서는 영악함과 부정행위가 오히려 보상받는 결과가 된다는 것이다. 그렇다고 모든 복용자가 붙잡히는 것도 아니고 성선 자극 호르몬(hCG), 성장 호르몬, 그리고 에리스로포이에틴 등은 추적 자체가 어렵다. 그러므로 어떤 선수들은 규칙을 위반함으로써 이익을 보게 되는 것이다. 또 다른 비판적 견해에 따르면 정의를 고양시키기 위해서라도 약물 복용 금지

11) 사실상 경기 수행 능력의 향상 약물은 또한 기량에 영향을 미칠 수 있다. 향상된 체력은 알파인 스키 선수의 기술적이고 전략적인 해결에 영향을 미칠 수 있다. 선수는 회전을 하고 미끄러짐을 피하는 과정에서 적응된 체력을 증가시킬 수 있고, 그러한 일련의 과정을 통해 코스에서 다소 고난도의 라인을 선택할 수 있다. 마찬가지로, 증강된 지구력은 축구선수가 매우 중요한 마지막 15분에 제 페이스를 유지하도록 돕게 된다.

는 지켜져야 한다고 주장한다. 모든 선수들은 이러한 환경적 영향에 평등한 접근이 이루어져야만 한다는 것이다. 사실상 이 문제는 선수들의 권리에 관한 문제로 여겨지기도 한다. 약물 복용 금지는 성숙한 개인이 자신의 신중한 선택을 방해받게 되는 부당한 온정주의의 사례라고 여기며 그러한 선택이야말로 스포츠 경기가 육성해야 하는 가치라고 보는 것이다(Brown 1984, 1990). 이러한 견해는 버크, 로버츠, 탐버리니 등에 의해 심화되었는데(Burke and Roberts 1997; Tamburrini 2000: 34-61), 그들은 도핑 규칙은 보수적인 스포츠 사회의 편견과 다수의 억압(repressive mos majorum)에 근거한다고 주장한다. 이상적인 자유주의 스포츠 체계에서 선수들에게 자기 창조의 자유가 주어지고 타인에게 해를 끼치지 않는 한 자신의 선택을 통해 구분하는 것은 얼마든지 허용될 수 있을 것이다.

그러나 좀 더 면밀하게 검토해 본다면 이러한 견해들은 얼마든지 도전받을 수 있다. 우선, 모든 규칙 위반자들이 붙잡히지 않는다는 사실, 혹은 추적하기 어려운 금지 약물이 존재한다는 사실이다. 약물 복용 금지에 대한 비판자들은 완전 절차적 정의를 요구하는 것으로 보인다. 그러나 대부분의 다른 경우에서와 마찬가지로 여기에서도 완전 절차적 정의는 불가능한 이상일 뿐이다. 물론 IOC와 같은 중추적인 스포츠 단체도 약물 복용 금지를 집행함에 있어 개선시킬 수 있는 방도에 대해 비판적으로 검토해야 한다. 만약 일반적으로 도덕적인 운동선수가 불이익을 받게 되는 것이 사실이라면 실로 문제가 되지 않을 수 없기 때문이다. 그러나 현실에서 규칙이 불완전하게 실현된다는 것은 그러한 규칙에 반대하는 결정적인 논증이 되지 못할 뿐더러 오히려 훨씬 엄격하고 더 나은 규칙의 집행을 정당화하기 위한 것일 수 있다.

자유주의적인 약물 정책에 따르면 이들은 부적절한 불평등에 의한 문제를 해결할 것이며 결국 선수들이 신중하게 선택함으로써 어떤 창조적 자기 발전에 기여할 것이라고 주장한다. 그러나 이는 높은 경기력을 위한 스포츠 체계의 현행 논리를 낙관적으로 생각하는 것 같다. 옛 동독에서 경기력 향상 약물을 체계적으로 복용한 사례, 미국의 사이클 선수가 1984년 LA 올림픽 경기 전에 수혈을 받은 사례, 1990년대 중반에 중국 수영선수들이 합성 호르몬을 사용한 사례라든지, 혹은 프로 사이클 경기에서 에리스로포이에틴을 조직적으로 사용한 사례 등은 그렇게 권장할 만한 것이 아니다. 외부 전문가 조직의 강제 하에서 선수들은 스스로 통제할 수 없는 상황에 말려들게 된다(Murray 1983; Breivik 1987; Simon 1991: 77-80). 더구나 자유주의적 약물 정책은 아마도 강한 스포츠 조직과 약한 스포츠 조직 사이에 이미 존재하는 불평등을 오히려 증폭시키게 될 것이다. 효과적인 약물의 복용은 의학 전문가의 처방이 반드시 있어야 한다. 하이닐라(Heinila 1982)가 말하는 고도의 경기력을 위한 스포츠 총력전의 악몽이 현실로 드러날 수도 있을 것이다. 그러면 오늘날에 비해 훨씬 더 운동경기는 강하고 거대한 의학적, 기술적 보조 조직들 사이의 시험장이 되어 선수와 팀이 단지 성공을 위한 투쟁의 수단으로 전락할지도 모른다.[12)]

---

12) 덧붙여서, 경기 외적인 부정적인 사회적 결과와 연관하여 경기력 향상 약물의 금지(ban)를 위한 중요한 논증이 있다. 금지를 강화하는 것은 아마도 사회에서 스포츠의 지위에 관해 장기간에 거쳐 중대한 결과를 낳을 수도 있다. 가장 부정적인 영향은 어린이와 젊은이의 체력 회복과 사회화에 있을 수 있다. 100미터 달리기와 역도 같은 스포츠에서, 속력과 힘과 같은 기초적인 능력은 결정적인 요인이며 그것은 아마도 약물을 사용하지 않고서 승리하기란 불가능할지도 모른다. 책임 있는 부모

물론 후자의 요점을 바라보는 또 다른 정반대의 방식이 있다. 우리는 앞에서 진전된 논의와 유사한 평등의 규범에 따라 강화된 체계에서의 불평등이 제거되거나 보상될 수 있다고 주장할 수 있다. 스포츠 단체들은 모든 사람에게 접근 가능한 방식으로 생리-의학적 지식에 대한 적용을 규제할 수 있다. 만약 모든 선수들에게 경기력 향상 약물에 대한 평등한 접근과 평등한 사용이 허용된다면 약물로 인한 어떠한 이점도 '종결될 것'이고 자연적으로 가장 재능 있는 선수가 다시 가장 성공적인 선수가 될 것이다(Black and Pape 1998). 앞에서도 지적했듯이 이러한 논증은 경험에 근거해야만 한다. 평등한 접근에 대한 가능성은 낭만적인 환상에 불과하다. 게다가, 그러한 가능성이 사실적이라고 하더라도 그러한 발전에 의해 얻을 수 있는 것은 무엇인가? 여기서는 건강에 대한 논의가 오히려 적절할 것이다.

앞의 경기 수행에 대한 해석에서 불필요한 위해를 가하지 말라는 규범에 대해 지적한 바 있다. 대부분의 도핑 물질과 수법은 건강상의 위험을 내포한다. 에리스로포이에틴을 다량 복용하면 적혈구가 비정상적으로 증가하고 혈액의 점성과 심장 수축 혈관의

가 그들의 자녀로 하여금 승리를 위해 필수불가결한 생리-의학적 조작을 통해 경쟁적 스포츠에 끌어들일 수 있겠는가? 더 나아가 운동선수의 경기 수행은 개인적 재능과 자신의 노력과 그다지 연관성을 갖지 않을 수 있고, 게다가 오히려 외적인 전문지식에 의존하는 것일 수 있다. 훌륭한 선수를 모범으로 하는 찬사는 의미를 잃어버릴 수 있고 아마도 강력한 생리-의학적 지지 체계에 대한 찬사에 의해 대치될 것이다. 그러나 전문지식 체계에 대한 찬사가 열정과 기질에 있어 운동선수를 개별적인 인간 존재와 동일시할 수 있는가? 나는 여기에서 이런 식의 논증을 전개하기 위해 끌어들인 것이 아니다. 내가 여기에서 주목하는 것은 제시한 바와 같이 공정하고 좋은 경기에 있는 것이지 사회에서의 스포츠의 역할에 있는 것이 아니다.

혈압을 증가시켜서 심장마비, 혈전증, 뇌졸중 등을 일으킬 수 있다(Armstrong and Reilly 1996). 아나볼릭 스테로이드를 일정 기간 복용하면 뼈와 조직의 비정상적 성장, 당뇨병, 간암, 성기능과 성격 장애 등을 유발할 수 있다(George 1996). 건강에 대한 잠재적 위해를 고려할 때 도핑 리스트 상의 약물과 기법들은 적어도 '경기 수행'을 위한 허용 가능한 요소로는 그 자격을 상실할 수 있다.

그러나 위의 사례를 통해 살펴본 바와 같이, 바로 그러한 건강(health)에 대한 논증에는 미묘한 차이가 있기는 하지만 문제가 있다. 경쟁적 스포츠에서의 건강상에 영향을 미치는 것은 사실상 전체적으로 논의되어야 한다. 혹독한 훈련 기간에는 염좌의 위험이 높다. 경기의 격렬한 활동은 심한 부상으로 이어지기 쉽다. 위험한 스포츠에서는 죽는 상황이 발생하기도 한다. 이렇게 많은 건강상의 위험들이 허용되는 마당에 건강상의 위험을 포함하는 약물 복용과 기법들을 금지해야 하는 이유는 무엇인가?

규범 2.1.1에 따라 어떤 방식 혹은 다른 방식으로 스포츠에 가치를 더해 주고 스포츠의 한 부분으로 여길 수 있는 적절한 건강상의 위험과 이러한 실천에 가치를 더해 준다고 여기지 않는 '불필요한' 대가를 나타내는 부적절한 건강상의 위험을 구분해야만 할 것이다. 엄격한 훈련 기간에 선수들은 자신의 재능을 개발한다. 물론 그 목적은 부상 없이 경기력을 향상시키는 것이다. 만약 평등의 규범이 준수된다면 경기력의 향상은 주로 그 평가의 대상이 되는 적절한 불평등의 일부인 선수 자신의 노력에 기초할 것이다. 경쟁하는 상황에서의 격렬함, 그리고 낙하산 점프, 등산과 활강 스키 역시 이와 마찬가지 방식이라고 할 수 있다. 경기력과 연관된 측면은 스스로 위험을 계산하고 잘 대처하여 그러한 긴장

상황을 타개할 수 있는 것이다. 이러한 사례들을 통해 보았을 때 특정한 위험은 '불필요한 것'이 아니다. 즉 그것은 어떠한 방식으로든 해당 스포츠와 연관된 것이기 때문이다.

경기력 향상 물질과 그 기법의 사용자들 대부분은 부수적으로 부정적 효과가 발생할 수 있다는 것에 대해 잘 알고 있다. 그러나 그것이 성공을 위해 필수적이라는 믿음 때문에, 그리고 널리 확산된 사용의 중압감 때문에 그들은 어쨌든 그러한 수단들을 선택하고 있다. 하지만 이와 같은 사용에 따른 위험이 그 활동 자체에 아무런 보탬이 되지 않는다는 사실이다.

여기서 능력과 기량을 구분하는 것이 적절하다. 앞에서 논의된 물질과 방법들은 무엇보다 생체 운동 능력에 영향을 준다고 생각한다. 그것들의 목적은 신체의 생화학적 작용이나 억제적인 효과이다. 만일 모든 선수들에게 똑같은 물질과 기법에 대한 평등한 접근이 주어져야 한다는 제안을 채택한다면 기술적, 전략적 기량에서의 불평등 또한 마찬가지로 남게 될 것이고 그렇다면 거의 얻을 것이 없게 된다. 약물을 복용한 팀들 간의 축구 게임이 '깨끗한' 선수들 사이의 축구 게임보다 더 나은 것도 아니며 더욱 흥미진진한 게임이 된다고 할 수도 없다. 약물을 전혀 복용하지 않은 선수들 간의 100미터 달리기는 약물을 복용한 선수들의 경기와 별다른 차이가 없을 뿐만 아니라 흥미로울 수 있다. 약물 복용이 경기력에서의 개인차를 야기한다고 하더라도 이러한 차이는 적절한 것이라고 할 수도 없을 것이다. 평등한 재능을 가진 선수들 간에 우승자가 있다면 그는 약물 복용에 가장 적합한 생리-화학적 구성을 가진 선수일 것이다(Simon 1991). 명백히, 이것은 도덕적 행위자를 위한 경기로서의 스포츠에 대한 개념을 훼손하고 경기력 향상을 위한 책임을 선수에게서 지원 체계로 전가시키는 것이기 때문에 경기 수행에 대한 앞에서 제시된 해석 4, 즉 '재능과 환경적 영향에서의 불평등은 적절하다.'는 최종 수정된 해석과 모순된다.

무엇보다 모든 선수들이 약물을 복용하는 상황에서는 무엇인가 상실되어 있다는 것이다. 브레이빅(Breivik)이 '부정적 평형(negative equilibrium)'이라고 언급했듯이 모든 참가자들은 형편이 더욱 어려워지는 상황에 도달하게 될 것이다(Breivik 1987). 편협한 자기 이익에 따른 파괴적 논리가 공동선을 훼손시키게 되는 것이다. 약물의 선택은 타인과 약물 복용 선수를 불필요한 위해에 노출시키게 되는 것이다.

잠재적으로 위해한 도핑 목록상의 경기력 향상 약물 기법의 사용은 불필요하며 따라서 부적절한 위협이라는 측면은 스포츠의 가치와 '본질'에 관한 관점, 그리고 도핑이 부자연스럽고 '인위적인' 경기력 향상이라는 관점과 연결될 수 있다. 약 10년 전 이러한 생각은 도핑 규칙과 규제를 위한 기본적인 정당성을 확보하는 데 이르게 된다. 1986년 이후 '인위적'이라는 용어는 조작화(operationalization)라는 측면에서 많은 문제를 발생시켰기 때문에 IOC 규정에서 삭제되었다. 이것은 이해 가능하다. '자연적인' 그리고 '인위적인' 같은 용어들은 그것이 특정한 사회-문화적 견해와 이해관계에 밀접하게 연관되어 있기 때문에 적절하지 않다. 스포츠에서 여성에 대한 차별은 어떻게 그러한 개념들이 착취적이고 억압적인 방식으로 적용될 수 있는지에 대해 잘 보여주고 있다. 더구나, 무엇이 자연적이고 무엇이 인위적인지에 대한 생각도 끊임없이 변화하고 있다. 예를 들어, 1950년대에 체계적인 웨이트 트레이닝이 도입되었을 당시 많은 사람들이 그것을 '인위적인' 경기력 향상이라고 생각했다. 오늘날 대부분의 사람들은 그러한 견해를 시대착오적이라고 여길 것이다.

그러나 비록 '자연적인 것'과 '인위적인 것'이라는 개념이 모호하다고 할지라도 그러한 용어들이 사용된다는 것 자체가 경계해야 할 대상인 것이다. 그것들은 우리가 굳게 믿고 확신하는 것으로서 내가 '일차 도덕적 신념'이라고 부르는 관점을 반영한다. 오늘날 우리는 스포츠 경기력을 향상시키기 위해 약물을 복용하는 것이 전통 의학에서 치료를 위한 목적이나 임상적 차원에서 사용하는 것과는 다르다고 생각할 것이다. 일반적인 도덕적 신념에 따를 경우, 적혈구 수치가 높은 건강한 신체에 적혈구 생산을 증가시키기 위해 에리스로포이에틴을 사용하는 것에 대해 인위적이라고 말하는 것이 이치에 맞을 것이다. 그렇다면 신체를 빈혈 상태로부터 '자연적' 상태로 회복시키는 수단으로 에리스로포이에틴을 의학적으로 사용하는 것은 일차 도덕적 신념에 부합한다고 말할 수 있을 것이다.

경기력 향상 약물에 대한 논의에서 일차 도덕적 신념에 대해 좀 더 구체적이고 비판적으로 검토할 필요가 있다. 실제로 '해당 게임의 명칭(the name of the game)'이 무엇인지, 즉 스포츠 경기가 도대체 무엇에 관한 것이어야 하는지에 대한 모종의 해석이 필요하다. 사회적 실천으로서의 스포츠를 말하자면, 의학의 실천과 구분하지 못한다면 약물 사용에 대해 의미 있는 방식으로 논의할 수 없을 것이다. 여기서의 논의의 목적은 페어플레이 이론에 따라 경쟁적 스포츠의 목적에 대한 해석을 전개하는 데 있다. 그 작업의 일부는 '재능과 환경적 영향에서의 불평등은 적절하다.'는 규범 III.2.1.1에서 제시된 바와 같이, 비위해(non-harm)의 틀 안에서 재능과 선수 자신의 노력의 결합에 따른 경기 수행으로 해석하는 것이다. 경기력 향상을 위해 약물을 복용하는 것은 이러한 견해와 일치하지 않는다. 약물 복용은 경기 수행에 대한 해석인 '재능에 따른 불평등은 적절하지만, 환경적 영향에 따른 불평등은 적절하지 않다.'와 더 밀접한 연관성을 갖는데, 그에 따른다면 재능은 조작될 수 있다는 논점을 반영한다. 하나의 관행이 다른 관행에 비해 불필요한 건강 위험을 함축하고 도덕적 행위자로서 선수의 잠재력에 대한 더 큰 위협에 해당한다면 선택은 분명해야 할 것이다. 오늘날과 같은 상황에서 도핑 리스트에 있는 약물과 기법에 대한 금지는 당연하다고 생각한다.[13)]

---

13) 그렇다면, 생리-의학적 약물, 방법, 혹은 새로운 기술이 금지되거나 그렇지 않을 경우 확신이 서지 않는 모든 모호한 영역에서 우리가 할 수 있는 것은 무엇인가? 여기에는 평등에 대한 논의와 분명한 유사성이 있다. 경기 수행 능력의 향상에 있어 '체계'에 의해 역할의 수행을 제한하는 일련의 규범을 제안하고자 한다. 특정한 수행 능력 향상 물질과 기술에 대한 금지는 이러한 방향에서 이루어진 또 다른 조치이며, 부적절한 불평등을 제거하기 위한 규칙으로 이해할 수 있을 것이다. 평등에 대한 나의 경계 기준은 경기 수행 능력에 중대한 영향을 미치는 불평등, 하지만 개인들이 영향을 미칠 수 없으며 그들에게 책임을 지울 수도 없는 불평등을 제거하거나 보상하는 것이다. 첨단 기술에 의한 훈련 방식에서, 운동선수들은 쉽게 해당 체계에서 안전하게 살아남기 위해 조작 가능한 수단으로 전락하고 만다. 앞에서 약물에 대한 특정한 논증과 함께, 이는 모든 종류의 약물과 기술에 대결하는 나의 지도 규범(my guiding norms)이다. 그러면 다음 단계에서는 각각의 경우에 따른 접근이 이루어져야 할 것이다. 예를 들어, 비록 이러한 구분이 그렇게 분명하지는 않다고 할지라도, 아나볼릭 스테로이드와 에리스로포이에틴(rEPO)과 같은 물질에 대립되는 것으로 전문화되고 과학에 기초한 식이요법과 낮은 산소 심실(oxygen chambers) 간에 도덕적으로 어느 정도 차이가 나게 되는 것은, 후자의 경우 운동선수들이 심각하면서도(나의 논증에 의하면) 불필요한 위해에 노출되기 때문이다. 비록 우리 가운데 일부가 운동선수들이 자신의 보존과 스포츠의 가치에 대한 위협에 통제력을 거의 갖지 못하는 현대의 첨단기술에 의한 훈련 환경을 염두에 두더라도, 일반적인 금지는 불합리하고도 그 정당성을 갖기에 어려울 것으로 보인다. 여기에서 일부 스포츠에서는 기초적인 생리-운동

스포츠 경기에서의 불평등한 대우와 실제적 불평등

나는 지금까지 스포츠 경기에서 평등이 유지되어야 하는 문제에 대한 규범을 수립했다. 더불어 선수들을 측정하고 비교하고 순위를 매기는 데 따른 적절한 불평등과 경기 수행에 대한 이해를 제시했는데, 이에 따라서 경쟁자들은 측정되고 비교되고 순위가 매겨져야 한다. 하지만 형식적인 정의 규범(III)의 세 번째와 마지막 부분에 대해서는 아직 구체적으로 제시하지 못했다.

> III.3 불평등한 대우는 각 경우들 간의 실제적인 불평등에 따라서 합당하게 다루어야만 한다.

여기에서 '합당한(reasonable)'이란 무엇을 의미하는가? 합당성(reasonableness)의 필요조건은 일찍이 발전되어 온 도덕적 관점의 틀 안에서 이해되어야 한다. 실질적 불평등과 차별 대우 간의 관계는, 메타-규범 I을 만족시킬 경우 합당한 것이다. 즉 비강제적이며 정보에 근거한 일반적 합의에 기초하여 합당하게 거부할 수 없는 경우이다. 이는, 그런 관계가 반드시 공정한 분배를 위한 이상적인 규범들을 완전하게 만족시킨다는 것을 의미하지는 않는다. 대조적으로, 우리가 평등에 대한 논의에서 살펴본 바와 같이, 완전한 절차는 실천에서 실현되기 어렵다. 다만 여기에서 지적하고 있는 것은 분배적 절차는 실천적으로 가능할 정도로 이상에

신경 능력이 중대한 도전에 직면하여 핵심적인 역할을 수행하게 된다. 이들 스포츠는 인간의 수행에 대한 발전된 과학적 실험으로 변하게 될 것인가? 아니면, 개인의 재능과 노력이 좋은 수행 능력의 핵심적인 요소로 남게 됨으로써 '인간적 접촉'을 지킬 수 있을 것인가?

근접해야 한다는 것이다.

스포츠에서의 차별 대우는 다양한 형태로 제시될 수 있다. 5천미터 경주에서의 훌륭한 수행(good performance)은, 결승선을 가장 먼저 통과하기 위한 더 나은 기회를 제공해 줄 것이다. 농구에서 한 선수가 성공적인 움직임을 통해 득점을 위한 더 나은 기회를 만드는 것은 그가 속한 팀이 이길 수 있는 기회를 높이게 된다. 게다가 불평등한 대우는 결코 훌륭한 수행에 대한 보상이라는 형식을 갖지 않는다. 규범 III.3은 성공적이지 못한 수행과 이익의 감소 간에 합리적인 동의가 마땅히 있어야 한다는 것을 보여준다. 마라톤에서 천천히 달리는 것은 결승선에서 먼저 닿을 수 있는 기회를 감소시킨다. 공을 손에서 놓치는 농구선수는 공의 소유라는 이익을 상대 팀에 넘기는 것이다. 몇몇 스포츠에서 성공적이지 못한 수행에 따른 불이익은 규칙에 따라 공식적으로 정의된다. 사이먼(Simon 1991: 48ff.)은 골프에서 '경기를 수행할 수 없는 상황'에 대한 규칙을 그 사례로 들고 있다. 예를 들어, 만약 공이 깊은 모래나 물에 착지하면, 처음 위치로부터 클럽의 두 배 떨어진 지점이나 혹은 현 위치의 새로운 지점 중, 선수의 선택에 따라 경기가 다시 치러지게 된다.

전형적으로, 스포츠에서의 차별 대우는 이익의 차별적 분배라는 형식을 지닌다. 이에 따라서 다음과 같이 말할 수 있다.

III.3.1 경쟁자들 간의 이익 분배에서 불평등한 대우는 경기 수행에서의 실제적 불평등에 따라서 합당하게 이루어져야 한다.

여기에서 반드시 고려되어야 하는 불평등한 대우의 또 다른 주된 범주가 있다. 공정성 규범 1은, 공유된 정당한 스포츠 에토스에 대한 지지를 규정하고 있다. 앞 장에서 스포츠 에토스가 스포츠 고유의 목적에 대한 해석을 위해 당사자들 간에서 공유하는 일련의 규범이라고 언급했다. 그러면 에토스에 따라 특정한 행동이 금지되기도 하고 벌칙을 정하기도 한다. 이러한 규칙 위반은 마땅히 제거되어야 하거나 보상되어야만 하는 것과는 무관한 불평등을 야기하게 된다. 그래서 규범 III.3을 다음과 같이 구체화할 수 있을 것이다.

III.3.2 규칙 위반에 따른 불평등은 제거되거나 보상되어야 하고, 위반의 정도와 부과되는 벌칙 간에는 합당한 일치가 마련되어야 한다.

이제 규범 III.3.1과 III.3.2를 좀 더 구체적으로 살펴보자.

경쟁에 따른 이익: 분류법

경기 수행의 측정과 비교, 그리고 순위는 이익의 분배를 통해 실현된다. 이들 절차의 합당성에 대한 구체적인 기준을 확립하기 위해, 나는 계속해서 경기를 과학적 실험과 비교하는 방식을 사용할 것이다. 스포츠에서의 이익은 종속 변수 '경기 수행'의 조작화[14]로 이해할 수 있다. 만일 합당한 일치에 대해서 규범 III.3.1이 만족스럽다고 한다면, 조작화의 대상인 '이익'은 경기 수행에서 발견되는 모든 본질적인 요소를 나타내야 한다. 이 과학적인 방법

14) [옮긴이 주] '조작화(operationalization)'란 연구자가 주어진 개념 내에 포함된 속성에 대한 구체적인 대상을 확보하는 과정으로 경험적 관찰에 의해 구체화된다. 예를 들어, 변수(variable)가 대학의 학급이라고 했을 때, 그 속성은 '신입생', '2학년생', '3학년생', '4학년생'이 된다.

론의 용어 사용법에 따라 측정의 명백한 단계(이익의 분배로서)에서부터 측정의 잠재적 단계(경기 수행으로서)에 이르기까지 타당한 추론을 하는 것이 가능할 수 있어야 한다(Galtung 1967: 29).

우리는 하나의 변수 측정이 지니는 명목, 순서, 차이, 절대의 단계들 사이를 구별할 수 있다(Galtung 1967: 73ff.). 명목의 단계에서 우리는 상호간 배타적인 범주를 갖고서 조작한다. 단지 차이와 유사성만이 표시된다. 명목의 단계에서 측정되는 경기 수행의 한 사례는 고대 올림픽의 이륜 전차 경주인데, 승리자가 확인되면 나머지는 패자로 여길 수 있다. 순서의 단계에서는 서열이 정해진다. 우리는 경쟁자들을 첫 번째, 두 번째, 세 번째, 네 번째 등등 그들의 상대적 이익은 고려하지 않은 채 등급만을 매기게 된다. 차이의 단계에서는 수행의 순위를 매길 뿐만 아니라, 그들 간의 정확한 차이를 실제로 측정할 수 있는 것을 갖고서 작업한다. 100미터 경주에서 각 주자들 간에 미세하고 정확한 차이를 100분의 1초까지 포착하게 된다. 결국은 절대 척도(absolute scales)의 단계에 이르게 된다. 여기서는 측정 도구들 간에 같은 등비를 가지며, 절대 영점이 있다. 사람의 나이를 측정하는 것이 한 예가 될 것이다. 절대 영점은 출생의 순간이다. 20세인 사람은 10세의 두 배이고, 40세의 절반만큼 나이가 든 것이다. 그런데 스포츠에서는 절대 척도와 같은 상황이 실제로 발견되지는 않는다. 비록 0.00초의 영점이 경주에 있더라도, 이것은 어떤 논리적인 가능성조차도 나타내고 있지 않다. 예를 들어, 우리는 100미터를 9.00초로 달리는 선수가 10.00초로 달리는 선수보다 10% 높은 실행의 단계를 갖고 있다고 함부로 말할 수 없다. 그리고 9.00부터 8.90으로의 10분의 1초 앞서는 것이 11.00부터 10.90으로 앞서는 것보다 훨씬 어렵다고 알려져 있다. 대부분의 스포츠에서 경기 수행은 순서와 차이의 단계에서 측정된다.

스포츠에서 이익을 분배하는 과정을 특징짓는 것은 무엇인가? 무엇보다 정확한 물리-수학적 측정에 기초한 이익과, 스포츠-고유의 이익을 구별할 수 있다. 나아가 경기의 진행 과정에서, 그리고 경기가 끝난 후의 공식적인 순위 매기기 과정에서 얻게 되는 형식적 이익과 비형식적 이익을 구별할 수 있다([표 5]를 보라).

1,500미터 주자는 정확한 물리-수학적 시간 단위에 따른 수행 능력의 측정에 기초하여 이익을 확보하게 된다. 투원반 선수와 멀리뛰기 선수는 공간의 정확한 단위로 이익을 확보한다. 또한 역도 선수는 질량의 정확한 단위에 의해 우위가 가려지게 된다. 그 확보는 규칙에 의해 공식적으로 드러나는데, 이는 경기가 진행되는 동안과 경기가 끝난 후에 일차적인 평가와 공식적인 이익의 분배 둘 다를 위한 기초인 것이다. '투창 선수 X는 3차 시기 이후 67.15미터의 거리로 선두를 지키고 있다.' '투창 선수 Y는 72.50미터 거리를 던져 승리했다.'

이익은 비형식적인 방식을 통해서도 확보될 수 있다. 비형식적인 이익의 확보는, 형식적인 이익의 가능성을 개선하는 경기 과정에서 어떤 위치를 확보하고 있다는 것을 의미한다. 비형식적 이익은 규칙에 의해 정의되는 것이 아니라, 경기가 진행되는 동안 순서와 명목의 단계에서 상당 부분 충분히 측정되고 상호 비교가 이루어진다. 체력을 아끼기 위해, 전략상으로 숙련된 1,500미터 달리기 선수는 선두 주자의 안쪽 라인으로 뒤따라간다. 즉 'X는 Y 앞에서 선두에 있다.' 시간상의 어떤 지점에서, 비공식적 우위는 공식적인 우위로 바뀔 수 있다. 즉 '결승선을 10분 2초 미리 통과했기 때문에, X가 10분 2초 이겼다.' 수행에 대한 정확한 물리-수학적 측정에 따른 스포츠에서는, 순서의 수준과 명목의 수

이익 범주	보상 절차	측정 단계
시간, 공간 그리고 질량의 물리-수학적 단위에서 측정된 이익	비형식적 그리고 형식적	명목의 그리고 순서의 차이의
스포츠 고유의 이익	비형식적 그리고 형식적	명목의 그리고 순서의

[표 5] **스포츠 경기에서의 이익 : 분류**

준, 그리고 차이의 수준으로 작동한다.

다른 이익 단위에 대한 주된 범주는 특정한 스포츠에서의 세부적인 단위로 구성된다. 테니스에서의 형식적인 이익은 게임과 세트에 의해 확보된다. 축구와 핸드볼 팀은 골의 획득에 있는 반면, 농구선수와 사격선수는 포인트의 확보에 있다. 물리-수학적 측정과 대조적으로, 스포츠-고유의 이익은, 그러한 개별 스포츠의 맥락 내에서만 의미를 제공하는 방식에서, 스포츠의 규칙에 따라 정의된다. 스포츠-고유의 이익에 대한 정의는 구성적 규칙이라는 고전적인 사례가 있다.

스포츠-고유의 이익에 대한 확보는 경기가 진행되는 동안 형식적으로 발생한다. 테니스 시합이 진행되는 동안, 어떤 선수가 한 세트를 이기고 있고, 게임 스코어 5 : 2이며, 또한 점수가 15 : 0이라고 말할 수 있다. 또는 축구 경기에서 한 팀이 두 골을 이기고 있다고 말할 수 있다. 스포츠에서 비형식적 이익 역시 스포츠-고유의 이익으로 알려져 있다. 상대편의 약한 백핸드 쪽으로 강하게 서브를 넣고, 그러고 나서 공이 땅에 닿기 전에 쳐서 넘기기 위해 네트 가까이에 접근하는 테니스 선수는 득점의 기회를 증가시키게 될 것이다. 축구선수가 상대 선수 주위에서 드리블해서 슛을 위한 좋은 지점으로 움직이는 것 역시 득점의 기회를 높이게 된다.

스포츠-고유의 이익에 대한 확보는, 일반적인 외적 조건이나 입장의 차이에 따른 분명한 이익을 함축하지는 않는다. 테니스에서 포인트 획득이 끝나면 선수들은 최초 위치로 되돌아간다. 축구에서 득점 후 각 팀은 중앙선에 다시 위치한다. 여기에서의 규범은 경기 수행에 있어 기회의 평등이다. 경기가 끝나야 스포츠-고유의 이익은 합산되고 최종 순위가 결정된다. 측정은 명목의 단계와 순서의 단계로 진행된다. 테니스 선수는 세트 스코어 3 : 2로 이기고, 축구팀은 상대 팀이 2골을 넣는 동안 4골을 얻었기 때문에 승리한 것으로 여긴다.

이제 문제는 규범 III.3.1, 즉 이익의 배정과 경기 수행 사이의 합당한 일치를 규정하는 규범이 실제로 만족될 수 있는지의 여부에 관한 것이다.

이익, 운 그리고 공적

경기 수행이 물리-수학적 단위로 측정되는 경기에서는, 경기력과 이익의 확보는 밀접한 연관성을 갖게 될 것이다. 100미터 달리기에서는 가장 빠른 선수가 승리하고, 역도에서는 가장 많은 무게를 들 수 있는 선수가 경기에서 승리하게 된다. 그러한 방법론에 따라 측정과 비교가 정확하게 이루어지기 때문에, 그 타당성 또한 매우 높다. 경기 수행과 이익의 분배 사이의 관계는 규범

III.3.1에 따라 합당한 것으로 보인다.

하지만 세밀하게 검사해 보면, 생각하는 만큼 그 관계가 분명하지 않다. 경기력의 수량화를 위해서는 평가의 타당한 규모에 기초해야 한다. 현대 첨단-기술 측정 방법이 갖는 문제는 지나치게 세밀하게 구분지을 수 있다는 점이다. 100분의 1초에 의해 우승이 결정되는 100미터 육상 경기에서는 통제할 수 없는 요인이 작용하는 것처럼 보인다. 어떠한 단거리 선수도 그런 미세한 차이를 전적으로 통제하기는 쉽지 않을 것이다. 1초의 100분의 1과 같은 거의 식별 불가능한 불평등에 대해 분명히 감지한다는 것은 신경-생리학적으로 불가능하다. 문제는 그러한 불평등을 과연 스포츠 행사에서 고려해야만 하는지 여부이다.

만일 100미터를 초과하여 걸리는 시간에서 불평등만을 평가하고자 한다면, 이것은 문제가 되지 않는다. 하지만 앞에서 언급했듯이 경기 수행의 해석에 근거하여 불평등을 평가하고자 한다면, 문제가 발생한다. 규범 III.2.1에 따르면, 경기 수행은 재능의 산물이거나, 혹은 자연적 행운에 따른 기회인 동시에 선수 자신의 노력을 통한 재능의 실현이다. 여기에서 선수 자신의 노력은 스스로 책임질 수 있는 문제이다. 스포츠에서 이익은 일차적으로 선수 개개인의 실력에 근거해서 분배되어야만 한다. 역설적인 것은, 측정 기술의 세밀한 조정에 의한 정당한 노력에 따른 과정으로 생각하기 쉽고, 이제 비능력주의적(non-meritocratic) 요소는 결과에 강한 영향을 미친다는 점이다.

100미터 경주는 참가자들이 동시에 경쟁하는 직접적인 경기이다. 전통적인 크로스컨트리 스키, 활강 스키 또는 높이뛰기와 멀리뛰기 그리고 던지기 등의 운동경기와 같은 야외의 간접적인 경기는 비능력주의적 요인의 영향에 오히려 취약할 수 있다. 평등성(equality)에 대한 앞의 논의에서, 야외 스포츠의 경기력에 대한 평가에서 날씨가 경기에 어떤 영향을 미칠 수 있는지에 대해 언급했다. 크로스컨트리 스키 경기에서 10분의 1초로 두 명의 경쟁자를 구별하는 것, 혹은 활강에서 1센티미터에 의한 구별이란, 경쟁자들에 대해 임의로 차별 대우하는 것으로 비쳐진다. 예를 들어, 1980년 레이크 플래시드(Lake Placid) 동계 경기에서 새로운 전자 타이머는, 15킬로미터 크로스컨트리 스키에서 스웨덴의 토마스 바스베르크(Thomas Wassberg)에게 핀란드의 유아 미에토(Juha Mieto)를 100분의 1초 앞서는 승리를 안겨주었다(이는 약 55밀리미터, 또는 2인치의 거리와 같다). 바스베르크는 미에토와 금메달을 공동으로 수상할 것으로 생각했다. 왜냐하면 그는 경기 수행에 있어 둘이 동일했다고 생각했기 때문이다. 진행자들은, 어떠한 경주도 다시는 그토록 근소하게 측정되지는 않을 것이라는 데에, 이후에 동의하게 된다. 오늘날에는 1초의 10분의 1이, 이 경기의 공식 타이머의 기준이다. 그러나 만일 경주가 현저하게 불안정한 조건으로 벌어지게 되면, 그 순위에 있어 2위, 3위 혹은 4위의 스키 선수 역시 동등한 조건 하에 최상으로 경기를 수행한 선수라고 할 수 있을 것이다.

측정 기술의 정교한 조정을 위한 제한 조치들을 경쟁자들을 통제할 수 있는 영역 안으로 끌어들여야 하는가? 좀 더 정확하게 말해서, 무엇이 우리의 측정에 영향을 주는 비엘리트적 요소들을 특징짓는가?

팽팽한 스포츠 경기에서 근소한 차이로 우승하기 위해서는 기량만으로 충분하지 않다는 것은 상식이다. 어느 누가 되었건 좋은 운(good luck)을 요구할 것이다. 레셔(Rescher 1995: 19ff.)는 정의상 (유전학상의 복권처럼) 예측할 수도 통제할 수도 없는 순수한 우연적 과정(a pure chance process)을, 모종의 무지로 인해서 영향을 받은 사람이 예측할 수도 없으며 통제할 수도 없는 다양한 방식의 운(luck)과 구분한다. 운은 '우연하게' 오는 것처럼 보인다. 그것은 어떤 방식으로든 통제하기 어려운 것이다. 결승선을 향해 질주하는 동안, 활강 스키어는 균형을 잃고 떨어질지도 모른다. 하지만 좋은 운 덕분에, 코스에서의 충돌이 그를 다시 일으켜 세울지도 모른다. 최종 시기의 투창 선수는 지금까지 그런 적이 없다가 처음으로 뒤뚱거리다가 넘어져 승리의 기회를 놓칠 수도 있다. 불운(bad luck)이여! 바처(de Wachter 1985: 55)의 정의에 따르면, 이것들은 '선수의 기량과 노력에 따라 산출된 결과와 의도된 행위 사이의 불일치'의 사례들이다. 그렇다면 문제는 운과 좋고 나쁨의 영향을 최소화시킬 수 있는지의 여부에 관한 것이다.

'자연이 만들어내는 복권(the natural lottery)'과 같이 순수한 우연적 사건과는 정반대로, 불운은 기량에 의해 보상될 수 있거나, 부족한 측면을 향상시킬 수도 있다. 훌륭한 스키 선수와 투창 선수는 집중력이 있어 쉽게 균형을 잃지 않는다. 심지어는 한 번쯤 넘어지려 하다가도, 그들은 신체 위치의 빠른 조절로 그것을 되돌리는 기술이 있다. 훌륭한 수행에서, 운은 그렇게 중요한 것이 아니다. 골퍼인 리 트레비노(Lee Trevino)는 다음과 같이 말하고 있다. '내가 연습하면 할수록 운도 더 많이 따른다!' 운이 기량을 좇을 때, 이익의 비능력주의적 분배라는 규범 III.3.1에 대한 어떤 심각한 위협은 없다.

하지만 스포츠-고유의 이익을 지닌 스포츠는 그 이상의 도전을 표출한다. 여기서는 운의 영향이 때로는 실력과 반대로 작용한다. 한 축구선수가 더 좋은 위치에 있는 동료에게 패스를 시도한 것이, 공을 잘못 차 네트에 들어가 득점을 하게 된다. 모든 사람이 놀라는 것은, 테니스 코트에서 기술적으로 잘못된 공이 네트의 우측 바로 아래에 떨어질 수도 있다는 것이다. 이 선수는 실력과 무관하게 행운을 얻게 된다. 그러나 상대는 경기를 잘 수행하고 있음에도 불구하고 불운을 겪을 수도 있다. 더 잘하는 축구팀이 상대 팀의 행운에 힘입은 쉬운 득점에 의해 적어도 한 번쯤은 질 가능성은 여전히 상존한다. 테니스의 평범한 서브에서 기술적으로 잘 수행된 리턴으로 엔드라인을 1센티미터 벗어나 1점을 잃을 수도 있다. 통상 우리가 '불공정한 결과', 그리고 '도덕적 승자'로서의 패자에 대해서 하는 말을 듣게 되는 것은 바로 이와 같은 상황에서이다.

삶의 다른 영역에서처럼 모종의 운이 미치는 영향은 스포츠에서도 피할 수 없는 것 같다. 우리의 모든 행동과 그에 따른 결과를 넘어선 통제가 전적으로 불가능하게 보이지만, 어느 한쪽만을 바라는 것이 반드시 이상적인 것만은 아니다. 스포츠에서 운은 통상 기술에 따르고, 이익에 대한 엘리트적 분배는 실제로는 도전받지 않는다. 그러나 스포츠의 고유한 이익의 경우, 운은 기량의 부족에도 불구하고 우위로 이끌 수 있다. 도덕적 관점에서 우리는 이를 어떻게 다루어야 하는가?

스포츠에서 운의 역할에 대한 몇몇 가능한 해석들이 있다. 나는 여기서 세 가지 대표적인 입장에 관해 논할 것이다.15)

---

15) 스포츠에서의 우연과 운의 역할에 대한 논의로는 Morgan(1988)과 Breivik(2000)을 참조하라. 두 사람은 내가 여기에서 합리주의적 입장이라고 한 것에 대해 동조하는 것 같다. 하지만 그러한 견해에 대한 결론이 사실상 세부적으로 검토되고 있지는 않은 것으로 보인다.

냉소가

첫 번째는 스포츠 냉소가(cynic)에 관한 것이다. 특징적으로, 스포츠 냉소가는 다음과 같이 추론할 수 있다. '단거리 경주에서 주안점을 두어야 할 것은 가장 먼저 결승선을 통과하는 일이다. 이것을 수행하는 사람이라면 누구라도, 언제나 더 나은 단거리 선수일 것이다.' 마찬가지로, '축구에서의 주안점은 더 많은 득점을 올리는 일이다. 그것을 수행하는 어떠한 팀도 더 나은 팀이 될 것이다.' 스포츠 냉소가는 모든 스포츠에서 기량의 발휘와 이익의 확보 간에 완전히 일치한다는 전제에서 출발한다. 이에 대한 우리의 평가는 전적으로 신빙성 있고 타당하다. 경기 수행은 이론적으로 변화 가능한 것이 아니다. 그것은 해당 스포츠에서 경기 수행의 확보를 위해 규칙을 정하는(rule-defined) 과정을 통해 직접적으로 조작화(operationalized)되는 것이다. 간단히 말해 경기 수행은 이익의 확보에 있는 것이다. 정의에 따라 스포츠 경기는 능력 위주의 분배를 위한 이상적인 규범이 완벽한 과정을 통해 실현되는 경우이다.

냉소가의 입장은 합리적이지 못하다. 위에서 언급한 바와 같이, 비능력주의적 요인으로부터의 영향은 삶의 다른 영역에서와 마찬가지로 스포츠에서도 불가피한 것일 수 있다. 비능력주의적 요인은 불평등을 야기하고 제거하기조차 어렵다. 우리는 단지 특정한 측면에서의 행운과 불운에 대해 보상해 줄 수 있을 따름이다. 더군다나 특히 축구와 테니스와 같은 게임에서, 냉소가의 입장은 오류를 범하고 있는 것 같다. 축구에서 최상의 팀이 항상 이기는 팀이라는 생각은, 비판적 반성의 여지를 남기지 않는다. 예를 들어, '점수는 모든 것을 말해 준다.'와 같은 진술을 액면 그대로 받아들일 경우, 여기에서 경기는 졌지만 잘한 경기라는 생각은 무시된다. 스포츠 냉소가는 스포츠의 이상을 거부하기 때문에, 비록 지기는 했지만 잘한 경기라는, 그래서 이길 수 있는 방안을 찾고, 게임의 변화와 발전을 위한 반성적 토대를 마련하기는 어려울 것이다. 이것은, 스포츠가 실생활에서 이해되고 수행되는 방식과는 분명히 모순된다.

역설적이게도 냉소적 입장은 순수한 것으로 비쳐진다. 냉소가는 자신의 관찰에 따른 맹목적인 확신을 가지고 연구의 신뢰성과 타당성에 대해 비판적이고 체계적인 확인을 거부하는 연구자로 비쳐질 수 있다. 이러한 연구자와 같이, 냉소가는 논의에 있어 스포츠의 복잡성과 다양성을 감소시킨다. 냉소가는 스포츠 환원주의자(reductionist)라고 할 수 있다. 이제 좀 더 그럴듯한 대안을 찾을 필요가 있을 것이다.

합리주의자

비록 냉소가에게 동의하지 않는다고 할지라도, 실천적 수행과 어떤 스포츠에서 확보된 이익 사이의 일치를 위한 노력은 여전히 추구할 수 있을 것이다. 운의 역할에 대한 두 번째 입장은 과학적으로 고무된 스포츠 지지자의 입장인데, 그들은 '실험'의 타당성을 증대시키기 위해 이익의 분배를 더욱 폭넓게 구분해야 한다고 주장한다. 이것을 합리주의적 입장이라고 부를 수 있을 것이다. 단거리 경주는, 각 개별 선수에 대해 통제할 수 있는 과학적으로 검증된 시간 단위로 측정되어야 한다. 축구는 농구의 사례에 따를 수 있다. 벌칙에 의한 골은 1점이 주어질 수 있고, 페널티 구역 안에서 2점이, 그리고 페널티 구역 밖에서의 벌칙에 의한 골은 3점이 주어질 수 있다. 테니스에서의 점수는 경기의 질에 대한 정확한 조작화를 통해, 예를 들어 심판위원회에 의해 그 평가가 이루어질 수 있다. 더 긴 시간을 두고, 더 진전된 수행의 조작화는 수행 측정에 대한 정확성을 증진시킬 수 있다. 좀 더 광범위한 구분을 통해, 측정 단계는 순서에서 차이의 단계에 이르기까지 끌어올릴 수 있을 것이다. 합리주의자에게 있어 궁극적인 해결책이란, 모든 스포츠에서 그 수행에 대한 정확한 물리-수학적 측정일 것이다. 그런 경우, 규범 III.3.1에서 주어진 합당성을 위한 필요조건은 더 큰 범위에서도 충족될 것이다. 비록 이러한 과정이 아직 불완전하다고 하더라도, '순수 능력주의적 이익 분배'라는 이상에 더 근접하게 된다.

합리주의자는 일관되게 주장한다. 냉소가와 다르게, 합리주의자는 운의 영향을 받아들인다. 그러나 그것에 대한 냉소가의 비난 역시 공유한다. 운의 영향은 최소화되어야만 한다. 그들의 견해는 정의에서 이미 언급되었듯이 많은 면에서 유사성이 있어 보인다. 스포츠 경기의 구조적 목적은 경기 수행에 따라 선수들을 측정하고, 비교하고, 순위를 매기는 데 있다. 분배의 일차적인 규범은 일종의 능력주의적이다. 과학적 실험에 비유함으로써, '경기 수행'이란 이론적 변수와 이익의 조작화로 간주되어 왔으며, 따라서 높은 수준의 타당성이 요구되어 왔다.

여전히 합리주의자들의 관점이 함축하는 바는 지식과 경험 그리고 실천, 특히 스포츠 고유의 이익으로서의 스포츠에 대한 근본적인 도전을 야기하게 된다. 그것이 실로 모든 스포츠가 수행에 대한 물리-수학적 평가를 탐구해야 하는 그러한 경우인가? 모든 스포츠를 아우르는 이상이 반드시 과학적 실험이어야 하는가?

선수

앞 장의 경기 수행에 대한 논의에서 살펴보았듯이, 정의 규범

III에 근거를 둔 실험에의 비유와 일방향적 추론은 나름의 한계를 지닌다. 여기에서는 혼합적 윤리 이론의 구조 내에서 논의를 전개하고자 한다. 즉, 선호 만족에 관한 결과주의적 견해와 실천(practice)에 대한 경험적인, '생생한' 측면들이 도덕적으로 연관되어 있다고 생각한다. 스포츠에는 이익의 분배라는 더 공정한 도식이 존재한다. 다시 말해서, 능력에 따른 수행과 평가 그리고 순위를 정하는 것과 같은 구조적 목적을 선수들 간의 의도적 목적과 혼동해서는 안 될 것이다. 선수의 입장이 무엇일 수 있는지에 대해서 참여와 특히 경험적인 측면과 '생생한' 차원에 대한 탐구를 위한 주관적 이유는 중요한 열쇠가 된다. 이러한 조망에 따라 스포츠-고유의 이익은 그 역할을 수행하게 된다. 4장과 5장에서, 무엇을 좋은 스포츠 경험에 대한 현상학적 구조로 여겨야 하는지에 대해 구체적으로 논의하게 될 것이다. 현재의 맥락에서는 다만 두 가지 관련된 사항만을 언급하고자 한다.

첫째, 운이 순수한 우연적 사건이 아니라, 어느 정도는 무지와 기량 부족의 산물이라는 사실이 경기 수행에 대한 복잡성과 도전을 증대시킨다. 단거리 선수는 경주가 진행되는 동안, 수행 능력의 미세한 차이를 감지하여 어떻게 정교하게 조율해 낼 수 있을까? 상대 팀에 비해 정신적으로나 기술적으로, 그리고 전략적으로 운의 골이 되도록 축구팀이 얼마나 능수능란하게 대처할 수 있을까? 테니스 선수가 네트의 오른쪽에 떨어지기에 충분할 정도의 톱스핀을 가진 네트-코드(net-cord) 샷에 전문적인 기량을 확보하는 것은 가능한가? 운의 특정한 영향은 스포츠로 하여금 최상의 추구를 위해 언제나 개선의 여지가 있도록 만든다. 과학적 실험의 이념에 기초한 스포츠 단일-문화(mono-culture)에서 한 걸음 나아가 더 큰 영역에서, 스포츠는 인간의 재능과 능력의 다양성을 극복할 수 있게 해주는 영역인 것이다. 이 견해는 앞에서 제시한 '경기 수행'의 도덕적 해석이 함축하고 있는 가치와 동일선상에 있다.

둘째, 운이 미치는 영향의 정도는 경기 결과에 대한 불확실성으로 인해 흥미를 유발시키는 것으로 보인다. 수행 능력의 측정을 위한 잘 조율된 측정과, '부정확한' 스포츠-고유의 이점은 결과에 대한 개방성과 불확실성을 산출하게 되는데, 이는 오히려 스포츠에 대한 흥미를 증가시키는 것으로 보인다. 올림픽의 100미터 결승에서 100분의 1초 차이로 우승하는 것과, 축구에서 최강의 전력을 보유한 팀이 한 번쯤 지기도 하는 것은 사실이다. 축구 팬들이 '공은 둥글다.'고 말하는 것처럼 말이다.

스포츠에서 운의 역할

선수의 입장의 고려는 스포츠 고유의 목적과 관련된 경기에서 정의(正義)의 특수한 지엽적 측면이 존재한다는 것을 암시한다(Loland 1999). 이러한 비유가 정의에 대한 논의에서 크게 도움이 되기는 하겠지만, 스포츠는 타당하거나 혹은 과학적으로 '참'인 지식을 목적으로 하는 과학적인 실험도 아닐 뿐더러, 마치 법정에서와 같이 완벽한 능력주의적 (혹은 오히려 인과응보적) 정의도 아니다. 아래에서 논의가 이루어지게 되겠지만, 그것의 고유한 가치는 능력주의적 정의, 우연과 운 사이의 미묘한 결합으로 드러난다. 운이 영향을 미칠 가능성은, 마치 합리주의적 사유 구도에서와 같이, 극소화되어서는 안 되며 오히려 최대한으로 활용되어야 한다. 일차적인 분배적 규범은 능력주의적인 반면, 우연과 운은 경기의 개방성과 수행의 다양성을 증진시킬 수 있다.

좀 더 구체적으로 이것이 의미하는 바는 무엇인가? 우연과 운

같은 비능력주의적 요소가 어느 정도 영향을 미치도록 허용해야만 하는가? 규범 III.3.1은 수행에서의 실제적 불평등과 확보된 이익 간에 합당한 일치를 이끌어낸다. 만일 대부분의 100미터 경주에서 100분의 1초에 의해 승리가 결정된다면, 매번 우승하는 주자가 바뀌게 될 것이다. 또한 대부분의 축구 경기가 행운의 골에 의해 결정된다면, 일반적으로 잘한다고 간주되는 팀은 그들이 이기는 것만큼이나 지기도 할 것이다. 운은 기회로 바뀌는데, 그것은 또다시 중요하고도 체계적인 역할을 수행하게 될 것이다. 여기에서 능력주의적 실천으로서의 스포츠라고 하는 견해는 그 의미를 상실하게 된다. 운은 서로 다른 스포츠에서 다양한 역할을 수행한다. 통상, 스포츠-고유의 이익에 따른 스포츠는, 엄밀한 물리-수학적 측정의 성격을 지닌 스포츠에서 수행하는 것보다 운에 더 중요한 역할을 허용하게 된다. 그러나 평등에 관한 논의에서 우연을 처리하는 방식처럼 우리는 운이 수행에 있어 매우 중요하고도 조직적인 영향을 미쳐서는 결코 안 된다고 말할 수 있다.

미학적 기준에 근거한 게임의 이점

수행과 이익 사이의 합당한 일치를 위한 규범 III.3.1에 대한 논의를 개괄하기에 앞서, 반드시 언급되어야 하는 것은 스포츠-고유의 이익에는 특별한 하위 부류가 있다는 것이다. 몇몇 스포츠에서 이익의 분배는 미학적(aesthetic) 평가에 기초한다.

베스트(Best 1978: 99ff.)는 합목적적(purposive) 스포츠와 미학적 스포츠를 구별한다. 테니스와 축구 같은 합목적적 스포츠에서의 목적은, 관련된 에토스라는 구조 내에서, 상대보다 더 많은 점수를 획득하고 더 많은 골을 득점하는 것이다. 이것을 행하는 방식에 있어 그 어떠한 형식적인 의미도 가지고 있지 않다. 피겨 스케이팅, 체조와 스키 점프 같은 미학적 스포츠에서 성공적인 수행은 스포츠-고유의 목적을 추구하는 방식에 부분적으로 의존하게 된다. 그것은 충분히 두드러지게 영향을 미치지 못하기 때문에, 그것이 성공적이기 위해서는 다양한 움직임의 패턴이 특정한 양식의 기준을 만족시켜야만 한다. 그렇다면 미학적 스포츠에서 수행된 기량과 확보된 이익 사이의 합당한 일치에 관해 말할 수 있는 것은 무엇인가?

그 중 첫 번째로, 미학적 기준을 무엇으로 보아야 하는가? 우리가 실제로 평가한 것은 무엇인가? 스포츠 미학에 대한 로웨(Lowe 1977: 68ff.)의 해석에서 우리는 조화, 리듬, 흐름, 강도, 정밀성, 힘 그리고 전략과 같은 단어들을 발견한다.[16] 대부분의 미학적 스포츠에서, 수행의 '전반적인 인상' 또는 '예술적인 표현' 같은 구절이 자주 사용된다. 전문적인 수행은 쉽고 우아하게 움직이는 동시에, 힘이 있고 단아하다. 잘 훈련된 팀 스포츠는, 아마도 가장 조화로운 인간의 상호작용을 보여준다. 그 수행에 있어 미학적 특질이 우리를 매혹시키는 중요한 역할을 수행한다는 데에는 의심의 여지가 없다.

하지만 정의(正義)의 관점에서는 수행 평가에 미학적 기준을 사용하는 데에는 문제가 있다. 미학적 기준에는 조작화하기 어려운 특성이 있다. ('전반적인 인상', '예술적 표현'과 같은) 관련 용어들이 암시하듯이 우리는 정량화하기 어려운 총체적인(holistic) 성질들을 다루고 있다. 예를 들어, 피겨 스케이팅의 경우 기술적 수행에 따른 평가가 비교적 객관적인 기준에 의해 만들어지기 때

16) 스포츠의 미학적 요소에 대한 중요한 철학적 문헌이 있다. 논문들을 편집해 놓은 Morgan and Meier(1995)의 VIII장을 보기 바람.

문에, 예술적인 인상의 척도는 분명한 것과는 더욱 거리가 있다. 예술적인 인상과 함께, 전체적인 평가는 부분의 합 이상인 것으로 간주된다. 평가는, 분명한 분석적 과정에서보다는 더욱 큰 범위에서, 다소 직관적이고 주관적인 해석과 산정에 의존한다.

물론, 주관성 그 자체가 잘못된 것은 아니다. 체조나 스키 점프의 심판은 주관적일지 몰라도, 그래도 스포츠에서 심판의 주관성은 심판 자신이 갖고 있는 우월성 기준에 대한 정직한 확신에 따른 것이다. 중요한 것은, 대부분의 미학적 스포츠에서 몇 명의 배정된 심판이 있고, 그들이 평가한 평균에 근거하여 최종 점수가 매겨지게 된다. 만일 모든 심판들이 자신의 확신을 따른다면, 또한 심판 그룹이 전체적으로 스포츠 위원회의 견해를 대표하는 것이라고 한다면, 수행의 결과에 따른 평가는 건전한 전제에 기초해 있다.

여전히 여기에서 가장 심각하게 대두되는 문제는 바로 정의에 관한 문제일 것이다. 그래서 골 득실에 의해 분명하게 가려지는 축구 경기나, 혹은 정확한 시간의 단위로 측정되는 100미터 단거리 경기와는 상당 부분 거리가 있다. 말하자면, 미학적 평가의 척도는 조작과 속임수에 노출되어 있다는 점이다. 심판들 간의 은밀한 거래와 관계있는 심판 스캔들(refereeing scandals)은 많은 경기들을 망쳐왔다. 가장 최근의 예 가운데 하나는 1999년 3월 헬싱키에서 열린 피겨 스케이팅 세계선수권대회 때 있었는데, 판정하는 동안 몸짓과 표시를 통해 포괄적으로 의사소통하고 있는 러시아와 우크라이나의 심판관의 행동이 TV 카메라에 잡혔다. 그들은 자국 선수들의 순위를 높이기 위해 공동으로 이러한 행위를 하였다. 이 심판들은 징계되었고 판정에 대한 일련의 상황들이 비판적으로 재평가되었지만, 이익의 분배에 대한 모호한 미학적 기준으로 인해, 미학적 스포츠에서 유사한 사건이 앞으로 일어나지 말라는 보장은 없다.

미학적 평가의 개방성과 모호성에 기인하는 또 다른 문제는 흔히 그 기준이 지배적이면서 (어느 정도) 보수적인 '스포츠 기구(sport establishment)'의 견해를 표현한다는 것이다. 이런 견해가 문서화되어 있지 않지만, 스포츠에서 공통적으로 인정된 우월성 기준이 진화해 온 배경으로 작용하는 경향이 있다. 이에 해당하는 좋은 예는 스키 점프이다. 최근 공중-역학의 관점에서 더 합리적인 새로운 이동 형식인 이른바 V-스타일은 그것이 심판들로부터 공인받거나 평가의 규칙으로 인정받기 오래 전부터 선수와 코치, 관중들 사이에서 받아들여졌다.

결국, 좀 더 면밀한 조사에 의해 제시될 경우, 미학적 스포츠와 합목적적 스포츠 간의 차이는 아주 절대적이지 않고 오히려 줄어들 수 있다. 미학적 요인은 대부분의 스포츠에서 중요하다(Kupfer 1995). 비판적인 관점에서 볼 때, 농구에서 마이클 '에어' 조단의 점프슛이나, 야구장에서의 멋진 '더블 플레이'의 미학적 성격은, 은반 위의 피겨 스케이팅에서 챔피언인 카타리나 비트의 몸동작만큼이나 정당해 보인다. 비록 우아함과 경쟁에서의 성공이 언제나 함께하는 것은 아니지만(Cordner 1984), 경기 수행에 따른 미학적 평가는 모든 스포츠에서 분배 이익의 기준이 될 수 있다. 오히려 만약 우리가 위에 제시된 비판적인 논의를 심각하게 받아들인다면, 스포츠에서의 미학적 요소들은 실로 소중한 것으로 간주해야 하고, 장려되어 마땅하다. 그렇다고 해서 모든 경기력을 평가하기 위한 기초로 적용되어서도 안 된다.

스포츠에서 미학적 가치에 대한 체계적이고 비판적인 분석에 대한 요구가 있다. 특히 이러한 요구는 궁극적으로 이익을 확보하기 위한 합당한 토대를 어떻게 제공할 수 있는지에 관한 것이다. 그 어떠한 평가의 기준도 상호주관성(inter-subjectivity)에 의거해야 할 것이고, 그것이 적용되는 방법은 비판적 시험에 개방되어 있어야 한다. 오늘날 미학적 평가를 실행함에 있어, 수행과 이익 사이의 합당한 일치를 위한 규범 III.3.1의 요구가 언제나 만족되는 것은 아니다. 아마도 미학적 평가는 분석적인 '객관적' 기준으로 대치되어야 할 것이다. 예컨대, 피겨 스케이팅에서의 기술적 수행, 그리고 스키 점프에서 점프 길이와 같은 기준이 될 수 있다. 혹은 조작과 속임수를 쓰기 어렵게 스포츠-고유의 이익 시스템에 의해 대치시키면 어떠할까? 미학적 판단들을 포기하고, 선수들의 평가와 순위를 객관적 기준에만 의존하는 경우는 어떠한가?

이익에 대한 합당한 보상에 대한 규범

나는 이미 스포츠에서의 이익 분배를 위한 두 가지 근거에 관해 언급했다. 하나는 정확한 물리-수학적 단위에 의한 수행 평가이고, 다른 하나는 스포츠-고유의 이익에 의거한 조작화(operationalization)이다. 운과 같은 비능력주의적 요소들에 의해 영향받는다고 하더라도, 차별 대우와 실제적 평등 간의 합당한 일치에 의해 둘 모두 규범 III.3.1을 만족시킬 수 있다. 운은 피할 수 없기 때문에, 받아들이지 않을 수 없다. 게다가 운의 영향은 경험적 가치를 향상시키고, 경기의 개방성과 수행의 다양성을 증가시키며, 따라서 인간의 서로 다른 재능과 능력의 차이를 고양시킬 수 있다고 언급했다. 일차적으로 능력주의적 실천으로서의 경기에 대한 관점은 여전히 유지될 필요가 있다. 그래서 운이 경기력에 결정적이고도 체계적인 영향을 끼쳐서는 결코 안 될 것이다.

덧붙여서, 나는 스포츠-고유의 이익에 대한 하위 부류(subclass)에 주목했는데, 그것은 수행의 미학적 평가에 기초한 이익이다. 미학적 경험은 스포츠가 갖는 매력의 중요한 요소임에 분명하다. 하지만 우리는 이익의 분배를 위한 척도로서 그것을 적용하는 것에는 여전히 비판적일 수 있다. 왜냐하면 그들은 조작화가 불가능하다는 점과 경기를 속임수와 불공평한 결과에 노출시킨다는 점 때문이다. 규범 III.3.1이 갖는 의미를 구체적으로 나타내면 다음과 같다.

> III.3.1.1 운은 경기 수행에 따른 측정과 비교 그리고 순위에 있어서 결정적이고도 조직적인 영향을 미쳐서는 결코 안 되며, 주관적이고 편파적인 평가에 대한 가능성은 최대한 제거되어야 한다.

규칙 위반과 벌칙

그러면, 규칙 위반으로 인해 발생하는 불평등과 부과된 벌칙 간의 일치에 대해, 무엇을 말할 수 있는가? 차별 대우와 실제적 불평등 간의 합당한 일치를 위한 규범 III.3에 기초하여 정식화하면 III.3.2의 형식을 얻게 된다.

> III.3.2 규칙 위반에 따른 불평등은 제거되거나 보상되어야 하고, 위반의 정도와 부과되는 벌칙 간에는 합당한 일치가 마련되어야 한다.

규칙 위반에는 몇 가지 종류가 있다. 발판의 끝을 넘어서 밟은 멀리뛰기 선수의 점프는 실제보다 길게 측정된다. 상대 선수의 팔을 이유 없이 가격한 농구선수는 공격권과 2점을 '빼앗긴다.' 앞에서 공유된 정당한 에토스에 따르지 않고서는, 선수들 간의 수행 능력에 따른 평가가 부당하게 된다고 언급했다. 일말의 에토스도 없는 그러한 규칙 위반에서 비롯되는 이익은, 제거되거나 교정되어야만 하는 부적절한 불평등으로 간주되어야 한다. 여기에서의 논증은 평등에 관한 논의와 유사하지만, 외적 조건과 장치 혹은 후원 체계가 아니라 선수들의 행동 자체에 관한 것이다.

선수들이 다른 방식으로 규칙을 위반할 수도 있다는 점을 염두에 둘 필요가 있다. 발판의 끝을 넘어서 밟은 멀리뛰기 선수는 실제로는 그럴 의도가 없는 규칙 위반 사례일지도 모른다. 그의 목적이 최대한 멀리 뛰기 위한 것이라고 했을 때, 가능한 한 발판의 가장 끝부분에 가깝게 가서 점프할 것이다. 농구선수가 공을 빼앗으려는 의도에서 아무런 이유 없이 다른 선수를 가격하게 될 수도 있다. 규칙을 위반한 것임에도 불구하고 말이다. 분명히 도덕적 관점에서 그 두 가지 위반은 서로 다르게 평가된다. 기본적인 구분은 의도적(intentional) 위반과 비의도적(unintentional) 위반[17]이다(Fraleigh 1984: 71-9).[18]

---

17) [옮긴이 주] 'intentional', 'unintentional'을 각각 '의도적', '비의도적'으로 번역했는데, 우리 어감에는 '고의적', '고의적이 아닌'이라는 표현이 더 와 닿을 것이다. 하지만 문맥에 따른 표현을 잘 드러내고, 또 번역상의 통일을 기하기 위해서 '의도적', '비의도적'으로 번역하였다. 다만 'intentionality'가 단독으로 사용될 경우에는 '고의성'으로 번역하였다.

18) 실천에 있어서 의도적 반칙과 비의도적 반칙 간의 구분을 유지하기는 어렵다. 벨트 아래를 가격한 권투선수가 규칙을 어기고 고의적으로 그렇게 했는지 또는 기량이 부족하거나 운이 나빠서 그렇게 했는지, 우리는 이것을 어떻게 아는가? 만일 핸드볼 선수가 이익의 확보를 위해 공을 차거나 혹은 불행하게도 우연히 발에 공이 닿은 경우 우리는 그것을 어떻게 아는가? 더구나 여기에서는 행위가 하나의 범주 혹은 다른 범주에 명백하게 속하지 않는 모호한 영역이 존재한다. 우리는 무모함은 어

비의도적 규칙 위반

2장에서 고의성(intentionality)에 관해 언급하면서, 대안적 '행위(action)의 선택에서 어떠한 강제도 없었을 때 우리는 의도적으로 행위한 것'이라고 말하면서 그 용어를 실용주의적으로 해석했다. 그렇다면 비의도적 규칙 위반이란 무엇을 말하는 것인가? 비의도적 위반은, 거의 통제하기 어렵거나 결코 통제할 수 없는 상황에서 발생하는 행위의 결과라고 부정적으로 정의할 수 있다. 그것은 예를 들어 불운이나 기량의 부족, 혹은 지식의 결여에 따른 결과이다. 미숙한 권투선수는, 복부를 노리지만 상대의 허리 아래를 때릴 수도 있고, 또한 핸드볼 선수는 바닥에서 공을 잡으려다가 우연히 볼을 찰 수도 있다.

스포츠에서는 의도하지 않은 규칙 위반을 피하기 어렵다. 그런 비의도적 규칙 위반 없이 열리는 경기는 거의 없을 것이다. 비의도적 규칙 위반에 대한 반응과 그에 따른 결과가 없다면, 부적절한 불평등이 경쟁자들 간에서 여전히 발생하게 될 것이다. 이것은 신뢰성이 없고 부당한 수행 능력에 대한 평가를 받아들이고 마는 것이다. 비의도적 규칙 위반에 기초한 이익은 불공정하다. 그렇다면 이러한 점들에 대해 우리가 마땅히 해야 하는 것은 무엇인가?

떻게 취급하는가? 적절하게 규칙을 배우지 않고 가혹하게 습득한 결과에 따른 규칙 위반을 어떻게 받아들여야 하는가? 공정한 실천은 스포츠 내적인 통찰을 통한 정직한 선수와 관계자들에 의존하게 된다. 정직한 선수와 자격을 갖춘 관계자는 스포츠에서의 좋은 도덕적 교육의 산물이자, 다년간의 훈련과 경험의 산물이다. 여기서 과제는 스포츠에서 도덕 교육과 재능의 건전한 발달이 이루어질 수 있도록 정의의 기획을 발전시키는 데 있다. 관계자에 의한 도덕 교육과 규칙 적용의 내용과 방법에 관한 논의는 심리학, 사회학 그리고 스포츠 교육학의 문제이다.

그 답변은 최초의 공정한 상황을 회복하는 절차가 될 것이다. 이에 대한 실천에는 여러 가지 방법이 있을 수 있다. 비의도적으로 발판의 끝을 넘어서 밟은 멀리뛰기 선수는, 그러한 결과를 제거해 버림으로써 이익이 소멸될 것이다. 말하자면, 그 점프를 파울로 선언하는 것이다. 이와 유사한 예로, 부정하게 출발한 단거리 선수는 되돌아와서 다른 선수와 함께 출발선에서 다시 출발한다. 또한 의도하지 않고 상대에게 서로 들어간 럭비(football) 선수들은 다시 라인을 만들고 볼을 그들 사이에 떨어뜨림으로써 최초의 상태로 되돌아가게 한다.

하지만 대부분의 경기에서 규칙 위반에 따른 부적절한 불평등을 완벽하게 제거할 수는 없다. 다만 보완할 수 있을 뿐이다. 멀리뛰기 선수는 여섯 번의 시기 가운데 한 번의 시기가 제거되기 때문에, 이익이 감소하게 된다. 마찬가지로, 부정 출발한 단거리 선수는, 한 번의 기회밖에 더 주어지지 않는다. 더구나 부정 출발은 다른 선수들의 집중력을 방해할 수도 있고, 때로는 아예 망쳐 버릴 수도 있다. 심지어 럭비에서는 볼 드롭(ball-drop)으로 인해 상당한 정도는 처음의 상태가 회복된다 할지라도 위반이 일어난 그때의 상태와는 결코 같지 않을 것이다.

여기에서 완벽한 절차란 존재하지 않는다. 결국 어느 정도의 불평등은 피하기 어렵다. 다만 우리는 가능한 한 최초의 상태와 가깝게 되돌리는 절차를 고안해 내는 것이다. 이를 달리 표현하면 다음과 같다.

III.3.2.1 비의도적 규칙 위반을 통해 확보된 이익은 최대한 최초의 상태로 회복되도록 제거되거나 보완되어야만 한다.

그러면 이와 달리 의도적 규칙 위반에 대해서는 어떻게 말할 수 있는가?

의도적 규칙 위반

아마도 가장 일반적인 의도적 규칙 위반은 속임수일 것이다. 속임수는 스포츠에서 수많은 철학적 논의의 대상이 되어 왔다(Pearson 1973; McIntosh 1979: 182ff.; Leaman 1981; Fraleigh 1984: 71-82; Simon 1991: 37ff.). 간단히 정의해서, 속임수는 경기에 참여한 당사자들이 들키지 않고 또 책임도 지지 않으면서 이익을 얻으려는 시도이다. 속이는 사람의 목적은 확보된 이익을 제거하거나 보상하지도 않는 것이다. 속임수의 사례로는 배드민턴 선수가 의도적으로 상대의 좋은 샷을 나쁘다고 소리치거나 농구선수가 상대 선수의 옷을 잡아당겨 방해하는 것이 있을 수 있다.

구기 종목에서 주로 발견되는 속임수의 특별한 범주는 '다이빙(diving)'으로 알려진 이른바 기만행위(play acting)이다. 축구선수는 넘어지면서 아픈 것처럼 행동함으로써 파울을 유도해 낸다. 그에 따른 성과는 자신이 속한 팀의 프리킥이나 페널티이다. 동시에 그 파울로 인해 부당하게 책임을 고스란히 떠안게 되는 상대 팀 선수는 경고를 받거나 때로는 경기장 밖으로 퇴장 당하게 된다. 기만행위는 그 자체로 속임수이기는 하지만, 그 이상의 차원을 갖는다. 속이는 사람의 목적은 단지 불공정한 이익을 얻는 것에만 있지 않고, 아무런 잘못이 없는 상대 선수에게 공식적으로 처벌받게 만드는 상황을 꾸며내는 것이다. 그러한 속임수에 대한 합당한 대응은 무엇인가?

비의도적인 위반에서와 같이, 최대한 최초의 상황으로 회복하기 위한 방안을 찾아야만 한다. 그러나 되돌리는 것만으로는 충분하지 않다. 속임수는 '숨겨진' 규칙 위반을 통해 이익을 얻으려는 시도를 포함한다. 속임수는 '스포츠 경기에 자발적으로 참여한 당사자들은 이 경기의 공유된 에토스가 정당하다면 이 에토스에 따라서 행동해야 한다.'는 공정성 규범 1과 직접적으로 모순된다. 부정행위자는 부정행위에 대한 배타적 이득을 보장하는 수단으로 다른 경쟁자들을 이용한다. 그런데 여기에서 중요한 것은 그 이익이 다른 사람에게는 유용하지 않다는 사실이다. 사람들 간의 상호 존중의 이념과 모든 경쟁에서 따르는 공유된 에토스에 대한 존중인 공정성의 기초에 정면으로 위배된다. 속임수가, 기만행위의 경우에서와 같이, 잘못이 없는 선수들이 처벌을 받게 되는 상황을 함축하는 것이라면, 그릇된 행동은 더 심각한 상황으로 치닫게 될 것이다.

그러므로 최초의 상황을 회복하려는 노력과 함께 속이는 것은 마땅히 그 대가를 받아야만 한다. 심각한 위반의 경우나 속임수가 지속적으로 발생한다면, 그 행위자는 출전 자격을 박탈당해야 한다. 실제로 이 규범은 대부분의 스포츠에서 받아들이고 있다. 핸드볼과 축구에서 옐로카드와 레드카드가 주어지며, 농구에서 선수는 파울을 다섯 번 하게 되면 퇴장당하며, 육상 종목에서 단거리 주자는 스타트를 두 번 잘못하면 실격 처리된다. 몇몇 스포츠에서 정당한 벌칙을 부과하기 위한 절차는 매우 복잡하다. 축구에서 '어드밴티지 조항(advantage paragraph)'이 좋은 예이다. 상대 선수 Y가 골문 앞에서 골을 넣으려는 순간 선수 X가 파울을 한다고 가정해 보자. Y가 상대에게 발목이 잡혔어도 뛰어난 감각으로 패스를 할 수도 있다. 이 경우 프리킥이 주어진다면, X

가 속한 팀은 방어벽을 쳐서 Y의 득점을 허용하지 못하게 할 수 있을 것이다. 그러나 X가 의도적인 규칙 위반에 대해 벌칙을 받는 것은 당연하다. 그런 경우, 좋은 심판은 일단 공격을 지속시키고 나서 곧이어 경기가 중단되었을 때 규칙을 어긴 사람에게 경고하고 벌칙을 주게 된다.

아주 흔한 속임수와 더불어 의도적 규칙 위반의 두 번째 종류는 프랠리(Fraleigh 1982)가 '좋은 파울'이라고 부르고, 다르게는 '전문적인 파울'이라고도 하는 '전술적인 위반'이다. 반칙하는 자는 주어진 시각에 의도적으로나 공공연하게 규칙을 위반하면서, 규칙 위반이 장기적으로 이득을 줄 것이라는 계산 하에 일시적으로 득점을 감소시키는 방식을 취하며 벌칙을 받아들인다. 예를 들어, 아이스하키 선수는 상대 팀의 중요 선수를 그 게임에서 제거하기 위해 난폭하게 하려는 의도 하에 파울을 감행한다. 규칙 위반자는 그 위반이 자신의 팀에 이익을 줄 것이라는 계산 하에 경고나 심지어는 퇴장을 받아들이기도 한다. 또 다른 예로, 득점 위치에 있는 상대 선수를 밀어 넘어뜨리는 축구선수인데, 그는 파울로 인한 페널티킥이 오히려 경기가 진행되는 상황보다 상대 팀에게 득점의 기회를 상대적으로 감소시킬 것이라고 판단한 것이다. 그러한 '전술적인' 규칙 위반을 무엇이라고 말할 수 있겠는가? 속임수와 같은 전술적 위반은 '스포츠 경기에 자발적으로 참여한 당사자들은 이 경기의 공유된 에토스가 정당하다면 이 에토스에 따라서 행동해야 한다.' 공정성 규범 1에 대한 위반이며, 따라서 경고나 심한 경우 자격을 박탈당하게 된다. 특히, 여기에서 요구되는 것은 바로 '그 잘못'에 해당하는 적합한 벌칙이다. 만약 그러한 벌칙이 실현될 수 있다면, '전술적 위반'이라는 용어는 더 이상 그 어떠한 의미도 지니지 못하게 될 것이다. 공공연하게 규칙을 어기고 그에 따라 벌칙을 받게 됨으로써 얻을 수 있는 것은 아무것도 없을 것이다. 전술적 위반이 가능하다는 것은 규칙 위반을 통해 발생하는 부적절한 불평등 간에 불합리한 관계가 존재한다는 것과 그에 대한 반응이 벌칙으로 주어진다는 것을 지적할 수 있을 것이다. 그러므로 규칙과 다양한 스포츠의 에토스는 일관성 하에 비판적으로 재고되어야 하며, 필요에 따라 조정될 수 있어야 한다.

그러한 조정의 사례는 국제축구연맹 FIFA에서 찾을 수 있다. 1980년대 후반과 1990년대 초반 사이에 '전술적 파울'의 수가 증가했다. FIFA는 해당 게임에 대한 공적인 이미지에 관심을 두고 있었다. 1990년 이탈리아 월드컵은 그 전환점을 마련해 주게 된다. 선수와 코치들은 전술적 파울이 축구의 매력이라 할 수 있는 기술적이고 전술적인 플레이와 골의 득점과 같은 축구의 중요한 요소를 위협한다고 생각했다. FIFA는 거칠고 잠정적으로 위해를 가하는 태클의 경우, 특히 더 엄격하게 규칙을 강화하기로 결정했다. 더구나 불법적인 수단으로 명백한 골 득점 기회의 순간에 상대 선수에게 위해를 가한 사실을 부인하는 경우 해당 선수를 퇴장시키도록 하는 새로운 규칙인 파울과 불법 행위에 관한 법규 XII를 시행했다.[19] 우리는 여기에서 선수의 안전, 공정성과 정의, 공통적으로 받아들이는 우월성 기준의 실현뿐만 아니라, 엔터테인먼트 가치, 상업적 이익 등 중요한 가치라고 생각되는 측면을 보호하기 위해 어떻게 스포츠의 규칙과 에토스에 대한 면밀한 조사와 함께 조정이 이루어졌는지에 관해 잘 알고 있다.

---

19) 규칙의 완전한 형식에 관해서는 다음 FIFA 홈페이지를 참조하라.
www.fifa2.com/scripts/runisa.dll?s7.131602:gp:943789:67173+refs/laws/milestones/90+E

FIFA의 사례는 지금까지 논의되지 않았던 의도적 규칙 위반의 일면을 지적해 주고 있다. 거친 태클은 다른 선수의 부상을 야기할 수도 있다. 다른 팀의 중요 선수에게 거친 태클을 계속 하는 아이스하키 선수는 자신의 팀에게 이익이 된다는 이유로 해서 상대에게 의도적인 상처를 입힐 수 있다. 중요 선수가 '퇴장'을 당하게 되면, 그렇지 않을 경우 패하게 될 게임에서 이길 수도 있기 때문이다. 그렇지도 않다면, 그 행동은 그 자체가 목적일 수 있다. 그런 경우 특정한 보복이 있을 수 있는데, 어떤 선수는 심지어 상대 선수를 다치게 하여 자신의 쾌락의 대상으로 삼기도 한다. 의도적으로 상대 선수에게 상해를 입히는 것은, 불필요한 위해에 타인이나 자신을 노출시켜서는 안 된다는 자연적 의무를 위반하는 것은 물론이다. 이 규범은 경기 수행에 대한 나의 해석의 초석들 중 하나이며, 선수를 도덕적 행위자로서 존중해야 한다는 요구에 대한 관점과 밀접히 관련되어 있다. 거친 태클같이 선수의 행동이 좀 약한 경우에는 경고에, 더 심각한 경우에는 그 경기나 한 시리즈 경기의 몰수 혹은 궁극적으로는 스포츠 자체에서의 추방에까지 이르러야 한다.

규칙 위반과 연관된 불평등한 대우에 관한 규범

의도적인 규칙 위반에 관한 규범 III.3.2.2를 정식화하면 다음과 같다.

> III.3.2.2 의도적인 규칙 위반을 통해 획득된 이익은 최대한 최초의 상황으로 되돌리기 위해 제거되거나 보상되어야 한다. 그리고 규칙 위반자는 이익을 감소시키는 부가적인 벌칙을 받아야 하고,

위반이 심각하거나 반복될 경우 그 자격을 박탈해야 한다.

메타-경기에서의 불평등한 대우

지금까지 단일 경기 내에서 불평등한 대우와 수행에 따른 불평등 사이에 존재하는 합당한 일치를 규정하는 규범들을 정식화시켰다. 그러나 불평등한 대우는 그 이상의 결과를 가져올 수 있다. 결정적인 크로스컨트리 스키 경기에서 한 청소년 스키 선수의 수행 능력은 그가 대표팀에 선발되어 다음 시즌에서 더 좋은 코칭과 후원을 제공받을 수 있는 결과를 낳을 수 있다. 비치발리볼 선수들은 마지막 세트에서 두 점 차이로 아슬아슬하게 승리함으로써 큰 상금을 받을 수 있지만 결승전의 패자들은 그 상금의 절반만을 받게 된다. 경기 수행과 그에 따른 외적인 이익 · 불이익 사이에는 합당한 관계가 없는 것처럼 보인다.

그러나 이익의 부여나 벌칙의 부과를 통한 합당한 불평등한 대우에 관한 규범 III.3.1과 III.3.2에 대한 추가적인 논의가 없다면 다른 스포츠에 적용시킬 수 없을 것이다. 나는 경기 자체의 특정한 목적이나 목적에 연관된 정의의 도식을 전개해 왔다. 경기 외적인 상금, 혹은 일반적으로 사회에서의 이득과 부담의 분배에 관한 규범은 정의의 다른 도식에 속하며, 현재의 관심사의 범위를 넘어서는 문제이다.

그러나 한 가지 예외가 있을 수 있다. 개별 경기는 그 자체로 성립한다기보다는 이른바 메타-경기의 일부일 수 있다. 나는 지금 녹아웃 경기나 우승컵(cups) 경기, 그리고 시리즈(series) 경기에 대해 말하고 있는 것이다. 개별 경기에서의 최종 순위는 메타-경기에서 이익의 분배를 결정짓는다. 노르웨이 축구 컵에서 승자는 국내 챔피언이 된다. 트랙·필드에서 국제 그랑프리 대회 시리즈는 무엇보다 각 경기에서 세계 최고의 트랙·필드 선수를 결정하는 것을 목적으로 한다. 개별 경기에서처럼, 메타-경기의 목적은 경기 수행에 기초하여 선수들을 측정하고 비교하고 순위 매기는 것이다. 그러므로 수행과 이익·불이익 사이의 합당한 일치에 관한 규범(III.3.1과 III.3.2와 그에 대한 세부사항)은 적절한 것일 수 있다. 메타-경기에서 실제적 불평등과 불평등한 대우 간의 합당한 일치는 존재하는 것인가?

녹아웃 경기

녹아웃 경기(Knockout competitions)는 처음에 다수의 경쟁자들이 참가하게 된다. 개별 경기의 대진표는 추첨에 의해서 정해진다. 각 개별 경기의 승자들은 새로운 경기에서 계속 서로 맞붙게 되는 한편 패자들은 탈락된다— 그들은 '아웃'된다. 결국 이른바 '결승'에서는 두 경쟁자만이 남게 된다. 결승의 승자는 녹아웃 경기 전체의 승자가 되는 것이다.

여기에서 이익은 다만 더 진전된 형식에서만 주어지게 된다. 수행과 이익 사이의 합당한 일치라는 것은 존재하는가? 하나의 개별 경기가 그 모두를 결정할 수도 있다. 그리고 앞에서 보았듯이 개별 경기의 이점이 언제나 결과를 결정짓는 것은 아니다. 규정적 타당성이 언제나 높은 것만은 아니다. 기회는 라운드 초반에 경쟁자의 유도(drawing)에 따라 그 역할을 하게 된다. 행운과 불운은 경기 자체에서 발생하게 된다. 때때로 요행과 운수는 결정적인 영향을 미친다. 어떤 축구팀은 약한 팀들과 같은 조에 편성되는 행운으로 결승까지 진출할 수 있다. '시드 배정을 받지 못한(unseeded)' 테니스 선수가 운이 좋으면 최고의 선수를 꺾고 토너먼트에서 우승할 수도 있다.

개별 경기에서 나는 우연과 운이 경기력에 결정적이고도 체계적인 영향력을 행사하지 않는 한, 이를 의미 있는 하나의 요소로 받아들였다. 녹아웃 경기에서 우연과 운수는 때때로 단일 경기의 결과를 결정할 뿐만 아니라, 최고의 팀이 전체 메타-경기에서 탈락되는 결과를 낳을 수도 있다. 이것이 과연 정당화될 수 있는가? 그것은 합당한가?

재차 말하지만 나는 요행과 행운과 같은 것이 비록 비능력주의적 요소이기는 하지만 흥미와 결과의 불확실성 그리고 경기의 다양성을 증가시킬 수 있기 때문에 그것들을 받아들이고자 한다. 녹아웃 경기는 매우 극적인 형태의 메타-경기이다. 패배는 탈락, 즉 '아웃'을 의미한다. 이것은 마지막 순간까지 결과가 크게 불확실하고 모든 기술적이고 전략적인 움직임이 결정적일 수 있을 정도로 흥미진진한 경기로 통상 이어지게 된다. 참가한 모든 당사자들이 이와 같은 이해를 공유하는 한, 녹아웃 경기는 공정하다고 할 수 있다.

그러나 수행과 이익 사이의 합당한 일치에 대한 규범인 III.3.1은 여전히 유효하다. 우리는 이익 분배의 정당성을 항상 비판적으로 재평가해야 한다. 개별 경기에서와 같이 여기에서도 합리성에 대한 동일한 조건을 만족시켜야 한다. 만약 시리즈의 최하위 팀이 2년마다 국내 축구 시리즈에서 우승한다면, 또는 만약 시드 안 된 선수가 시드된 선수만큼 자주 테니스 토너먼트에서 우승한다면, 비능력주의적 요소들이 수행에 결정적이고 체계적인 영향을 미친 셈이고, 그렇다면 이익을 부여하기 위한 절차 역시 조정되어야만 할 것이다.

시리즈

시리즈에서 불평등한 대우에 관한 절차는 더욱 복잡하다. 하나의 사례는 농구, 배구, 축구, 그리고 핸드볼 같은 구기 시리즈일 것이다. 모든 시즌에 모든 팀은 (홈과 원정으로) 서로 두 번 경기한다. 그리고 승리, 무승부, 패배에 근거해서 점수가 주어진다. 대부분의 축구 시리즈에서는 승리에 대해서 3점이 주어지고, 무승부에 대해서 1점, 그리고 패배에 대해서 0점이 주어진다. 테니스와 알파인 스키에서 선수들은 무엇보다 우승 선수와의 간격에 따라 랭킹 포인트가 부여된다. 경기 자체에서의 이익의 분배와 동떨어진 그래서 개별 경기로부터 최종 랭킹에 기초한 새로운 이익체계를 수립하고자 한다. 여기서 경기 수행과 이익의 분배 사이의 합당한 일치란 존재하는 것인가?

시리즈에서 요행과 운수의 영향은 간단히 오랜 수행에 따른 노력의 축적으로 인해 감소된다. 어떤 면으로나 최고의 선수 또는 팀이 결국에는 우승할 것이라고 통상 인정된다. 이와 같은 방식으로 타당성이 증가될 수 있다. 우리는 상당한 정도로 바라는 바에 따라 측정하게 된다.[20]

비록 그렇다고 할지라도, 때로는 요행과 운수가 시리즈의 결과에서 역시 결정적 요인일 수 있다고 말하는 것이다. 시즌 동안 서로 경기를 펼친 두 배구팀이 한 게임을 남기고 승점이 동일하다고 가정해 보자. 그럴 경우 그들은 서로 경기를 한다. 이것이 바로 '시리즈의 결승'이다. 그 게임은 그야말로 팽팽한 접전이다.

---

20) 물론 승리로 얻은 이익이 실제로 무승부나 패배로 인한 이익의 손실로 생겨난 손해와 상호 균형을 이룰 수 있는지에 대해 논의할 수 있을 것이다. 하지만 일반적으로 메타-경기에서 이익의 배분은 경험, 시련과 시행착오의 결과이자 합당한 정의와의 함수인 것으로 보인다.

그리고 한 팀이 마지막 세트에서 엉겁결에 득점을 하여 승리하게 된다.

그럼에도 불구하고, 전체 시즌에 걸친 승점의 누적으로 인한 녹아웃 경기에서는 운수의 영향이 비교적 적은 편이다. 비록 운으로 인해 막판 결승전에서 최상의 두 팀의 우열을 결정짓는다고 하더라도, 그들은 힘찬 경기와 전체 시즌 동안 능력에 따른 순위에 기초하여 그러한 자격을 얻게 된 것이다. 그들 사이의 최종 순위에서 운은 다만 흥미와 다양성을 증가시킬 따름이지 부정적인 가치를 갖는 것이라고 볼 수는 없다.

녹아웃 경기와 시리즈의 혼합

녹아웃 경기와 시리즈는 둘 다 수행과 이익 사이의 합당한 일치를 위한 필요조건을 만족시킬 수 있는 것으로 드러난다. 그러나 두 형태의 메타-경기 모두 약점을 지니고 있다. 녹아웃 경기는 요행과 행운이 지나치게 많은 역할을 하도록 허용하는 반편, 시리즈 경기는 이따금 강렬하고도 극적인 측면이 결여되어 있다. 특정한 상황에서 개별 경기는 사실상 무의미할 수도 있다. 가끔씩 한 선수 혹은 팀은 마지막 경기의 결과와 상관없이 최종 순위에서 1위로 끝날 정도로 큰 차이가 벌어지게 이끈다. 그러므로 종종 대규모의 토너먼트에서, 시리즈와 녹아웃 체계가 혼합된다. 먼저, 팀들은 그룹으로 나뉘어 이른바 '미니시리즈(mini-series)'에서 각각 경기를 펼친다. 미니시리즈에서 최다 득점을 올린 팀들이 '플레이오프'에 진출한다. 이제 녹아웃 경기가 펼쳐진다. 팀들은 다음 경기로 진출하기 위해 이겨야 하고, 최종적으로 오직 두 팀만이 남게 된다.

녹아웃과 시리즈 체계는 더 진보된 형태로 결합이 가능하다.

비치발리볼 경기의 현행 구조가 그 좋은 예이다. 2000년 시드니 올림픽에서는 해당 종목에 각 성별로 24개 팀이 출전하였다. 그 팀들은 기대된 수행 잠재력에 따라 순위가 정해졌고, 먼저 1위 팀이 24위 팀과 경기하고, 이와 같이 계속되었다. 1회전에서 패배한 12팀은 '패자부활전'에서 2회전을 경기하고, 살아남은 4팀이 원래의 12팀에 합류함으로써 16팀을 이루어 일대일 탈락 토너먼트를 벌인다. 한 팀이 첫 번째 시합에서 지더라도 결승전에 진출할 가능성이 여전히 있는 것이다. 이런 식으로, 개별 경기에서의 요행과 행운의 영향은 줄어드는 반면에, 각 개별 시합의 극적이고 강렬한 요소는 유지되는 것이다. 메타-경기를 논의함에 있어 이러한 조직 방식은 아마도 '서로 다른 것의 각각의 장점'을 포함하는 것이라고 말할 수 있다.

메타-경기에서의 규칙 위반

지금까지 나는 이익의 분배에 관해 논의했다. 규칙 위반에 기초한 부적절한 불평등과 메타-경기에서 벌칙을 통한 불평등한 대우 사이의 관계에 대해서는 어떻게 말할 수 있는가? 녹아웃 경기에서 경쟁 팀들을 뇌물로 매수하고 토너먼트를 통해 진행하는 핸드볼 팀이나, 혹은 두 명의 선수가 나이가 많아 부적격인데도 시리즈에 참가하는 청소년 축구팀에 대한 합당한 대우는 무엇인가? 규범 III.3.2와 그 세부사항에 의해 규정된 바와 같이, 불공정한 이익과 처벌 간에 합당한 일치는 가능한 것인가?

잠정적으로, 개별 경기의 규칙 위반과 같은 부적절한 불평등은 이익의 감소에 따라 마땅히 제거되거나 보상되어야 한다고 말할 수 있다. 만약 뇌물에 의한 매수와 같은 규칙 위반이 의도적일 경우, 토너먼트나 시리즈에서의 자격 박탈은 합당한 벌칙이 될 것이다. 만약 위반이 다소 비의도적인 것이라면(선수나 트레이너들이 자격 규정을 자세히 모른 것에 대한 이유가 있을 수 있다) 획득된 이익을 가령 승점을 몇 점 줄인다든지 해서 제거하는 것이 최상의 벌칙일 수 있다.

메타–경기에서 불평등한 대우에 관한 규범

위의 논의는 한 가지 중요한 논점을 강조하고 있다. 메타-경기에서 우리는 불평등한 대우에 있어서는 단독 경기에서와 똑같은 규범을 적용한다. 메타-경기는 개별 경기들을 통해서 실현된다. 개별 경기는 메타-경기의 기본적 구성요소이다. 그러므로 메타-경기에서 개별 경기의 구조적 목적, 선수들의 의도적 목적 그리고 스포츠의 가능한 도덕적 목적은 마땅히 행위를 인도하는 수단으로 인정해야만 할 것이다. 메타-경기는 단지 이러한 목적들을 실현하는 수단일 뿐이다. 녹아웃 경기는 개별 경기에서 흥미를 증가시킬 수 있는데, 한편 시리즈는 개별 경기를 더 큰 맥락에 두고 있기 때문에, 요행과 운수의 영향을 줄이며, 측정 · 비교 · 순위의 정확성을 증가시킬 수 있다. 그러므로 메타-경기는 그 자체로 목적이 되어서는 결코 안 되지만, 그 구성요소인 개별 경쟁의 목적에 대해 이차적인 것으로 간주되어야 한다.

실천적 경험이 이러한 점을 뒷받침해 준다. 특히 수준 높은 경기력을 요하는 스포츠에서 때로는 개별 경기의 구조적 목적과 의도적 목적보다 메타-경기에서의 좋은 결과에 높은 우선성이 주어진다. 축구팀은 양 팀이 모두 진출하리라는 근거에서 특정한 결과를 위한 의도에 따라 경기에 임할 수도 있다. 1982년 세계선수권대회 기간에 잘 알려진 축구시합에서 서독은 오스트리아를 1

대 0으로 이겼다. 골은 전반에 터졌고 양 팀은 그 결과에 의해 두 팀 모두 (알제리를 희생양으로 삼아) 진출할 것이라는 것을 알고 있었다. 후반전에 양 팀 모두 득점하려고 하지 않는 우스꽝스러운 일이 벌어졌다. 그 시합은 관련 당사자들 모두에게 있어 경기의 구조적 목적과 의도적 목적에 위배되는 일이었다. FIFA는 곧 그러한 결과에 따른 '계획'이 불가능하도록 시합 일정을 조정하게 된다. 또 다른 사례는 테니스에서 찾을 수 있다. 1988년 데이비스컵(Davis Cup)에서 스웨덴은 서독과의 마지막 시합에 기권하게 되는데, 왜냐하면 그것은 처음 세 게임을 내리 진 상태라 그 시합의 결과와 무관하게 메타-경기에서 패배하게 될 것이기 때문이었다. 개별 경기가 '의미'를 상실한 것이다. 이는 관중의 소요로 이어졌고 그 팀의 감독이 결국 사퇴하게 되는 주된 이유 중 하나가 된 것이다.

명백히 스포츠인들과 대중들 간에 단일 경기가 무엇보다 중요하다는 것이 어느 정도는 암묵적으로 받아들이고 있는 이해임에 분명하다. 메타-경기에서의 성공에 단일 경기의 가치를 넘어서는 우선성이 주어질 것이라는 우려를 불식시키기 위해, 다음과 같은 규범에 따라 메타-경기에서 불평등한 대우를 비판적으로 평가해야 한다.

> III.3.3 메타-경기에서 불평등한 대우는 구조적 목적, 참여 당사자들 간의 의도적 목적, 그리고 단일 경기의 도덕적 목적을 실현시키기 위한 가능성을 증가시켜야만 한다.

요약

나는 공정성 및 정의와 일차적으로 관련을 갖는 것으로써 '도덕적으로 옳은'을 이해함에 있어 스포츠 경기에서의 '도덕적으로 옳은' 행동을 위한 규범을 구체화하는 것에서 논의의 출발점을 삼았다. 또한 나는 공정성 규범 1을 형식화하기 위해 이 두 가지 개념을 결합시켰다.

또한 공정성 규범 1을 스포츠 경기에 자발적으로 참여할 경우에 발생하는 의무로 여겼다. 게다가 그 규범은 스포츠에서 관련 참가자들 간에 공유된 에토스에 따르는 것으로 규정했다.

그러나 이러한 규범은 공유된 에토스가 정당한 것이라고 할 수 있는 오직 그 경우에만 타당하다고 했다. 정의에 대한 요구를 정교화시킴으로써 규범 1을 구체화시켰다. 그 과정에서 일차 도덕적 믿음과 공동 실천에 대한 나의 결론에 비중을 두었다. 이러한 절차에 따라 형성된 규범은 메타-규범 I과 동일 선상에 있는 동시에 그 어떤 경우라도 비강제적이고 정보에 근거한 일반적 합의에 따른 기초로서 합당하게 거부할 수 없다고 생각한다.

정의 규범들은 다양하며 구체적이다. 정의 규범들과 이것들의 다른 규범들과의 관계를 명확히 하기 위해서는 [표 6]을 보라.

이제 경기에서 정의의 일반적 규범을 좀 더 구체화함으로써 공정성 규범 1의 형식을 완전하게 구성할 수 있다.

1 스포츠 경기에 자발적으로 참여한 당사자들은 이 경기의 공유된 에토스가 정당하다면 이 에토스에 따라서 행동해야 한다. 그리고 이 에토스가 정당한 것은 다음과 같은 경우이다.

- 경쟁자들이 어떠한 중요한 방식으로도 영향을 미칠 수 없으며, 이에 대해서 책임을 질 수도 없는 중요한 불평등을 제거하거나 보상함으로써 평등한 수행 기회가 주어지게 된다.
- 경기 수행은 재능과 개인적 노력에 기초한 것으로 해석되며, 그 수행은 불필요한 위해를 다인들이나 자신에게 입히지 않는 기본 규범에 따른다.
- 이익 분배에서의 불평등한 대우는 경기 수행에서의 실제적 불평등과의 합당한 일치에 있으며, 규칙 위반을 통해 얻은 이익을 제거하거나 보상함으로써 불평등한 대우는 규칙 위반으로 인해 발생한 실제적 불평등과의 합당한 일치에 있다.

요약하자면, 몇 가지 중요한 점들에 대해 강조할 필요가 있다. 여타의 사회적 실천에서와 같이 스포츠에서도 우리는 통상적으로 정의에 대한 불완전한 절차로 마무리짓는다. 그러나 하나 또는 일련의 규범이나 행위가 공정하지 못하다고 하는 사실이 전체적으로 그 실천이 공정하지 못하다는 것을 의미하지는 않는다. 축구에서 오프사이드 규칙이 모호하게 되어 있어 공정한 방식으로 시행하기가 불가능하다고 생각할 수도 있겠지만, 그럼에도 불구하고 축구 게임을 여전히 본질적으로는 정당한 것으로 받아들일 수 있다. 3천 미터 달리기 선수가 첫 번째 턴에서 부당하게 다른 주자를 밀었다고 생각할 수 있으나, 그래도 결승선에서 그들의 순위에 대한 공정한 판결이 내려질 거라고 생각할 수 있다. 공정성에 대한 의무는 경쟁하는 모든 상황에도 적용된다. 정의를 유지하기 위한 일반적 규범은 스포츠에 참여한 모든 사람이 어떻게 공유된 에토스가 정의에 대한 요구를 더 잘 만족시킬 수 있는지에 대해 비판적으로 탐구해야 한다는 것을 의미한다. 스포츠인들은 정의가 담고 있는 의미를 실천해야 하며, 만일 그들이 정의를

III 적절하게 평등한 경우들은 평등하게 대우해야 하며, 적절하게 불평등한 경우들은 불평등하게 대우할 수 있으며, 그리고 불평등한 대우는 각 경우들 간의 실제적인 불평등에 따라서 합당하게 다루어야만 한다.

평등	**불평등**
III.1 적절하게 평등한 경우들은 평등하게 대우해야 한다.	III.2 적절하게 불평등한 경우들은 불평등하게 대우할 수 있다.

II.1.1 모든 선수들은 부적절한 불평등의 제거 혹은 보상을 통해 경기 수행을 위한 평등한 기회를 제공받아야 한다. III.1.1.1 외적 조건에서의 통제 불가능한 불평등은 선수들의 위치에 대한 제비뽑기에 의해 분배되어야 한다. III.1.1.2 외적 조건에서의 통제 가능한 불평등은 제거되어야 하는 반면에, 외적 조건에서의 부분적으로 통제 가능한 불평등은 가능한 한 최대로 수행의 평등한 기회를 실현하는 혼합 절차에 의해 보상되어야 한다. III.1.1.3 경쟁자들이 중대한 방식으로 영향을 끼칠 수 없으며, 그리고 그들에게 책임을 지울 수 없는 개인-의존적 문제들에서의 불평등이 경기 수행에 체계적이고 중대한 영향을 미칠 경우에만 그들은 항목에 따라 구별되어야 한다. III.1.1.3.1 신체 크기, 성별과 연령에서의 불평등이 경기 수행에 중대하고도 체계적인 영향력을 행사할 경우, 그러한 불평등은 마땅히 표준화된 체중, 신장, 성별, 그리고 연령 집단을 마련함으로써 제거되거나 보상되어야 한다. III.1.1.4 자발적인 선택에 속하지 않으면서 경기 수행에 중요하며 체계적인 영향력을 행사하는 자원에 대한 접근에서의 불평등은 경쟁적 상황의 규제에 의해 그리고/또는 적절한 표준화 절차에 의해 제거되거나 보상되어야 한다.	III.2.1 스포츠에서 불평등한 대우는 경기 수행에 따른 불평등에 근거하여야 한다. III.2.1.1 스포츠에서 불평등한 대우는 다음과 같은 적절한 에토스의 틀 안에서 경기 수행에서의 불평등에 기초해야 한다. - 재능은 적절한 능력과 기량의 성장을 위한 유전적 성향에 기초한다. - 적절한 능력의 개발과 기량의 학습을 통한 재능의 현실적 실현에 기초한다. - 자신과 타인을 불필요한 위해에 노출시키지 않라는 기본적 규범에 일치한다.

불평등한 대우 III.3 불평등한 대우는 각 경우들 간의 실제적인 불평등에 따라서 합당하게 다루어야만 한다.		
III.3.1 경쟁자들 간의 이익 분배에서 불평등한 대우는 경기 수행에서의 실제적 불평등에 따라서 합당하게 이루어져야 한다. III.3.1.1 운은 경기 수행에 따른 측정과 비교 그리고 순위에 있어서 결정적이고도 조직적인 영향을 미쳐서는 결코 안 되며, 주관적이고 편파적인 평가에 대한 가능성은 최대한 제거되어야 한다.	III.3.2 규칙 위반에 따른 불평등은 제거되거나 보상되어야 하고, 위반의 정도와 부과되는 벌칙 간에는 합당한 일치가 마련되어야 한다. III.3.2.1 비의도적 규칙 위반을 통해 확보된 이익은 최대한 최초의 상태로 회복되도록 제거되거나 보완되어야만 한다. III.3.2.2 의도적인 규칙 위반을 통해 획득된 이익은 최대한 최초의 상황으로 되돌리기 위해 제거되거나 보상되어야 한다. 그리고 규칙 위반자는 이익을 감소시키는 부가적인 벌칙을 받아야 하고, 위반이 심각하거나 반복될 경우 그 자격을 박탈해야 한다.	III.3.3 메타-경기에서 불평등한 대우는 구조적 목적, 참여 당사자들 간의 의도적 목적, 그리고 단일 경기의 도덕적 목적을 실현시키기 위한 가능성을 증가시켜야만 한다.

[**표** 6] **스포츠 경기에서의 정의**

고양시키기 위한 가능성을 파악하고 있다면, 더 공정한 대안 마련을 위해 그들은 논증을 해야만 할 것이다.

끝으로, 만일 전체적으로 스포츠 경기가 정의에 대한 요구를 만족시키지 못한다면, 공정성 규범 1을 따라야 하는 의무는 발생하지 않는다. 만일 경기 참가자들이 에토스를 공정하지 못한 것으로 여긴다면, 그러한 에토스에 의해 규제된 경기에 결코 참가해서는 안 될 것이다. 만약 경기 과정에서 당사자들이 그 진행 방식에 있어 근본적으로 부당하다는 것을 알게 된다면, 그들은 그 경기를 취소시켜야 할 것이다. 좋은 샷(good shots)으로 불리는 상대 선수에게 항상 속아 넘어가는 배드민턴 선수는 그 선수가 코트를 떠나기 전에 자신의 행동이 잘못되었다는 것을 상대에게 알려야 한다. 시종 불공정하고 폭력적인 플레이에 당하고 있는 아이스하키 팀은 위반하는 팀에게 그 잘못된 행위를 알려야 하며 경기를 중지시켜야 한다. 이것이 프랠리가 '신중한 경기 취소 지침'에 대한 여러 견해라고 부르고 있는 것이다(Fraleigh 1984: 143, 152).[21]

21) 경기가 불공정성과 부정의에 의해 위협받게 될 경우 발생할 수 있는 갈등에 관한 좋은 문헌적 사례를 위해서는 E. 헤밍웨이의 단편소설 'Fifty Grand'를 보라.

4 장

좋은 스포츠 경기

놀이

스포츠: 놀이, 일, 전쟁? 1)

3장에서는 공정성과 정의라는 관념에 비추어 무엇이 스포츠 경기에서 도덕적으로 옳을 수 있는가에 대해 살펴보았다. 그러나 이것은 스포츠에서 페어플레이에 대한 포괄적인 이해를 위한 이론으로 충분하지 못하다. 우연과 행운의 역할을 둘러싼 문제를 다루면서, 경기 수행에 대한 서로 다른 해석 중에서 선택하는 방법에 대한 고려와 함께, 이런 생각들을 좋은 경기(단지 공정한 것뿐만 아니라)를 구성하는 것에 관한 다른 생각들을 갖고서 보완했다. 이제 이러한 문제들에 대해 좀 더 구체적으로 살펴보아야 할 것이다. 좋은 경기가 이루어지도록 의도된 행위-지도적(action-

1) 4장에서 도움이 되는 조언을 아끼지 않은 Claudio Tamburrini에게 감사를 표한다.

guiding)인 규범을 어떻게 확립시킬 수 있을까?

스포츠를 둘러싼 규범들과 가치들 가운데 무엇이 고유하고 '진정한' 규범인가에 대한 관점들은 매우 다양하다. 공평무사하며 비도구적인 태도를 그 핵심에 두고 있는 규범을 갖추고 있는 강력한 아마추어 이데올로기는 역사적으로는 사회적 엘리트 문화 속에서 발달해 왔다. 일견 아마추어 에토스는 도덕적으로 격조 있고 세련된 삶의 철학으로 비쳐질 수 있다. 여기에서 나는 올림픽조직위원회(IOC 2000b)의 기본 원리 조항에 있는 형식을 빌려 영국 신사와 '기쁨은 노력에서 찾을 수 있다.'는 관념에 대해 말하고 있다. 하지만 이러한 이데올로기와 결합된 사회 정치적 현실에 비추어 본다면 결코 마음에 와 닿는 소리가 아니다. 아마추어적 에토스 노선들 간의 탐구에는 하층 사회 경제적 집단의 관습과 태도에 대한 어느 정도의 경멸이 깔려 있다. 실제로 아마추어 규칙과 규정은 그들의 사회적 지위에 근거하여 스포츠에서 사람들을 차별하고 배제해 왔다.

비도구적 태도의 가치에 대한 이데올로기적으로 덜 억압된 견해는 소위 '놀이(play)'의 전통에서 찾을 수 있다. 폭넓은 분야의 역사학자, 심리학자, 철학자들 가운데 플라톤(Plato 1995), 쉴러(Schiller 1988), 호이징가(Huizinga 1950), 사르트르(Sartre 1995), 칙센트미하이(Csikszentmihaly 1975) 등은 놀이에 대한 다양한 논의를 펼치고 있다. 놀이 속에서 진정한 인간의 모습을 찾을 수 있다. 즉, 놀이는 문화의 중심에 놓여 있고, 놀이하는 순간 '심도 있는 변화'에 대한 경험이 주어지며 인간에게 실존적 자아실현을 제공한다. 메이어는 이러한 전통에 동조하면서 다음과 같이 주장한다.

나는 무가치함, 무용함, 비생산적임, 하찮음, 성과 없음, 불필요함, 부적절함, 불경스러움의 원인을 공언하고 격찬하며 옹호하고 찬미하고 싶다. 간단히 말해 놀이에 대한 사의와 진가를 표하고 싶다. (Meier 1980: 24)

좀 더 구체적으로는, 수츠(Suits 1978), 메이어(Meier 1988), 하일랜드(Hyland 1990), 모간(Morgan 1994)과 같은 스포츠 철학에 관한 텍스트의 핵심에는 다양한 방식으로 재미 위주의, 이유 없이 하는 스포츠 특유의 논리에 대한 관념이 있으며, 스포츠는 모종의 재미나 비도구적인 태도를 지니고서 '놀이의 관점'(Hyland 1990: 125ff.)에서 실행될 때 최상이 된다는 주장도 있다.

놀이가 도덕적으로 우월한 인간적 노력이라는 것과 그러한 놀이가 실현될 때 스포츠가 최상이 된다는 견해는 그 나름의 호소력을 지니며 의심의 여지없이 스포츠 철학과도 잘 부합한다. 동시에 이러한 관점은 현실을 이상화한다는 비판에 직면할 여지 또한 있다. 여기서 언급할 필요가 있는 특정한 측면에서 다소 경쟁적이고 상반되는 견해들도 있다. 그 가운데 호틀레더(Hottleder 1978), 리가우어(Rigauer 1969), 브롬(Brohm 1978), 베아미시(Beamish 1982) 그리고 그루노(Gruneau 1999)와 같은 급진적인 비판은 스포츠를 자본주의 사회의 억압적 규범과 가치를 반영하는 것으로 이해한다. 이들 관점에 따르면, 스포츠는 일종의 노동(work)이라는 것이다. 경쟁은 개인주의와 이기주의를 조장하며, 실천을 분열시키는 결과를 초래하게 된다. 브롬(Brohm 1978)의 책의 표제처럼, 스포츠는 '정확히 측정된 시간의 감옥'인 것이다. 심지어 탠쇼(Tännsjö 1998)의 비판은 더욱 맹렬하다. 즉 경쟁적 스포츠는 미혹된 태도의 중요한 특징인 강자에 대한 불건전한 동경과 약자에 대한 경멸이 자라게 하는 경향이 있다고 지적하고 있다. 이러한 비판과 더불어 마르크스주의적 관점에 따르면 놀이의 전통은 거짓 이데올로기에 이바지하는 요소일 따름이라는 것이다. 특히 자유와 인간의 가치에 대한 은유적 표현은 변질된 스포츠 체계의 영향으로 본질과 동떨어진 점에 주목할 필요가 있다.

어느 정도 비판적 견해는 스포츠 전문가들 간에서 지지를 받는다. 일부의 선수와 후원 체계, 관중은 경기를 어느 정도는 일종의 전쟁이라고 말한다. 리버풀 축구 클럽(Liverpool FC)의 전설적인 축구 코치 빌 생클리(Bill Shankley)는 자신의 은퇴식에서 말하기를 '어떤 사람들은 축구를 생사의 문제라고 말하지만, 그보다 훨씬 더 중요한 것이다.'라고 했다. 더욱이 코클리(Coakley 1998)는 우위를 차지하려는 운동선수들 간의 힘과 능력의 공격적 사용이라고 하는 '힘과 수행의 모델'에 따라서 스포츠에 대한 해석을 기술하고 있다. 이 경우 스포츠에서 상대편 선수는 경쟁자이자 적으로 간주되며, 운동선수의 신체는 경기 수행과 승리를 극대화하기 위한 단순한 수단이나 도구에 불과한 것으로 여긴다.

좋은 스포츠에 관한 논증에 있어 처음부터 이들 견해들 중에서 어느 하나 혹은 다른 하나를 딱 잘라 거부하기는 어렵다. 다른 사회적 실천과 마찬가지로 스포츠는 매우 모호하며 다양한 방식으로 해석될 수 있고 실천될 수 있다. 이러한 다양성에서 출발하여 좋은 경기에 관한 규범적 논증을 고안해 내는 진전을 보는 일은 가능한가? 『니코마코스 윤리학』 4권에서 아리스토텔레스는 여러 가지 지적인 덕을 구분하면서 실천적 지혜(prudence) 혹은 실천적 합리성을 정치철학 및 윤리학과 연결시키고 있다(Aristotle 1976). 실천적 합리성에 근거한 설득력 있는 논증은 통상 전제를 받아들이는 데서 출발해야 하고 거기에서 더 세부적인 결론으로 나아가야 한다. 만일 선험적으로 스포츠에 대한 모든 견해가 동등한 가치를 지니며 그래서 어떤 비판적이고 체계적인 방식에 따라 그들을 상호 비교 검토하여 진행한다고 가정한다면, 스포츠의 놀이와 경쟁에 관한 논증은 더 포괄적이게 될 것이다. 우리는 참여한 당사자들 대부분의 관심을 찾는 것과 함께 메타-규범 I에서 정의하고 있는 바에 따라 몇몇 공통 근거에 어느 정도 도달할 수 있을지에 대해 탐구의 가능성을 확보하고 있다. 물론 메타-규범 I은 비강제적이고 정보에 근거한 일반적인 합의를 위한 기초로서 합당하게 거부할 수 없는 규범을 정식화하고 있다.

의도적 목적의 실현으로서의 좋은 경기

좋은 경기가 갖는 특징을 이해하기 위해 상식적인 것에서 시작하자. 당시 세계 랭킹 13위였던 미국의 안드레 애거시(Andre Agassi)와 세계 랭킹 100위(참여 선수들 중 최하위)로서 이 토너먼트의 결승까지 기적적으로 올라온 러시아의 안드레이 메드베데프(Andrei Medvedev) 사이에 벌어진 1999년 프랑스 오픈 테니스 토너먼트의 결승전을 생각해 보자. 메드베데프는 과감한 도전으로 처음 두 세트를 각각 6 : 1과 6 : 2로 쉽게 이겼다. 하지만 애거시는 3세트 이후의 시합을 뒤집어 마지막 세 세트를 각각 6 : 4, 6 : 3, 6 : 4로 승리를 거두었다. 그 시합은 이후에 해설자와 관중들로부터 스포츠의 모든 것을 갖춘 명경기로 묘사되었다. 양 선수는 공유된 에토스에 따라 경기를 수행했으며 테니스가 갖는 이상적인 기준에 가장 근접한 행동에 따라 이루어진 경기였기에 그 결과 또한 매우 만족스러웠다. 메드베데프는 세인들의 기대와는 달리 결승까지 올라갔고 결승전에서 최고의 기량을 발휘하였다. '내가 잘못한 것이 아니라 그(애거시)가 정말 믿을 수 없이 잘한 것이다. … 나는 내 마음과 영혼을 코트에 남겨두었다. 이제 내게는 아무런 미련도 없다.'(CNN/SI 1999: 1)고 메드베데프는 말했다. 애거시는 처음 두 세트에서 졌으나 뒤집어서 시합에서 마침내 승리했다: '내가 달성해 낼 수 있었다는 것은 놀라운 일이다. … 이것은 내가 할 수 있는 최상의 일이었다.'(CNN/SI 1999: 2)

이제 세계적인 스타 선수인 비너스 윌리엄스(Venus Williams)와 한 아마추어 선수 사이에서 벌어진 또 다른 테니스 시합을 생각해 보자. 양 선수가 앞 장에서 제시되었던 공정성 규범 1에 따라 그들이 서로 그러한 생각을 염두에 두고 경기에 임했다고 하자. 경기의 구조적 목적에 비추어 선수들의 기량이 측정되고, 서로를 비교하고 선수들의 이전의 성적에 따른 순위가 매겨지게 될 것이다. 그렇지만 윌리엄스가 보여주고 있는 기량은 도저히 아마추어 선수가 흉내 낼 수 없는 것이며 아마추어 선수들 가운데 어느 누구도 그녀의 기량과 견줄 수 없다고 하자. 그러면 아마추어 선수들 중 어느 누구도 최상의 경기를 펼치기 어려울 것이다. 그 결과 역시 뻔하다. 그 선수뿐 아니라 참가한 그 어떠한 상대도 아마 질적인 면에서 좋은 경기를 펼칠 수 없게 될 것이다.

그렇다면 체계적이고 비판적인 관점에서 좋은 스포츠 경기를 특징짓는 요소들은 무엇인가? 페어플레이를 위한 규범을 수행함에 있어 우리는 자발적으로 경기에 참가한다는 전제를 제시한 바 있다. 다시 말해 경기에 참가하는 것과 참가하지 않는 것에 대한 선택권은 우리에게 있다. 더 나아가 그러한 선택은 의도적 목적을 표현하는 것이라고 생각한다. 일부 참가자들은 기쁨과 즐거움, 승리, 도전, 흥분의 경험 같은 활동 자체의 경험적 측면에 의해 동기를 부여받기도 한다. 또 다른 참가자들은 건강 증진, 사회적 네트워크와 대인관계의 형성, 신망과 이득 달성과 같은 활동 외적인 것에 대한 실현이라는 목적을 실현하기 위해서 경기에 참여할 수도 있다. 대부분의 경기 참가자는 다소 복잡한 목적 구조에서 여러 가지 의도된 목적들과 연관되어 있다. 의도적 목적의 근거나 내용에 상관없이 한 경기자가 최대한으로 자신의 의도적 목적을 완전히 실현시킬 경우, 그 경기가 훌륭하게 치러지리라는 생각은 극히 합리적일 것이다.

이것으로부터 규범적 결론을 도출할 수 있는가? 3장에서 스포츠의 공정성에 대한 직관적인 생각, 즉 타인과의 협력이 요구되는 경기에 우리가 자발적으로 참여할 경우, 그러한 협력을 통해 이익을 얻게 되고 협력에 따라 자신의 몫(share)을 다함으로써 경기에 공헌해야 된다고 언급한 바 있다. 그리고 타인과의 협동에 따른 실천과 연관된 의도적 목적을 실현할 기회가 우리에게 주어진다면, 그러한 협동을 통해 의도적 목적을 실현하기 위해 공정한 기회를 타인에게 제공하는 것 역시 합리적이라고 말할 수 있다. 여기에서 중요한 것은, 원칙상 자신의 의도적인 목적이 다른 사람의 의도적인 목적을 넘어서는 우선권이 제시될 수 없다는 것이다. 이제 우리는 좋은 경기를 위한 선행적 규범 2를 다음과 같이 규정할 수 있다.

> 2 스포츠 경기에 자발적으로 참여한 당사자들은 관련 당사자들이 그들의 의도적 목적이 가능한 최대한으로 실현된 경기가 되도록 행동해야 한다.

위의 규범 2는 행위의 선택이 그 결과를 고려해서 이루어질 것을 규정하고 있다. 규범 2가 비록 공정성의 관념에 기초하고 있기는 하지만 그것의 주된 관점은 본질적으로 결과주의에 해당한다. 물론 규범 2의 적절성 여부는 더 상세한 검토가 있어야 할 것이다. 2장에서 우리는 결과주의적 추론의 잠재성과 한계에 대해 언급했고 선호-공리주의에 의거한 일반적인 배경 규범 II를 공식화했다.

II 모든 관련 당사자들 사이의 평균 선호 만족을 극대화하라.

규범 II는 규범 2의 명시에 도움이 될 수 있는가? 만일 그렇다면 어떻게 그런가?

공리주의에의 적용

물론 규범 II가 문제가 없는 것은 아니다. 2장에서 우리를 혼란스럽게 하거나 부도덕하게 볼 공리주의적 계산법에서 모든 종류의 선호를 받아들이는 문제에 대해 언급한 바 있다. 또한 공리주의가 사람을 '선호-만족의 존재'로서 여기고, 따라서 도덕적 행위자로서의 사람에 적합한 개념을 결여하고 있어 보이는 문제에 관해 살펴본 바 있다. 마찬가지로 공리주의적 접근은 그것이 일반규범과 책무를 분명히 구별할 수 없게 한다는 점에서, 그리고 개인의 권리와 의무에 관해서 여지를 거의 남기지 않는다는 점에서 사회적 삶에 대한 환원주의적 이해 위에 서 있는 것 같다.

규범 II로부터 도출된 헤어(Hare 1963, 1981)의 '보편적 규정주의'와 같은 현대 공리주의 이론은 이러한 몇몇 비판에 견딜 수 있다. 헤어의 도덕적 사고의 두 단계 구분(Hare 1981)은 일상생활에서의 비결과론적 추론에 그 여지를 남겨놓는다. 그러나 선택적 딜레마에서 헤어는 엄격한 공리주의적 접근의 채택과 비판적 단계에 의존할 것을 권한다.

나는 결과주의적 추론이 윤리적 논증에서 직관적으로 호소력이 있고 중요한 측면이기는 하지만, 프랑케나(Frankena 1967)가 혼합 이론이라고 부르는 비결과주의적 고려에 의해 보완되어야 한다고 주장했다. 규범 1에 따른 공정성은 정의의 비결과주의적 규범에 의거한다. 규범 2의 명시적 규정에서 공리주의적 접근은 적절해 보인다. 만일 결과주의적 추론에 근거한 결론들이 공정성에 대한 우리의 관념과 일관된다면 이는 오히려 그 결론들의 정당성을 강화시키게 될 것이다. 게다가 공리주의적 결론들이 공정성 규범 1과 모순된다면, 공리주의적 접근을 재고해야 할 것이고 우리의 도덕적 관점에 의한 더 확장된 구조 역시 재고해야만 한다. 그러나 논의의 목표는 일반 규범과 일차 도덕적 믿음 사이에서 발생하는 반성적 평형(reflective equilibrium)에 있으며, 앞의 메타-규범 I의 선상에서 정보에 근거한, 비강제적인 일반적 합의에 기초한 합당하게 거부할 수 없는 페어플레이의 일관된 명료성에 도달하는 것에 있음을 주지해야 한다.

여전히, 비록 모든 관련 당사자들 간에 기대된 평균 선호 만족을 극대화하려는 노력에 의해 좋은 경기에 대한 공리주의적 견해를 받아들인다고 해도, 정확히 이러한 이념에 도달할 수 있는 경쟁의 종류들을 측정하고 비교함에 있어 심각한 난점이 있다. 주어진 상황과 연관된 각각의 당사자들은 일반적으로 다양한 강도의 선호 영역을 갖는다. 많은 상황에서 우리는 심지어 자신이 선호하는 것조차도 정확하게 기술하기 어렵다. 그리고 그것들을 기술할 수 있다고 하더라도, 자신의 선호도가 다른 한 사람 또는 열 명 이상의 사람, 혹은 복잡한 윤리적 딜레마에서 수백, 수천, 아니 수백만 이상의 관련 당사자들과 비교한다고 했을 때, 그 이상의 단계에서 더 큰 도전에 직면하게 된다. 더욱이 관련 당사자로 여길 수 있는 대상은 누구인가? 인간만을 다뤄야 하는가, 아니면 기쁨과 고통을 느낄 수 있는 감정을 갖는 존재 모두를 다루어야 하는가? 하는 문제까지도 여기에 포함된다.

공리주의적 계산에서 기간(time frame)과 연관된 문제 또한 존재한다. 지금 아니면 가까운 미래나 이후 5년 또는 언제까지라도 선호 만족을 말할 것인가? 우리의 선호도 대부분은 시간에 따라 변하기 마련이다. 현재로 계산해야 하는가, 아니면 가까운 혹은 먼 미래라고 놓고 계산해야 하는가? 비록 기간적인 측면과 논의에 따른 딜레마로 인해 영향받는 관련 당사자들을 극히 제한한다고 할지라도, 공리주의자들이 결과에 의해 미래 사건을 예측함에 있어 이를 지나치게 당연시하는 것 같다. 개인과 사회는 원인과 결과의 견고한 연쇄에 따라 발전하고 변화하는 것으로 보이지 않는다. 선호도는 우리가 살아가고 있는 사회-심리학적, 사회-문화적인 맥락과 선호를 넘어선 자신에 대한 반성, 그리고 선택과 행위의 결과에 따라 영향을 받게 되고 변화하게 된다.

우리가 느끼는 쾌락과 고통을 수학적으로 정확하게 계산해 낼 수 있다는 양적 공리주의자인 벤담의 생각은 하나의 이상에 불과하다. 사실상 오늘날 공리주의자들은 바로 그러한 점 때문에 어느 정도 벤담의 생각을 포기한 것은 사실이다. 그렇다고 해서 평균 선호 만족을 평가하려는 일련의 모든 시도가 그 의미를 상실했다는 것을 뜻하지는 않는다. 무엇보다 '선(the good)'에 대한 정확한 평가에 관한 주장을 지나치게 과장할 필요는 없다. 규범

II가 지적하듯 현대 공리성(utility) 이론은 기대치는 있지만 현실적인 공리성에 대해 말해 주는 바는 없다. 더구나 결정과 게임 이론(game theory)에 관한 전후(post-war)의 발전은 선택의 딜레마에서 다양성을 제한하고, 행위자가 잘 정의된 강도를 갖는 하나 혹은 몇몇 지배적 선호의 담지자로 여기는 가설적 시나리오를 구성하는 그러한 가능성을 보여주고 있다. 이와 같은 제한적인 측면을 함축하고 있음에도 불구하고, 공리주의적 접근은 딜레마적 상황에서 결정적으로 도움이 될 수 있는 분석적 통찰을 제공해 줄 수 있다. 그래서 나는 공리주의적 배경 규범 II에 의거한 좋은 경기를 위한 규범 2를 더 구체화시킬 것이다. 이를 위해 우선 관련 당사자들과 그들의 주된 선호에 대해 개괄적으로 조망할 것이다. 경기에서의 대안적 규범은 공리성에 의해 그 경중이 가려지게 될 것이다.

관련 당사자들 간의 선호 강도

스포츠에서 사람들이 참여와 연관된 선호를 갖는다는 것은 무엇인가? 주지하듯이 여기에는 혼란스러울 정도의 다양성이 존재한다. 그럼에도 불구하고 스포츠와 연관된 선호는 두 가지 범주로 구분할 수 있다. 그 하나는 내적 선호이고 다른 하나는 외적 선호이다.

내적 선호

내적 선호란 경쟁 활동 그 자체를 통해 만족되는 선호를 말한다. 선호 만족은 스포츠 활동 그 자체에서 실현되는 서로 다른 종류의 경험적 가치에 대한 형식을 받아들이는 것이다. 예를 들어 축구선수는 공을 찰 때 흥분을 느끼게 된다. 체조선수는 기구 위에서 진보된 기술을 수행할 때 성취를 맛봄으로써 그 동기와 흥분을 경험한다. 또한 활강 스키 선수는 잘 설계된 코스에서 리듬과 속력을 즐긴다. 일반적으로 선수들은 치열한 경쟁에 따른 결과의 불확실성과 연관된 자극과 도전에 가치를 부여하는 것 같다.

사실 내적 선호는 현상학적 용어로 가장 잘 기술될 수 있다. 나는 여기에서 스포츠의 '암묵적 차원' 즉 묘사하기 어려운 신체적 움직임과 사회 작용의 경험에 대해 말하고 있는 것이다. 더욱이 논리적으로 그러한 경험적 가치의 실현은 그 발생 내적인 스포츠의 현실화(realization)에 의존한다. 공유된 에토스가 지속적으로 깨지는 축구 게임에서는 흥분을 경험하기 어렵다. 활강 스키 선수가 만일 난코스 부분의 게이트를 지나쳐버린다면 잘 설계된 코스를 충분히 즐길 수 없을 것이다. 우리가 여기에서 다루고 있는 것은 '문제의 스포츠에서 공유하고 있는 정당한 에토스에 대한 실천을 통해서만 실현될 수 있는 선(goods)'이라는 매킨타이어적 의미의 스포츠 내적인 선(internal goods)을 위한 선호에 관한 것이다.

외적 선호

반면, 외적 선호를 가진 선수들은 선수로서의 운동에 대한 참여를 경기 활동 외적인 목적을 실현하기 위한 수단으로 이해한다. 어떤 선수는 사회적 신망과 명성을 얻기 위해 경기에 임하며, 또 다른 선수들은 친분을 유지하고 사회적 네트워크를 구축하고자 한다. 또한 높은 수행 능력을 지닌 선수들은 적어도 어느 정도는 명예와 부를 위해 경쟁한다. 결국 외적 선호는 매우 다양한 의미를 담고 있으며 내적 선호보다는 이러한 외적 선호들에 의해 사회-문화적 맥락에서 스포츠가 발전되어 왔음도 주지할 만한 사실이다.

역사적으로 경기(competition)와 스포츠(sport)는 군사 목적으로 젊은 소년과 소녀를 양성하기 위해 신체 단련을 중요한 측면으로 생각한 고대 스파르타 이후 지금까지 외적 가치를 실현하는 수단으로 여겨져 왔다. 그리고 현대 대중 스포츠의 뿌리는 거츠 뮤스(Guts Muths)와 프리드리히 루트비히 얀(Friedrich Ludwig Jahn: Turnvater Jahn)을 기점으로 18세기 전환기에 유럽 대륙의 자선 운동에서도 그 일면을 찾을 수 있다. 특히 프랑스의 철학자 루소(Rousseau)의 교육사상에 영향을 받게 되면서부터 스포츠와 체육은 사회 위생학적으로 사회-정치적 목적에 이바지하는 수단이 되었다. 강하고 건강한 신체는 건전한 인격의 발달과 더불어 건강한 삶의 토대가 된다는 사고가 그 중심을 차지하게 되었으며 특히 체육은 민족주의적인 애국심 고양의 유용한 수단이라고 간주하게 되었던 것이다(Mandell 1984: 158ff.).

경쟁적 스포츠의 직접적 기원은, 알려져 있는 바와 같이, 18세기 후반 '스포츠의 나라' 영국에서 찾을 수 있다. 스포츠는 사회의 물질적, 사회-경제적 발전과 함께 빠르게 변화되기 시작했다. 빠르게 신흥 공업화된 자본주의 세계는 팀워크, 생산성, 성능, 성과에 초점을 맞추어 하나의 규범적 틀을 제공하게 된다. 규칙은 표준화되고, 스포츠 경기는 기록과 과정을 객관적인 방식으로 측정하게 됨에 따라 일반적으로 적용 가능하도록 구체화되면서 확립된다(Guttmann 1978). 또 다른 규범적 근간은 영국 공립학교 시스템에 의해 제공되었는데, 여기에서 스포츠는 대영제국의 잠재적인 예비 지도자들의 사회화 과정을 위한 교육방법 가운데 하나였다. 결국 20세기 올림픽을 기점으로 하여 스포츠는 점차 국가와 이념 체계의 영향력에 따른 범지구적인 시험 토대가 되었다(Hill 1992; Guttmann 1992). 오늘날에 와서는 고차원적 스포츠 조직 가운데 일부는 강한 추진력으로 인해 국제적인 엔터테인먼트 산업으로 통합되었다. 여기서 정치적 이데올로기는 적어도 부분적으로는 경제 논리에 의해 흡수되게 된다.

따라서 외적 선호는 스포츠 경기 외적으로만 실현될 수 있기 때문에 내적 선호나 스포츠의 경험적 가치와 어떤 연관성을 갖기는 어렵다.

모든 관련 당사자들 간의 선호 내용

스포츠와 관련하여 그 선호에 따른 두 가지 범주 간에 분석적인 구분을 이끌어낼 수 있다. 규범 II에 따르면, 우리는 모든 관련 당사자들 가운데 평균 선호 만족을 극대화시킬 것으로 기대되는 그 대안들을 선택해야만 한다. 스포츠와 관련된 당사자들이란 무엇이며 그들의 선호는 어떤 것인가?

관련 당사자들

일차적으로 경쟁자 자신을 포함하여 관련 당사자들은 경기 결과에 직접적인 영향 아래 놓여 있는 사람들이다. 클럽에서의 경쟁적 스포츠와 지엽적 수준에서 이루어지는 수행의 경우, 경쟁자들 가운데 연관된 사람들이 지나치게 많다는 것이다.2)

---

2) 여기에는 경기 수행의 모든 단계에서 또 다른 중요한 의미를 갖는 그룹

수준 높은 경기를 수행함에 있어 숫자는 중요한 의미를 지니게 된다. 먼저 경기 참가자 외에 관계자들이 있기 마련이다. 그들의 일차적인 임무는 정의를 유지하는 것과 그에 따른 스포츠의 공정한 에토스를 공식적으로 존중하는 데 기여하는 것이다.

둘째로는, 3장에서 평등에 관한 논의에서 살펴본 바와 같이, 국가적 그리고 국제적인 수준의 스포츠는 인적, 과학적, 기술적, 경제적 지원을 위한 광범위한 후원 체계를 포함한다. 후원 체계에 관여하고 있는 사람들이 직접 경기에 참여하지는 않지만, 경기 결과에 큰 영향을 미친다. 만일 프로 축구팀이 연패를 한다면 코치는 일반적으로 자신의 직업을 잃게 될 것이다. 그 팀이 만일 시합에서 연승가도가 이어진다면 코치는 새로운 계약 협상에 아주 유리한 기반을 마련하게 될 것이다.

영향을 받는 당사자들의 세 번째 그룹은 관중이다. 여기에서 선호는 그 내용과 강도 두 측면에서 극히 이질적이다. 이 그룹에 관한 구체적인 논의는 아래에서 다루어지게 것이다.

결국, 포괄적인 공리주의적 분석에 따라, 관련 당사자들의 범위는 확장되어야만 할 것이다. 우리는 우리의 행동과 실천에 따른 전반적인 영향을 인정해야만 한다. 스포츠에 소요되는 엄청난 물질적, 경제적 자원과 인적 자원은 물론 달리 쓰일 수도 있을 것이

들이 존재한다. 즉, 가족이나 친구와 같이 경쟁자와 가까운 사람들이다. 사실상 그들은 의미 있게 서로 영향을 미치게 된다. 최악의 패자가 축구경기에서 진 이후 밤에 연습하기란 어렵다. 트랙에서 개인적 한계를 극복한 주자의 기쁨은 그와 가까운 사람에게 긍정적인 영향을 미치게 된다. 가족과 친구에 대한 선호는 언제나 경쟁자 자신의 선호와 불가분의 관계를 맺고 있다. 가족과 친구는 우리가 잘되기를 바란다. 좋은 경쟁자에 관한 나의 일반적인 논증에서 나는 각 경쟁자와 관계있으며 '그들의' 경쟁자를 '사랑하는' 사람들의 선호는 승자와 패자 사이의 수(number)와 강도에 있어 동등하며, 따라서 훨씬 더 비슷해진다.

다. 이를 좀 더 확장해서 만일 특정한 스포츠 사건이 일어나지 않았다면, 세계는 전혀 다른 삶의 공간(아마도, 어떤 시간에 누군가에 대해 전혀 다른)이 되었을 것이라고 말할 수 있다. 1896년 아테네에서의 첫 번째 올림픽은 스포츠 발전의 결정적인 역할과 함께 20세기 사회에서 그 역할의 전통을 마련해 준 역사적인 출발이었다. 그리고 엘살바도르와 온두라스의 1969년 월드컵 예선 축구 시합은 소위 두 나라 간의 축구 전쟁에 도화선이 되었다는 것은 잘 알려져 있는 사실이다. 접전 마지막 5일 동안, 6천 명의 사람들이 살해되고 5천 명은 집을 잃었다(Espy 1979). 오늘날 친구와 하는 테니스 게임은 자선단체에 가기 위해 그만둘 수 있으며, 제3세계 어린이를 위한 모금 활동을 위해 그만둘 수도 있고 그 밖에 두세 시간의 일을 위해 취소할 수도 있을 것이다.

공리주의적 추론의 유용한 특징 가운데 하나는 전 세계적 사유에 자극을 주는 데 있다. 말하자면 이것은 전체적으로 생각하고 지엽적으로 행동하라는 중요한 생태학적인 사상과 잘 맞아떨어진다. 그렇지만 경쟁적인 스포츠에 소요되는 자원이 도덕적으로 정당화될 수 있는지의 여부에 관한 엄청난 검토 작업은 본 논의의 범위를 벗어난다. 나는 스포츠가 포괄적인 관점에서 도덕적으로 정당화될 수 있는지의 여부와 같은 문제가 아닌, 도덕적 가치를 갖는 스포츠와 정당하고 좋은 스포츠 경기가 되기 위한 충분조건보다는 오히려 필요조건들에 관해 검토해 보고자 한다. 그래서 스포츠 경기와 관련하여 직접적으로 연관되어 있지 않고 그 어떠한 직접적인 선호도도 갖지 않은 모든 단체는 이러한 분석에서 제외된다. 다음의 계산에서 선호 만족에 대한 비교는 다음과 같이 직접적으로 영향을 받는 단체와만 관련이 될 것이다.

- 경쟁자들 (그리고 관계자들)
- 후원 체계
- 관중

이들 당사자들을 차례로 살펴보자. 가능한 경험적 물질에 따른 지원과 함께, 스포츠 체계에서 그들의 역할에 대한 논리를 기술할 것이며, 그들의 주된 선호라고 생각할 만한 것들에 대해 제안할 것이다.

경쟁자들 간의 선호 내용

경쟁자들의 선호는 무엇인가? 앞에서 언급한 바와 같이 그 선호는 내적, 외적 선호 두 측면에 있다는 것을 알 수 있다.

경기력의 더 낮은 단계에서 대부분의 경쟁자들은 내적 선호에 따라 행동하는 것으로 보인다. 즉 경기 자체에서 실현되는 경험적 가치에 대한 선호에 따라 행동하게 된다는 것이다. 대부분의 사람들은 경기를 통한 기쁨과 흥미 그리고 즐거움을 위해, 도전과 성취를 맛보기 위한 측면으로 받아들이고, 또한 지역 공동체의 협력과 공동 의식과 같은 사회적 가치를 위해 참여하게 된다 (Weinberg and Gould 1999: 115ff.).

물론 경쟁자들이 외적 선호를 가질 가능성을 배제하지는 못한다. 경쟁자들이 지방의 축구단체에 동료와의 교류를 위해 가입할 수 있고, 오리엔티어링에 지도와 나침반 취급 방법을 배우기 위해 참여할 수도 있기 때문이다. 지역적인(local) 경기 수준의 달리기에서 외적 선호의 실현이 정의(just)에 따른 공유된 에토스에 크게 의존한다고 생각하는 것은 합리적일 것이다. 축구의 에토스가 무너진다면, 축구가 주는 진한 감동도 무너지게 된다. 만일 오리엔티어링의 기술과 전술을 진지하게 받아들이지 않는다면 우리는 지도와 나침반을 다루는 것을 배우지 못하게 될 것이다.

경기력이 높은 단계에서 외적 선호는 더 중요한 역할을 수행하게 된다. 높은-경기력을 요하는 스포츠의 사회적 논리에 관한 연구에서 못마땅한 현실을 묘사하고 있다(Heikkala 1993). 여기에서 염두에 두고 있는 것은 진행과정과 성공이다. 헤이닐료 역시 성공에 대한 지나친 평가와 함께 체계와 연관된 선수 개개인의 약화된 입지에 대해 말하고 있다(Heinilä 1982). '이겨라 그렇지 않으면 사라져라!'와 같은 맥락에서 지배적 합리성은 '경제적 인간', 즉 선수들은 실용주의적이며 스포츠는 다만 외적 목표의 수단이라고 바라보는 그러한 인간상이 되고 만다(Breivik 1987).

그렇더라도 엘리트 선수들 간의 스포츠에 대한 경험에서는 내적 선호 역시 중요성을 갖는 것으로 지적한다. 덴마크의 핸드볼 스타 앤자 안데르센(Anja Andersen)에 따르면 그녀는 단지 돈을 위해 핸드볼 경기를 하지 않는다고 말한다. 그녀는 자신이 핸드볼을 사랑하며 그렇기 때문에 핸드볼을 한다고 말하고 있다. 만일 마이클 조던이 농구를 좋아하지 않았다면, 아마도 그의 기량은 그 정도의 수준에 도달하지 못했을 것이다. 드레이퍼스는 다양한 분야에서 독창성과 완전한 공헌 가운데 하나로써의 기량에 대한 전문가적 솜씨에 관해 언급하고 있다(Dreyfus and Dreyfus 1986: 30-36). 또한 노르웨이의 엘리트 선수들을 대상으로 한 설문조사에서도 선수들의 내적 동기 부여나 내적 선호의 두드러진 역할 수행에 관해 명시적으로 보여주고 있다(Gilberg and Breivik 1998).

지금까지의 논의를 통해 도출할 수 있는 결론은, 일부 선수들이 현저한 내적 선호를 갖기도 하지만 또 다른 선수들 역시 현저한 외적 선호를 갖는다는 사실이다. 물론 선호에 대한 규정은 상황에 따라 차이가 있을 수 있지만, 어떤 종류의 선호가 행위-지도적이어야 하는지의 여부에 관한 물음은 관련된 단체 모두에 대해 그 체계가 갖는 경중에 따라 그 답변이 가능하다. 이것은 다음의 논의를 통해 이루어지게 것이다.

경기 관계자들에 대한 간단한 언급

아마추어 수준에서는 통상 선수 자신이 관련된 일에 대해 책임을 지지만, 고차적-수행 스포츠에서는 이를 전문적인 경기 관계자(관리자)에게 맡긴다. 특히 그들의 역할은 문제의 스포츠에 대한 정당한 에토스에 따른 경기의 분명한 진행을 위해 극단적인 '어떠한 희생을 치르더라도 이긴다.'는 선호를 갖는 선수들에 대해 훈육하는 데 있다.

경기 관계자들은 자신의 일에 비해 좀처럼 그 대가를 보상받기가 쉽지 않다. 더욱이 그들은 그들이 속한 일에 대한 원만한 진행을 위해 해당 스포츠에 대한 선행된 이론적인 통찰과 실천적인 통찰이 요구된다. 그들의 역할 자체에 대한 논리와, 물질적, 경제적 보상의 결여는 그들의 주된 선호가 내적이라는 것을 시사한다. 와인버그와 리처드슨(Weinberg and Richardson 1990)에 따르면 경기 관계자들은 주로 운동선수를 은퇴하고 난 후 그들이 애정을 갖는 스포츠에서 지속적으로 관계를 유지하는 것에 의해 그 동기를 부여받게 된다고 주장한다. 고등학교의 농구 관계자들에 대한 미국에서의 한 연구가 이와 유사한 결론을 보여주고 있다(Purdy and Snyder 1985). 경기 관계자들은 자신의 스포츠 상황을 즐기고, 가능한 한 그 일부이고 싶어 한다. 게다가, 그들은 직무에 대한 도전과 함께 그들이 좋아하는 스포츠에 기여할 수 있다는 것에 가치를 둔다. 물론, 선수들에게서 볼 수 있는 것과 마찬가지로, 사회적 네트워크와 동료, 그리고 명성과 신망을 얻기 위한 노력과 같은 외적 선호 또한 찾을 수 있다. 물론 아마추어 선수들도 그렇겠지만, 이러한 외적 목적은 경기 관계자들이 임무를 성공적으로 수행하는 오직 그 경우에만 실현할 수 있을 것이다. 그들의 지배적인 선호는 경기가 공정하고, 정당하고, 훌륭해야 한다고 생각할 수 있다. 그것은 본질적으로 내적인 것이다.

후원 체계에서의 선호 내용

선수를 돕는 체계는 코치와 매니저, 스포츠 의사, 장비 전문가, 과학기술자와 여러 종류의 조사원과 연구자들로 이루어져 있다. 이들은 서로 이질적인 성격을 지닌 조직들이다. 하지만 선호하는 바에 따라 서로 공통점을 지닐 수 있다.

대부분의 코치는 자신들의 스포츠에 대한 능력과 애정 때문에 그 일에 종사한다. 그들은 선수들의 기술적이고 전술적인 기량과, 그 신체적이고 심리적인 요구 등에 관해 잘 알고 있다. 더구나 코치는 바로 그 경쟁 과정에 있어 다소의 활동적인 역할을 수행하며, 경기 결과에 직접 또는 간접적으로 영향을 받게 된다. 그렇다면 그들의 지배적 선호는 무엇인가?

낮은 수준의 경기에서는 여러 가지 이유로 해서 스스로 자원하여 코치나 감독을 맡는 경우도 있다. 이는 운동선수와 그 수준에 있어 큰 차이가 나지 않기에 신망을 기대하거나 이익을 보려고도 하지 않는다. 사실 이 경우 대부분의 코치는 그들 스스로 참가해 물질적으로나 시간적으로 어려움을 감수하게 된다. 이러한 수준에서는 분명 그 내적 선호가 지배적이라고 생각할 수 있다.

높은 수준의 수행에서는 그 선호에 있어 차이가 나게 된다. 전문 코치의 역할은 애매하고 모순되게 드러나 보이는 것으로 특징지어진다(Crafty 1983; Jones *et al*. 1988: 3-42). 코치는 성공에 대한 기대와 함께 정의와 공정함 같은 도덕적 가치를 표출할 것을 기대한다. 각각의 운동선수와 팀의 수행 잠재력을 극대화하고, 동시에 더 큰 구도에서 선수들 각각의 개인적인 복지에 대해서도 신경을 써야만 한다.

훌륭한 코치는 이러한 '양면성'을 다룰 줄 안다. 스포츠의 내적 가치에 대한 생각이 없는 고등학교 체육 코치나 선수를 외적 목표 달성 수단으로만 보는 활강 스키 코치는 아마 이러한 양면성을 잘 다루지 못할 것이다. 그래서 내적 선호는 매우 중요하다. 그렇지만, 수준 높은 스포츠에서의 '성공 철칙(the iron law of success)'이라는 헤이닐료(Heinilä 1982)의 논제는 코치 사이에서 폭넓은 지지를 받는다. 그들을 고용한 고용주(예컨대 클럽과 국가)는 성공, 이익 혹은 신망을 그들에게 요구한다. 더욱이 후원자와 광고주는 성공과 함께 긍정적인 공적 이미지를 요구하고 대중과 미디어는 성공과 흥미로운 엔터테인먼트를 원한다. 그러므로 코치들 간에 강한 외적 선호가 존재하는 것은 분명하다.

후원 체계에 속한 다른 사람들 즉 거대한 의학 스태프, 전문가, 조사원, 관리자와 후원자들은 분명 스포츠의 경험적 가치에 관심이 지니고 있으며 그 가치에 의해 동기지어진다. 하지만 경기의 결과가 그들의 미래를 결정하기 때문에, 그들은 아마도 코치보다 훨씬 더 큰 외적 선호에 지배받고 있다. 그들 중 대부분은 외부 전문가로 참여하는데 그들은 여타의 코치처럼 '게임에 대한 사랑' 때문에 참여하지는 않는다. 하지만 이들 전문가들이 사활을 거는 이유는 성공 즉 최종 순위의 정상에 '자기편의' 선수를 올리는 데 전적으로 의존하기 때문이다. 이는 경기에서의 약물사용과 속임수의 역사에서 이러한 후원 체계가 목적을 달성하기 위해 거의 수단 방법을 가리지 않는 것을 통해 충분히 입증시켜 주고 있다 (Hoberman 1992).

비록 코치와 후원 체계의 구성원이 공정하고 좋은 경기를 위한 강한 내적 선호를 갖는다고 할지라도, 그런 시스템의 존재 자체는 그들의 선수가 성공적으로 경기해서 대중적 지지를 이끌어내는 것에 의존한다는 사실이다. 그러므로 그들의 우선적 선호는 그 본성상 외적 선호임에 분명하다.

관중들 간의 선호 내용

관중들은 더 큰 선호 그룹을 형성한다. 세계에서 가장 큰 경기장 가운데 하나인 브라질의 축구 경기장 마라카나(Maracana)는 14만 명의 관중을 수용할 수 있다. 평균적으로, 세계에서 가장 큰 10개의 스포츠 시설은 실제로 10만 명 이상의 군중을 수용할 수 있게 설계되어 있다.[3] 올림픽과 월드컵은 대략 10억 이상의 사람들에게 텔레비전으로 방송된다(Spà *et al.* 1995). 이러한 관중들이 가장 두드러지게 선호하는 것은 무엇인가?

수동적인 소비자 혹은 변덕스러운 관찰자로서의 관중에 대한 견해보다는 오히려 능동적인 설계자라는 견해가 관중에 대한 올바른 평가일 것이다(Whannel 1998). 그들의 사회-문화적 배경, 성별과 나이 및 그들이 관심을 갖는 스포츠의 특징은 그들의 선호를 이해함에 있어서 모두 중요한 요소들이 된다. 위험을 무릅쓰고, 이러한 다양성을 다소 제한하여 대표적인 관중 모임 세 부류와 연관된 세 가지의 선호 구조를 제안하고자 한다.

---

3) '월드 스타디움'의 출처는 http://homepages.go.com/-cikku/stadstart.htm 이다.

[그룹 I] 전문가

전통적으로 경기에 대한 지식이 있고 도덕적인 의식 수준이 높은 관중들을 말한다. 19세기 말 영국 빅토리아 여왕 시대의 중상위 스포츠 관중으로부터 이 말이 유래한다. 어느 정도 공유된 스포츠 에토스가 이들의 관중 심리에 작용하는 것으로 보인다. 거트만(Guttmann 1986)은 예일 대학의 월터 캠프(Walter Camp)가 1889년에 쓴 내용을 인용하면서 다음과 같이 언급하고 있다.

> 상대의 실수에 환호하는 것은 야구장에서의 예의가 아니다. 만일 그런 일이 야구장에 있다면, 그것은 촌스러움의 극치일 것이다. 더욱이, 만일 상대가 대단한 플레이를 펼쳤다면 당신 스스로 환성을 질러야만 한다. (Guttmann 1986: 88)

전문가 그룹의 핵심 가치는 게임에 관한 지식, 공평성, 남성다움 그리고 사회적인 계층에 따른 품위 등이나. 이상적인 공평한 관중에 대한 래쉬(Lasch 1979: 103-108)의 최근 주장에 따르면, 이들을 '식견 있는 관중'으로 표현하고 있다.

전문가들은 좋아하는 스포츠의 역사와 그 기술적인 전술상의 복잡성, 그 쟁쟁한 기준들, 사회적 이상으로서의 그 역할이라는 다양한 방식으로 깊은 관심을 갖고 있다. 그들의 주된 선호는 경기가 공정하고, 정당하고, 좋고, 흥미로운 방식으로 자신들의 구성적 목적을 달성하는 데 있다. 그들에게 있어 스포츠는 중요한 도덕적 가치의 표현 수단이다. 그래서 스킬렌(Skillen 1998)의 지적에 따르면 최상의 스포츠란 인간 정신의 강인함과 아름다움에 대한 전형적인 표현이라는 것이다.

그렇다면 그룹 I과 같은 관중은 시대에 뒤떨어졌다고 할 수 있는가? 오늘날 고도로 상업화된 엔터테인먼트 스포츠에서 그들은 어떤 역할을 할 수 있는가? 래쉬는 스포츠가 우리의 관심으로부터 멀어지고 부패하는 것에 대해 대단히 비판적이다. 즉, 그는 '텔레비전이 스포츠를 청중에게 확대 보급하기는 했지만 그 이해도를 낮추었다.'고 지적하고 있다(Lasch 1979: 106). 그러나 선수와 프로모터와 관중들은 하나같이 스포츠 자체가 갖는 진지한 측면을 거부하고, 감각적이고 때로는 공격적이고 쇼비니스트적이며 성적인 엔터테인먼트로 스포츠를 귀착시켰다는 것이다. 그래서 모간(Morgan 1994)은 오늘날 스포츠의 변질과 함께 계산적이며 가치-지향적인 스포츠 공동체에 의한 그 어떠한 것에 대해서도 반대하고 있다.

전문가들 간에서 현저히 선호하는 것은 해당 스포츠에 대한 (기술적, 수완적 그리고 도덕적으로) 탁월성과 관련된 기준에 대한 경험에 있다. 여기에서 선호는 본질적으로 내적인 것에 속한다.

[그룹 II] 지지자들

여타의 관중 그룹은 넓은 측면에서 스포츠를 정체성 확인과 확립을 위한 하나의 장으로 여긴다. 스포츠 경기는 상대의 마음과 선호에 따른 선택을 이끌어내고, '그들'에 대항하여 '우리'의 연대를 촉진하는 하나의 장일 따름이다. 고대 이래 중요한 관중의 덕목들은 좋아하는 운동선수와 팀과 관련된 당파성, 충성과 단결이었다(Guttmann 1986).

다양화되고 세분화된 현대사회에서 이러한 가능성은 아마도 그 어느 때보다 더 많은 연관성을 갖지만, 마음에 드는 사람에 대한 지지는 그 강도에 있어서 다양하다. 우리 대부분에게 있어 선수나 팀과의 일체감이 본질적인 측면이라고 할 수는 없다. 미국의 육상 팬들은 매리언 존스(Marion Jones)를 1999년 세계육상선수권대회 내내 응원하였으며, 그가 200미터에서 근육이 부어올랐을 때 크게 실망했다. 다음날 그들 중 대부분은 아마도 그 사건에 관해 강한 느낌을 받지는 않았을 것이다. 국제 축구 시합에서 지지자들은 게임이 진행되는 동안 자신이 지지하는 팀을 열렬히 응원하지만 두세 시간 후 그들의 일상은 결과에 상관없이 돌아간다. 그래서 자르비와 월커는 이러한 군중을 '90분의 애국자'라고 꼬집는다(Jarvie and Walker 1994).

또 다른 사람들에게 있어, 스포츠는 열정적인 참여의 문제이자 실로 근본적인 실존적 문제이다. 바이서(Beisser 1967)는 '종족의 일원'으로서의 스포츠팬을 묘사하고 있다. 우리는 지금 상황에 따른 신분 확인(situational identification)이라 할 수 있는 것으로부터 정체성 확립으로 옮아가고 있다. 그러한 구성을 위한 장으로서의 지지자 문화에 대한 연구는 지난 십여 년 동안 눈부시게 쏟아져 나왔다(Armstrong and Guilianotti 1997, 1999). 예를 들면 아케티(Archetti 1999)는 아르헨티나에서 국가적 강인함을 구축하기 위해 시골의 폴로, 도시의 축구 그리고 탱고가 어떻게 세 가지 축을 이루어 구성될 수 있는지에 대해 언급하고 있다. 극단적인 상황에서 경기의 결과는 생사에 관련된 문제가 될 수 있다.

그룹 II의 관중의 선호에 대한 (흥미롭고) 전형적인 생각은 닉 혼비(Nick Hornby)의 좋은 축구 게임에 대한 논의에서 엿볼 수 있다. 혼비(Hornby 1992: 235-7)는 가능한 한 많은 목표로 선호되는 일련의 특징들을 열거하는데, 일부 좋지 않은 공적 결정들과('분개하는 것은 완벽한 축구 실전의 중요한 구성요소이다') 비가 오는 날과 습식 투구('태클을 하려고 또는 교차점에 닿으려고 15분에 10야드를 미끄러지는 선수의 시야를 속일 수 없다'), 상대편으로부터 빼낸 페널티와 같은 잘못된 실수들과, 상대편에 의해 유발된 선수들에 대한 레드카드, 그리고 소심한 공격성('그 밖에 재미없는 게임을 활성화하기 위해 펀치 업과 같은 것은 아무 소용이 없다')을 든다.

그러나 혼비가 개관하고 있는 것들은 그 정도가 그렇게 심각한 것에 속하지 않는다. 너무 많은 불공정한 심판 결정은 시합을 망칠 수 있으며, 너무 많은 공격은 시합을 혼란으로 이끌 수 있다. 대부분의 지지자 문화는 경기를 의미 있게 만들기 위한 규범과 가치가 요구된다. 일부 스포츠에서, 지지자들은 스포츠와 그들이 지원하는 팀의 성장에 중요한 정치적 영향력을 지닌다. 1998년 가을, 머독(Murdoch) 소유의 TV 채널 BSkyB는 축구팀 맨체스터 유나이티드에 6억 파운드 이상을 제공했다. 팀의 지지자들은 날카롭게 반응했는데, 왜냐하면 그들은 '게임에 대한 애정'이 없는 투자자의 영향을 염려했기 때문이다. 사실 지지자의 항의는 결국 거래가 성사되지 못한 중요한 이유 가운데 하나가 되기도 했다.[4)]

스포츠는 지지자들을 일치, 충성, 단결이라는 공동체로 묶는다. 그들에게 스포츠가 사라진다면, 그들의 공동체 또한 사라지게 될 것이다. 그룹 II에서 관중의 두드러진 선호는 강렬함을 경험하고, '그들'과 '우리' 사이의 어느 정도의 대립을 극복하고 자신들의

4) 열렬한 첼시(Chelsea) 지지자인 셧 잘리(Sut Jhally)는 또 다른 사례를 제시하고 있다. 1997년에 그는 첼시 사장과 스타플레이어 루드 굴리트(Ruud Gullit)의 가슴에 맥주회사 쿠어스(Coors: 미국 내에 급진적인 정당을 지지하는 것으로 알려진 회사)의 로고가 보이는 것에 대해 강력하게 반발하고 있다. 잘리에게 있어, 일종의 그와 같은 협력은 그가 좋아하는 축구와 그 클럽의 가치와는 상반되기 때문이다. 감정적인 어조로 그는 그 상황은 마치 '제시 오언스(Jesse Owens)에게 히틀러의 나치 기장을 달고 다니도록 하는 것'과 같은 것이라고 말했다(Jhally 1988: 224).

마음에 드는 사람과 동일시한다. 그들은 성공의 순간에 찬사를 아끼지 않으며, 어려운 순간에 정신적으로 도움을 줌으로써 자신들의 스포츠에 연결되는 정체성을 확인하고 확립하게 된다. 이 선호의 실현은 최소한 어느 정도 공정하고 도덕적으로 좋은 방식으로 경기를 임하느냐에 달려 있다. 그러므로 그룹 II의 관중의 선호는 본질적으로 내적이다.

[그룹 III] 팬

관중의 세 번째 그룹은 스포츠에 관해 전문적인 지식도 없고 두 번째 지지자 그룹보다 헌신적이지도 않지만, 주로 TV에서 일시적으로 스포츠를 추종하는 팬들이다. 이들은 거대한 그룹이다. 10억 이상의 사람들이 올림픽이나 월드컵 같은 이벤트를 대중매체를 통해 추종하게 된다. 사람들은 왜 TV를 통해 스포츠를 시청하는가? 그들의 선호는 무엇인가?

이러한 관중의 만족도에 관한 경험적 근거를 분석한 자료에 따르면 몇 가지 공통된 특징을 찾을 수 있다. 대부분의 엔터테인먼트 제품에서처럼 TV를 통한 스포츠는 관중에게 '풀어지고', '흥분'하고, '흘러가는 대로 놔두고', '에너지를 충전'하거나 '시간을 죽이는' 등의 기회를 제공하게 된다. 동시에 다양한 경험적 내용을 제공한다고 웨너와 갠츠(Wenner and Gantz 1998)는 주장하고 있다. 서로 다른 스포츠들은 그들 나름의 고유한 엔터테인먼트 특성을 가지며, 남성과 여성은 서로 다른 스포츠를 경험하고, 나이, 사회-경제적 계층, 민족성에 따라 경험이 다양하다. 여기에 덧붙여 브라이언트 등(Bryant *et al.* 1999)은 선수의 적극성은 관중 특히 남성들의 이벤트적인 즐거움을 강화시킨다고 주장한다.[5)]

그들이 누리는 엄청난 인기를 설명하는 데 도움이 될 수 있는 것은 TV 엔터테인먼트로서 스포츠의 구조적 특징들이다. 그룹 II의 관중과 유사하지만 그 영향력에서 차이가 나는 TV 시청자들은 그들이 좋아하는 팀과 운동선수를 응원하며 마음에 드는 사람이 성공할 때 일종의 대리만족을 느낀다. 이렇게 스포츠 경기는 스포츠에 무관심한 관중조차도 이해할 수 있는 단순한 줄거리를 제공하기 때문에, 긴장과 흥분을 느낄 수 있는 가능성이 매우 높다. 높이뛰기 선수는 장대를 넘을 것인가? 그 공격이 골로 연결될 것인가? 누가 최후의 승자가 될 것인가? 결국 좋은 경기에서의 흥분과 긴장은 그 자체로 좋은 것이다. 와넬은 다음과 같이 말한다.

> 스포츠 이벤트는 불확실성과 확실성 사이에서 극적인 순간을 제공한다. 그것은 저자에 의해 미리 정해진 허구의 이야기와는 다르며, 문화적인 코드나 심지어 전문 지식에 의해서조차도 예측될 수 없다. 그것은 진정한 불확실성을 경험할 값진 기회를 제공한다. (Whannel 1998: 229)

관중의 세 번째 그룹인 팬은 내적/외적 선호 구별에 있어 어디에 위치하는지 구별하기가 쉽지 않다. 팬은 자극적인 것을 원하는 동시에 막상막하의 경쟁이 되어 주기를 원하기도 한다. 그리고 공정성과 정의를 높이 평가하며 이를 존중하면서도 충돌과 공격이 있을 때 선호 만족이 증가되기도 한다. 팬은 게임에 대한 애정을 가진 선수들뿐만 아니라, 고도로 훈련된 운동선수들 간의 경기를 통해 즐기기도 한다. 그렇기 때문에 내적/외적 선호 구별에 의한 선호는 사실상 부재한 셈이다.

---

5) 스포츠 관중에 대한 비판적인 글은 예를 들어 Wenner(1998)을 보라. 스포츠 폭력과 관중의 폭력주의에 대한 역사는 Guttmann(1986) 참조.

선호의 강도

지금까지 스포츠 경기와 연관된 모든 당사자들 간의 선호 내용에 대한 구도를 그려보고자 했다. 하지만, 주어진 상황에서 평균 선호 만족에 대한 공리주의적 계산을 수행함에 있어 이것으로 충분하지 않기 때문에, 선호의 강도나 세기에 대해 고려할 필요가 있을 것이다. 예를 들어, X와 Y가 하나의 단체에 속하며, X는 이기고 싶은 욕구가 강하고 Y는 결과에 대해 결코 염두에 두지 않는다고 하자. 이때 X와 Y 사이의 경기를 생각해 보자. 문제는 둘 사이의 평균 선호 만족을 극대화시킨다고 기대할 수 있기 때문에, 엄격한 공리주의자는 X가 에토스를 위반을 하면서까지 이겨야 한다고 주장할 것이다. 반면에 공정하고 좋은 게임에 대한 Y의 선호가 더 강하다면 반드시 Y가 이겨야만 할 것이다.

공리주의적 논증에 따르면 선호 강도의 계산이 필요하기는 하지만 많은 난섬들을 동반하게 된다. 각 개인은 유일한 동시에 내용상으로든 강도에 있어서든 이 두 가지 선호는 결코 동일하지 않다. 선호 내용과 마찬가지로 선호의 강도도 어림잡는 정도의 계산만이 허용된다.

일차적으로, 선수와 관계자 그리고 후원 체계 사이의 선호가 관중 사이의 선호보다 강하다고 여기는 것은 지극히 합리적으로 보인다. 무엇보다도 이들은 경기에서 발생하는 것이 어떤 것이 되었든 간에 그 결과에 직접적으로 영향을 받는 그룹이기 때문이다. 하지만 면밀하게 검토해 보면 이것이 반드시 그렇지만은 않은 경우가 있다는 것을 알 수 있다. 한 시간 이내에 좋아하는 팀에 따른 손실을 잊을 수 있는 팬들도 있는 반면, 열렬한 지지자는 자살을 감행할 수도 있다. 따라서 관중 선호 강도의 차이가 크기도 하지만 그 예측 또한 쉽지 않다.

그렇다면 현 단계에서, 개인들 간의 혹은 개인 그룹들 간의 선호 강도를 비교하지는 않을 것이다. 대신 그룹 내에 한정시켜 선수, 관계자, 후원 체계 그리고 관중에 대한 계산에 집중할 것이다. 결국, 만일 관련된 모든 단체의 지배적 선호가 동일한 방향으로 그 해결점이 모아진다면, 선호 강도에 대한 양 그룹 간의 건호 강도에 대한 비교는 사실상 불필요하다. 하지만 계산 결과가 불확실하거나 불분명하다면, 처음으로 다시 돌아가 더 정교하고도 상세한 구분이 이루어질 수 있도록 해야 할 것이며, 선호 강도에 대한 양 그룹 간의 비교 역시 포함될 수 있다.

모든 관련 당사자의 선호도: 개관

[표 7]은 스포츠 경기와 관련 당사자들의 선호와 관련한 결론을 개괄적으로 제시하고 있다.

관련 단체	지배적 선호
선수	내적 선호: 경쟁하는 과정에서 경험적 가치를 실현 외적 선호: 외적 목적의 달성 — 경기는 수단에 불과하다.
지원 체계(후원 체계)	외적 선호: 외적 목적의 달성 — 경기는 수단에 불과하다.
관중과 대중매체	내적 선호: 경기 내에서 경험적 가치의 실현 외적 선호: 외적 목적의 달성 — 경기는 수단에 불과하다.

[표 7] 스포츠 경기에 관계된 당사들의 선호 내용

도덕적 사고의 비판적 수준에서의 논증

오스카 와일드는 '냉소가는 모든 것의 가격(price)과 아무것도 아닌 것의 가치(value)를 아는 사람이다.'라고 말한 바 있다. 다음 절에서 나는 예상되는 평균 선호 만족에 의해, 몇몇 대안적 규범들의 '가격'을 평가하고자 한다. 그러나 와일드가 말한 냉소가와 달리, 나는 도달하게 될 결론에서 함축하고 있는 가치를 반영해 내지는 못할 것이다. 오히려 이러한 가치가 나의 도덕적 관점과 일치하며, 메타-규범 I을 만족시킬 수 있는지의 여부에 관해 비판적으로 검토할 것이다. 이는 우리가 어느 누구도 비강제적이며, 정보에 근거한 일반적 합의의 기초로서 합당하게 거부할 수 없는 규범을 선택할 것을 요구한다.

이제 도덕적 사고의 비판적 수준에 대한 헤어의 논의로 돌아가 보자. 여기에서의 과제는 '모든 관련 당사자들 사이의 의도적 목적을 가능한 한 최대한으로 실현하는 데 있다.'는 규범 2에서 지적된 바와 같이, 좋은 경기에 대한 문제를 해결하기 위한 대안을 평가하려는 것이다. 이것은 선택을 위한 기준으로서의 공리주의 규범 II를 수행하는 데 있을 것이다.

외적 승리 선호와 내적 승리 선호

스포츠와 연관된 여러 가지 내적 선호와 외적 선호에 대해서는 이미 앞에서 언급했다. 하지만 이러한 선호가 유일한 것은 아니다. 예를 들어 브리지 게임, 음악, 아마추어 활동과 같은 다른 여가 활동에서도 과정-지도적인 내적 선호를 찾을 수 있다. 또한 일상생활 속에서 사람들은 건강을 증진시키기 위해 산책을 하기도

하고, 친구와 만나기 위해 우표 수집 동호회에 가입도 하며, 부와 명예를 위해 영화 사업에 참여하기도 한다. 도덕적 사고의 비판적 수준의 논의에서, 그렇다면 더 특별한 용어로 선택의 딜레마를 정의할 필요가 있다.

스포츠 경기의 구조적 목적상 운동 능력에 따라 측정과 비교가 이루어지고 이에 따라 순위가 정해지는 것이 그 특징이다. 공식적인 순위에 따라 정상에 도달하는 것을 우리는 '이기는 것'으로 규정한다. 그래서 스포츠 경기에 대해 우리는 흔히 '이긴 게임 혹은 진 게임'이라고 부른다. 대체로 모든 선수들에 대해 최종 순위가 결정되기 이전까지는 경기가 끝난 것으로 간주하지 않는다. 야구 경기에서는 만일 9회 말에 동점이 될 경우 한 팀이 점수를 더 낼 때까지 연장하여 진행한다. 또한 아이스하키와 축구의 경우에도 처음 점수를 내는 팀이 이기는 '써든 데드(sudden death)' 원리로 시간을 연장하여 경기를 진행한다. 따라서 스포츠 경기의 외적 선호와 내적 선호가 경쟁의 구조적 목적상 '승리'에 대한 해석과 어느 정도 관련되어 있음에 분명하다.

최소한의 해석은 외적 선호와 관련된다. 부나 명성과 같은 외적인 성과는 통상 최종 순위에서 정상에 오르거나 그에 근접한 순위로 기록된 선수에게 돌아가게 된다. 에토스에 부합하는, 혹은 공정한 태도에 따른 승리에 대한 생각은 부차적인 것으로 간주되며, 다른 수단에 의해 더 효과적인 것으로 나타날 경우 당연히 포기하게 된다. 승리에 대한 외적 해석은 (심지어 에토스를 위반하는 대가를 치르더라도) '최종 순위에서 1위로 이기는 것!'에 있다. 또는 다음과 같이 간단하게

- 이겨라!

1장에서 논의된 승리에 대한 세부적인 해석은 내적 선호와 관련된다. 스포츠의 구성적 규칙은 그 달성을 위한 특별한 목적과 수단을 규정한다. 테니스에서 득점하는 것은, 다른 선수의 코트 내에서 상대 선수의 팔이 닿지 못하는 곳에 공을 넣음으로써 얻게 된다. 핸드볼과 아이스하키에서, 팀은 게임의 에토스에 따라 골문으로 공 혹은 퍽(puck)을 넣어 득점한다. 승리한 팀은 해당 스포츠에서 공통적으로 받아들이고 있는 최상의 기준에 따라 최고 팀이 되는 것이다. 여기에서 승리는 순위에 따른 결과만이 아니라 경기가 진행되는 동안 그 경쟁 방식과도 관계가 있다. 이긴다는 것은 공정함, 즉 공유된 공정한 에토스에 따라 경쟁한다는 것을 전제하고 있는 것이다. 내적 선호에 따른 승리는 '(공유된 공정한 에토스에 따라) 이기기 위해 경기하라!' 또는 더 간단히 다음과 같이 표현할 수 있다.

- 이기기 위해 경기하라!

공리주의적 분석

이러한 두 가지 선호 승리는 세 가지 대안적 경기 A1, A2 그리고 A3에서 서로 맞설 수가 있다.

A1 : 두 경쟁자는 외적 승리 선호를 갖는다. 나는 이것을 도구주의자들의 경기라고 부를 것이다.

A2 : 한 경쟁자는 외적 승리 선호를 갖고, 다른 경쟁자는 내적 승리 선호를 갖는다. 이것을 혼합 경기라고 한다.

A3 : 두 경쟁자는 내적 승리 선호를 갖는다. 이때, 공유된 공정

> 한 에토스에 따라 경쟁하는 것은 그 자체로 목적이 된다. 이것을 선수들의 경쟁이라고 부를 수 있다.

여러 대안 가운데 어떤 것이 최상의 경기를 제공해 주겠는가? 어느 대안이 모든 관련 당사자들 가운데 평균 선호 만족을 극대화하는 것으로 기대할 수 있을까?

공리주의적 분석에 따라 의사 결정 이론의 틀을 적용할 수 있을 것이다. 사실 의사 결정 이론은 불확실한 상황에서 합리적인 선택을 위한 수단으로 고안된 것이다. 그것은 철학, 확률 이론, 수학과 논리학의 영역들 간의 요소들을 고려한 과학적 분석 방법론이다. 이러한 형식적인 합리성 모델을 통해 수량화하기 어려운 도덕성, 합리성, 이기심과 연관된 난제들을 해명하거나 해석하는 데 도움이 되며 이러한 요소들로 인한 문제들에 대해 해결책을 마련할 수 있을 것이다(Hammond *et al.* 1993; Follesdal *et al.* 1996: 276ff.).

결정-이론 논증은 우리가 실현하고자 하는 목표와 가치, 대안적 행위 과정과 개방된 전략, 그 가능한 결과, 그리고 이들 결과의 실현 가능성에 관한 정보를 포함한다. 그것은 또한 대안적 행위 과정을 위한 가치를 평가하려는 시도를 포함한다.

여기에 따르면 모든 관련 당사자들 간에서 평균 선호 만족이 극대화되는 것으로 기대할 수 있는 경기 규범을 찾는 데 있다. 나는 이미 관련 당사자들의 그룹들이 하나의 지배적인 행위-인도적 선호에 의해 특징지어질 수 있음을 언급했으며, 내가 보기에 적절한 그룹의 선호를 구체화하고자 했다. 이제 남은 과제는 이들 선호 내용을 서로 비교하는 것이다. 그러나 무엇보다도 어느 정도의 구체성과 몇몇 방법론적인 측면이 요구된다는 점이다.

앞에서 언급했듯이, 이러한 논증의 단계에서 선호도에 따른 차이를 고려할 필요는 없다. 왜냐하면 관련된 단체의 각 그룹 내에서 선호도는 동등하다고 생각할 수 있기 때문이다. 그러나 이러한 강도의 차이가 선호 만족에 중요한 영향을 미칠 수 있지만, 아직 언급하지 않은 또 다른 변수, 즉 경기 수행의 잠재력도 존재한다. 스포츠 경기의 구조적 목적은 경쟁에 참가한 선수나 팀을 측정하고 비교하여 순위를 매기는 데 있다. 그래서 다소 불공정한 경기는 이러한 목적을 무의미하게 만든다. 왜냐하면 순위가 이미 결정된 것이나 다름이 없기 때문이다. 선호도와 마찬가지로 수행 잠재력에 따른 차이가 있을 수 있다는 점에 대해 고려할 것이다. 물론 그것은 부적절한 변수(non-relevant variables)이자 선호 내용의 비중에 따른 '오류의 원천'이기도 하다. 따라서 동등한 수행 잠재력에 따라 선수들을 판단한다고 가정하자. 아래에서 이러한 가정 모두를 비판적으로 검토할 것이다.

달리 말해서, 우리가 가정하고 있는 경기에서 경쟁자들은 다음과 같다.

- 하나의 안정적인 승리 선호에 따라 행동하는 선수들
- 선호 강도에 있어서 상대적으로 동등한 선수들
- 경기 수행의 잠재력에서 상대적으로 동등한 선수들[6]

---

6) 게임 이론에서 선수들은 상호 영향을 주고받으며 상대 선수의 전략에 비추어 자신의 전략을 선택한다. 둘 혹은 그 이상의 선수는 서로에게 결정에 영향을 미치게 된다. 여기에서 대안적 접근은 경쟁자가 일관되게 지배적인 선호에 따라 행동하지는 않지만 상호작용에 열려 있다고 생각할 수 있다는 것이다. 이를테면 대안적 행위-지도적 규범으로서 '맞받아치기(tit-for-tat)' 전략을 검토할 수 있다. 그럴 경우 요점은 자신의 경쟁자에 따라서 자신의 전략을 조절하는 것이 될 것이다. 이러한 전략은 행위자의 자기-관심을 극대화하기 위해 고안된 것이다. 나는 여기에

물론 결정-이론에 의한 논증은 상호 배타적이지만 가능한 한 모두를 대체할 수 있는 대안들 (A)의 결과들 (C)를 개관해 준다. 각 대안에서 나는 모든 관련 당사자들의 최대 평균 선호 만족도를 산출하려고 할 것이다. 예를 들어 두 경쟁자가 하는 경기에서 만약 양쪽 모두 충분한 선호 만족에 도달하면, 평균 선호 만족이 100%라고 할 수 있다. 두 경쟁자 중 한쪽만이 충분히 만족한다면, 즉 평균 선호 만족은 100%를 둘로 나눈 50%가 된다. 그리고 한 명의 경쟁자가 완전 만족(100%)하고, 다른 한 명의 경쟁자가 부분적으로 만족(50%)할 경우, 평균 선호 만족은 100%와 50%를 더해서 둘로 나눈 75%가 된다.

대개의 경우, 결정-이론 논증은 결과와 그 확률의 일부가 알려져 있지 않은 불확실한 상황을 다룬다. 그런데 이러한 불확실성을 체계적으로 다룰 수 있다. 이를 위해 나는 세 명의 대안적 경쟁자 A1, A2, A3에 따른 다양한 결과가 어떻게 나타나는지에 대해 확률로 평가하게 될 것이다. 확률의 정도는 확률 가치 (p)로 나타낼 것이다.

확률은 0과 1 사이의 수 또는 퍼센트에 의해 표현할 수 있다. 객관적인 확률은 사건 및 주관적 확률에 의거한 상대 빈도의 한계를 나타내고 신뢰도를 표시하는 것이다. 단 도구주의자들의 경기 A1에서만 그 상황 논리에 의거한 객관적인 확률이 결정될 수 있다. 혼합 경기 A2와 경쟁자들의 경기 A3에서의 확률은 믿음 정도에 근거한 주관적인 평가임을 염두에 두어야 한다.

서 모든 관련 당사자들의 평균 선호 만족을 극대화하는 것으로 예상할 수 있는 규범을 확립하고자 한다. 따라서 비록 더 복잡한 게임-이론적 탐구에 관심을 갖는 것일 수는 있어도 일차적인 단계는 스포츠에서의 행위 이념으로서 다양한 선호 내용에 대한 시험은 있어야만 할 것이다.

동전 던지기를 할 경우에 우리는 순수 우연적 사건에 따라 수행되는 것이다. 각각의 가능한 두 결과에 대한 확률은 서로 같다. 그러나 수천의 사람들과 함께 일자리에 지원할 경우 일을 얻게 될 정확한 확률을 계산하는 것은 불가능하다. 그럼에도 불구하고, 그에 대한 평가를 위해 가능한 상황은 얼마든지 만들 수 있다. 첫째, 우리는 '있을 것 같지 않다'거나 '겨우 있음직하다'거나 '꽤 있음직하다'거나 '거의 확실하다'와 같은 일상 언어 개념에 따라 발생하는 사건과 대한 유사성으로 표현할 수 있다. 둘째, 정확성을 기하기 위해 그 다음 관련 정보와 사실을 수집하여 어떤 중요한 변수를 주의 깊게 수량화할 수 있으며, 그러한 평가에 도달하기 위해 최대에서 0에 이르기까지 시도할 수 있다(Hammond *et al*. 1999).

이후의 논증에서, 0에서 1까지의 수를 확률 가치 (p)로 나타낼 것이다. 만일 어떤 수준에서 평균 선호 만족에 의한 결과가 확실성을 갖는 것으로 기대된다면, 그때의 확률은 1 : 1이고, 이것은 p: 1로 표기된다. 혹여 어떤 수준에서 발생하거나 발생하지 않을 평균 선호 만족의 확률이 같다면, 그 결과는 전적으로 불확실하게 된다. 그때의 확률은 1 : 2 즉 p: 0.5로 표현될 수 있다. 만약 어떤 수준에서 평균 선호 만족이 발생할 것이라고('꽤 있음직하다') 신뢰하기 위한 좋은 이유가 있다면, 절대 확실성(p: 1)과 절대 불확실성(p: 0.5) 사이의 평균 가치로 계산된다. 그 경우 확률은 p: 0.75가 될 것이다. 결국 만일 평균 선호 만족의 어떤 수준이 나오지 않을 것이라는('겨우 있음직하다') 비교적 높은 확실성이 있다면, 불확실성(p: 0.5)과 발생하지 않을 절대 불확실성(p: 0) 사이의 평균 가치가 계산되어야 한다. 이때의 확률은 p: 0.25가 된다.

따라서 우리는 퍼센트로 예상되는 최대 평균 선호 만족을 평가할 수 있고 0과 1 사이에서 그런 만족의 확률을 추정할 수 있을 때에 다른 대안과 연관되는 가치 (v)를 양화하는 것(quantify)이 가능하다. 예를 들어 도구주의자들의 경기 A1의 가치 (v)는 그들 각각의 확률을 A1의 각 결과 C에 곱한 것의 총계일 것이다. 즉, $(CA1_1 \times pA1_1) + (CA1_2 \times pA1_2) \cdots + (CA1_n \times pA1_n)$이 된다. 이 분석의 최종 단계는 그 가치의 결과에 따라 A1, A2, A3 경기의 순위가 결정되게 된다.

우선 진행하기에 앞서, 평균 선호 만족의 정교한 양화 시도를 지나치게 동떨어진 것으로 받아들여서는 안 된다는 것을 추가해야 할 것이다. 여기에서는 그 비교가 어려운 '완화된(soft)' 가치에 대해 다루고자 한다. 동시에, 현재의 맥락에서 대안의 순서를 정하고, 어느 정도는 공리주의적 관점에서 받아들일 수 있는 것과의 구분을 위해 서수 범위 이상이 요구되지 않는다. 그러한 서수 순서는 얼마든지 선택할 수 있을 것이다. 우선 A1에 대해 살펴보는 것으로부터 시작하자.

A1 : 도구주의자들의 경기

최종 순위 1위를 차지하기 위한 강한 외적 선호를 가진 두 경쟁자 R과 S가 수행하는 스포츠 경기를 생각해 보자. R과 S에게 있어 경쟁은 외적 목적을 넘어서는 투쟁의 수단이 된다. 비록 R과 S가 경쟁을 즐길지는 몰라도 그 스포츠의 기초적인 규칙은 그 자체로는 가치를 갖지 않으며 필요에 따라 깨질 수 있다. 여기서 공유된 에토스와 같은 것은 없다. 오직 규칙 해석에 대한 실용주의적 합의만이 존재한다. 물론 이러한 합의는 경쟁자들의 자기 이익에 도움이 되는 한에서 그럴 것이다. 속임수와 '전문적 파울'과 같은 의도적 규칙 위반은 만약 전략상 이득이 된다면 얼마든지 허용될 수 있다.

이러한 도구주의자들의 경기는 상수의 합(constant-sum) 게임과 유사하다. 한 명의 경쟁자에게 이익이 되면 다른 경쟁자는 손실을 입게 된다는 점에서 그러하다. 결국 당사자들 중 단 한 명만 선호 만족에 이르게 된다. 만일 R이 이기면, R은 100% 선호 만족을 맛보게 될 것이며, S는 전혀 선호 만족을 경험하지 못할 것이다. 물론 S가 이길 경우 반대가 된다. (즉, S가 승리할 경우 R은 0%, S는 100%가 된다.) 경쟁자들이 동등한 수행 잠재력과 선호도를 갖는다고 가정했을 때, 각 경쟁자가 이길 확률은 (p1): 0.5라고 추정할 수 있다. 결국 확률과 가치는 [도식 1]에서 보여주고 있다.

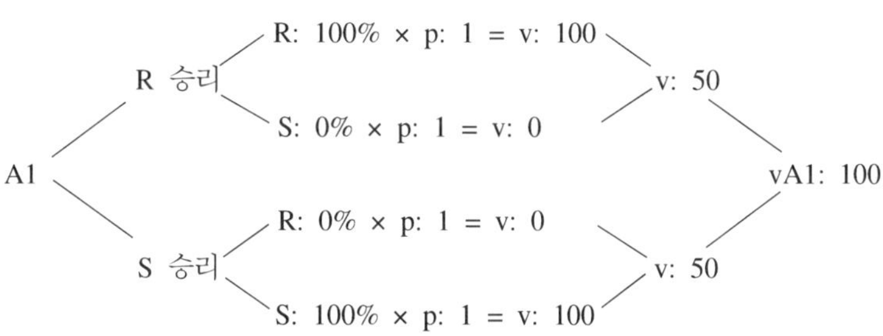

[**도식** 1] A1 : **외적 선호 대 외적 선호**

하지만 위의 결과에 의하면 최종 순위에서 1위를 차지하여 승자가 된다고 하더라도 최대 평균 선호 만족은 결코 50%를 넘지 않는다. 도구주의자들의 경쟁에서는 단 한 경쟁자만 만족되는 것이다. 산출된 결과의 합계와 A1에 대한 확률, 혹은 그 가치 (vA1)는 언제나 100이 될 것이다.

A2 : 혼합 경기

외적 승리 선호를 가진 S와 내적 승리 선호를 가진 T 사이의 또 다른 경기를 생각해 보자. S는 최종 순위에서 1위로 이기려고 하는 반면, T는 (공유된 공정한 에토스에 따라) 이기기 위해서 경기하려고 한다.

앞에서처럼 만일 1위가 될 가능성이 높다면 S는 의도적인 규칙 위반을 받아들일 수도 있다. T와의 경쟁이나 참여 모두 그에게는 외적 목적을 위한 수단일 따름이다.

T는 활동 그 자체에서 경험적 가치를 실현하기 위해 '이기기 위한 게임'을 바랄 것이다. T는 실천에 있어 공유된 정당한 에토스라고 믿는 바에 따라 경쟁한다. T에게 있어, 의도적인 규칙 위반은 선택의 문제가 아니다. S에 대해서는 외적 이익을 위한 장애물로서가 아닌, 상호의 우월함과 좋은 경기를 위해 노력하는 파트너로 생각할 것이다. T가 '이기기 위해 게임에 임하는' 하나의 경험으로 받아들이는 한, T는 최종 순위와 상관없이 만족할 것이다.

우리는 경쟁자들의 수행이 평등한 수준에 있다고 가정해 왔기 때문에, S의 전략은 성공할 것이다. 그 밖에 모든 것이 동등한 조건이라고 한다면, 속이는 쪽은 자신의 목적 달성을 위해 광범위한 수단을 동원하게 될 것이다. S에 대해 우리는 충분한 확실성 (p: 1), 충분한 선호 만족(100%)으로 계산할 수 있을 것이다.

T는 어떠한가? S와 T 사이에 벌어지는 테니스 게임을 한 사례

로 들어보자. S는 공유된 정당한 에토스에 따라 이용 가능한 모든 전술적, 기술적 기량을 총동원하여 발휘하게 된다. 덧붙이자면, 예컨대 S는 좋은 공이라고 소리쳐서 상대를 속이기도 한다. 그렇다면, T에게 있어 '이기기 위한 경기', 즉 T가 그 게임의 공유된 공정한 에토스라고 여기는 바에 따라 최선을 다하는 것이 어려워지게 될 것이다. S의 행동은 이러한 가능성을 방해하게 된다. T는 S의 속임수를 알아차리지 못할 수도 있으며, 경기에 대한 합리적인 만족도가 떨어질 수 있다. 하지만 그러한 측면은 오히려 규칙을 벗어난 것이 될 것이다. T의 충분한 선호 만족(100%)의 기회가 상대적으로 적은 p: 0.25이라고 여길 것이다. 다시 말해, 결국 확률과 가치는 [도식 2]와 같이 나타난다. 이러한 혼합 경기의 가치 (vA2)는 62.5이다.

A2 — S 승리
- S: 100% × p: 1 = v: 100
- T: 100% × p: 0.25 = v: 25

→ vA2: 62.5

[도식 2] A2 : 외적 선호 대 내적 선호

A3 : 선수들의 경기

결국, 내적 승리 선호에 대한 경쟁자들 간의 경기를 생각할 수 있다. T는 선호 '이기기 위한 경기'를 유지하는 동시에 일종에 같은 선호를 갖는 참가자 U를 만족시키게 된다.

T와 U 양쪽은 활동을 통해 얻게 되는 경험적 가치를 추구하며 공유된 정당한 에토스와 연관된 그러한 가치를 야기하는 조건을 경기의 경쟁 조건으로 삼는다. 또한 여기에서 의도적인 규칙 위

반은 발생하지 않는다. 비의도적인 규칙 위반에서 비롯된 불공정한 이익은 정당한 절차에 의해 제거되거나 곧바로 교정이 이루어진다.

앞의 사례와 달리 이러한 경기는 '양쪽 모두에 유리한 상황(win-win situation)'이라는 특징을 갖는다. T의 선호와 U의 선호 양쪽 모두 활동 그 자체 내에서 만족될 수 있다. 누가 최종 순위에서 1위를 차지하게 될 것인가 하는 것과는 무관하게, 두 경기자는 그들의 지배적인 선호를 실현시킬 수 있다. 여기서 그들이 선호도와 수행 잠재력에 의해 공평하게 시합에 임한다고 가정하면, 그들은 최선을 다해 경쟁할 기회를 증가시키게 된다. 그러면 충분한 선호 만족 (p)에 있어 상대적으로 높은 확률을 갖게 되는데, 이것을 0.75로 평가할 수 있을 것이다.

선수들의 경기는 양쪽 경쟁자에게 상대적으로 높은 선호 만족을 제공하는 것으로 나타나며, 그 가치 (vA3)는 150이 된다([도식 3]을 보라).[7)]

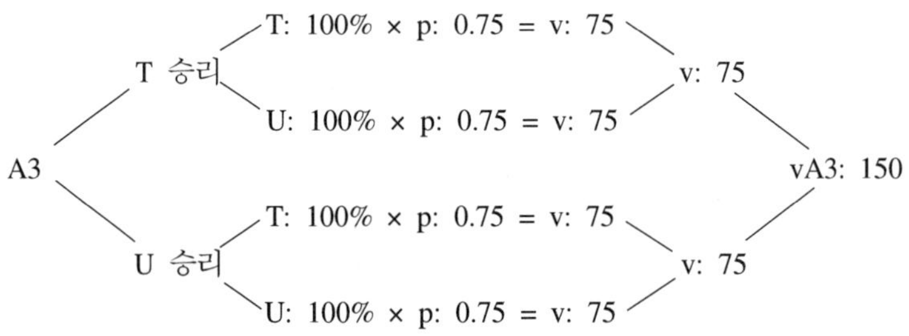

[**도식** 3] A3 : **내적 선호 대 내적 선호**

---

7) [옮긴이 주] 즉, 경기 A3에서 T가 승리할 경우 선호도는 75이며 U가 승리할 경우에 있어서도 그 선호도는 75가 되기 때문에 그 합은 150이 되는 것이다.

한 가지 예비적 결론

이러한 분석의 출발점은 규범 2인데, 그것은 참여한 모든 당사자들 가운데 가능한 한 가장 큰 정도로 의도적 목적의 실현을 규정하고 있다. 좀 더 기술적인 보조 규범 II의 도움으로, 나는 우세한 내적 및 외적 승리 선호를 갖는 경쟁자들 간의 세 가지 서로 다른 경기에서 예상되는 평균 선호 만족을 평가하고자 했다. 세 가지 대안들의 가치는 다음과 같다.

- A1, 도구주의자들의 경기, vA1 = 100
- A2, 혼합 경기, vA2 = 62.5
- A3, 선수들의 경기, vA3 = 150

따라서 A3이 가장 가치 있는 대안이다. 규범 2의 일차적인 규정에 따라 이제 말할 수 있는 것은:

> 스포츠 경기에 자발적으로 참여한 경쟁자들은 이기기 위해 (공유된 정당한 에토스에 따라) 경기를 해야만 한다.[8)]

---

8) 여기에서 내가 들고 있는 사례는 두 사람의 경쟁에 기초하고 있다. 트랙 경기나 평지에서 공을 사용하는 게임, 스키나 스케이트와 같은 겨울 스포츠를 포함하는 대부분의 스포츠는 두 명의 경쟁자 이상을 포함한다. 규범 2에 대한 나의 예비적인 항목이 포함된 많은 단체에서의 경쟁과 같은 상태에 있어야 하는가?
3장에서 언급한 바와 같이 직접적인 경기와 간접적인 경기 간의 구분을 고수하면서, 농구, 축구, 배구와 같은 직접적인 n-사람 경기와 예를 들어 크로스컨트리와 같이 많은 사람이 참여하는 비직접적인 n-사람 경기를 생각해 보자.
[A1' : 도구주의적 경기]
경기 A1'에서 모든 경쟁자들이 외적 선호를 갖는다고 생각해 보자. 농

구경기에서는 오직 한 팀만이 승리할 수 있다. 평균 선호 만족은 A1: 50%로 확률은 p: 1이 될 것이다. 크로스컨트리 경주의 경우, 오직 한 사람의 선수만이 승리할 수 있다. 만일 모든 경쟁자들의 선호 만족이 1위가 되는 것에 의존한다고 생각한다면, 평균 만족은 매우 낮아지게 될 것이다. 만일 50명의 주자가 있다면, 사실상 1 : 50의 평균이라고 말할 수 있을 것이고, 그것은 2%가 될 것이다. 하지만, 적어도 주자들 가운데 일부는 아마도 순위 10위 내에 드는 것만으로 승리-선호를 만족시킨다고 생각할 수 있을 것이다. 만일 그렇다면, 평균 선호 만족은 20% 증가하게 될 것이다. 어떠한 경우든, 이와 같은 n-사람의 비직접적인 경기의 경우, 예상되는 평균 선호 만족은 확실성의 정도에 있어 상대적으로 높은 50%를 넘어서는 것으로 나타나지 않는다. 그래서 확률은 p: 0.75이다. 그래서 vA1'의 값은 결코 75를 넘지 않을 것이다.

[A2' : 혼합 경기]

이제 외적 선호와 내적 선호 모두 지닌 경쟁자들을 포함하는 A2'를 생각해 보자.

만일 두 농구팀이 각기 외적 선호와 내적 선호를 갖는 선수들로 구성되었을 경우, A2의 상황이 될 것이다. 만일 외적 선호를 갖는 선수들의 수가 증가한다면, 내적 선호를 갖는 선수들이 의미 있는 경기를 찾을 수 있을 가능성은 낮아지게 될 것이다. 따라서 평균 선호 만족은 감소하게 된다고 예상할 수 있을 것이다. 만일 내적 선호를 갖는 선수들의 수가 증가하게 된다면, 잘 치러진 경기를 경험할 기회는 증가하게 될 것이고, 따라서 예상되는 평균 선호 만족 역시 그럴 것이라고 생각할 수 있다. 크로스컨트리 경주에 관해 말할 수 있는 것은 무엇인가? 우리는 여기서 직접적으로 상호작용하지 않는, 즉 한 경쟁자의 수행이 다른 경쟁자들에게 중대한 영향을 미치지 않는 비직접적인 경기를 다루고 있다. 예상되는 평균 선호 만족은 외적 선호와 내적 선호에 대한 선수들의 수와 직접적인 함수 관계에 있다. 더 많은 선수들이 외적 선호를 포기한다고 할 경우 예상되는 평균 선호 만족은 더욱 낮아지게 될 것이다. 이것은 정반대의 상황에도 적용된다. 즉, 내적 선호를 갖는 선수들이 더 많을 경우, 예상할 수 있는 평균 선호 만족은 더 높아질 것이다. 만일 내적 선호를 갖는 선수들의 수가 많다면, A2'에 대한 직접적 경기나 비직접적 경기 모두 평균 선호 만족에서 A1'를 상회하는 것으로 나타날 수도 있다. 그것은 vA2'가 75를 넘어설 수 있다는 것이다. 하지만 지배적인 외적 선호를 갖는 선수가 있는 한, vA2'는 A3에서 확인한 것과 같은 수준에 결코 도달하지는 못할 것이다.

관계자와 후원 체계

지금까지 경기 A1, A2 그리고 A3은 경쟁자들에게만 한정된 것이다. 규범 2는 모든 관련 당사자들의 의도적 목적을 가능한 최대한으로 실현시킬 것으로 기대할 수 있는 행위에 대한 선택을 요구한다. 이제 관계자, 후원 체계, 그리고 관중들 사이의 선호 만족을 알아보기 위해 분석을 좀 더 확장시켜야 한다.

일반적으로 관계자들 간에서 그리고 경기력이 낮은 아마추어 스포츠에서의 후원 체계의 경우, 일차적으로 내적인 선호를 찾을 수 있다고 생각한다. 관련 단체 대부분은 실천 그 자체를 통해 실현된 경험적 가치를 받아들이기 때문에 경기에 참여하게 된다. 또는 적어도 우정과 공동의식과 같은 외적인 목적 실현이 공유된 정당한 에토스에 의해 구성된 경쟁에 어느 정도 의존하는 경우도 있다. 그렇다면 규범 2의 일차적인 세부 항목은 유지된다고 볼 수 있다.

반면, 높은 수준의 스포츠에서 후원 체계는 상당 부분 외적 선호에 따라 행동하는 것 같다. 더군다나, 수많은 관중이 여기에 참여하는 것으로 보인다. 그렇다면 이러한 주장에 따라 그 같은 당

[A3' : 선수들의 경기]
마지막으로 모든 경쟁자들이 내적 선호를 갖는 A3'를 생각해 보자. 유사한 수준의 선호도와 수행 잠재력을 갖는 선수들의 경우, 그 상황은 농구경기와 크로스컨트리 경주 두 경기에서 A3와 일치한다. 이 경우 확률 p: 75를 갖는 100% 최대한의 선호 만족을 예상할 수 있다. 그렇다면 두 사람 경기인 A1, A2 그리고 A3의 결과가 여전히 하나의 예외를 갖는다고 생각할 수 있다. 비직접적인 혼합 경기에서 내적 선호를 갖는 선수들의 수가 많다는 것은, A2'가 이차적인 최선의 해결책으로 정해질 수도 있다는 것이다. 하지만 이러한 차이가 규범 2에 대한 예비적인 세부 항목에 위협이 되지 않는다. 이러한 n-사람 경기에 대한 간략한 논의는 나의 결론을 지지해 준다.

사자들이 어떻게 포함될 수 있겠는가?

만일 후원 체계에 참여하고 있는 모든 사람이 주로 외적 선호를 갖는다면, 이는 어느 쪽도 그러한 결론을 지지하거나 물러서지도 않을 것이다. 외적 선호를 가진 경쟁자를 만족시키는 도구주의자들의 경기의 A1-시나리오와 같이, 두 가지 후원 체계 가운데 하나만이 만족될 수 있다. 평균 선호 만족은 그 결과와 상관없이 50%가 될 것이다. 두 가지 가능한 결과를 갖는 경기 A1과 A3에서, 후원 체계 ($vA1_{su}$)와 ($vA3_{su}$)의 가치를 합산하면 100이 될 것이다. 단지 한 가지 결과만을 갖는 혼합 경기에서 합산한 가치 ($vA2_{su}$)은 50이 될 것이다. 그러므로 후원 체계에 대한 선호는 규범 2의 일차적인 세부사항에 이의가 제기되지 않을 것이다.

관중

관중 그룹은 더욱 복잡하다. 앞 절에서 그룹 I과 II의 관중이 주로 내적 선호에 따라 참여하게 된다고 언급했다. 대부분의 그들의 선호는 공유된 정당한 에토스에 따라 진행되는 경기에 의존하게 된다. 관중은 해당 스포츠에서 최상의 표준 경험(그룹 I, 전문가)을 추구하거나, 혹은 정체성의 확인, 확증, 그리고 확립(그룹 II, 지지자)을 추구한다. 하지만 그룹 III인 팬은 서로 상대적이다. 경기가 격렬함, 극적 사건, 흥분과 같은 엔터테인먼트적 가치를 실현하는 한, 그들은 높은 선호 만족을 합리적으로 획득하게 된다. 이와 같은 근거에 따라 이제 경기를 하나씩 살펴보도록 하자.

현저하게 외적 선호(경기 A1과 같이)가 있는 경쟁자들에게 있어, 해당 에토스는 에토스의 준수가 외적 목적의 추구와 관련하여 합리적인 오직 그 경우에만 따르게 된다. 그래서 그들의 경기는 과격할 수 있고 드라마틱하게 흥미로울 수 있다. 그들은 스포츠를 일종의 전쟁으로 여긴다. 사실상, 우리는 세 관중 그룹에서 높은 단계의 평균 선호 만족을 기대할 수 있다. 동시에 도구주의자들의 경기는 관중 그룹 I, 즉 전문가에 의해 높게 평가되는 스포츠의 최상의 기준에 따라 경기가 수행될 경우 낮게 나타날 수 있다. 시리즈에서 이미 승리한 농구팀은 마지막 경기에서 좋은 플레이를 펼치는 데 취약할 수 있다. 최종 결승전을 치르고 있는 축구팀은 양 쪽 다 방어적으로 그리고 대담하지 않게 경기할 수도 있다. 그렇지만 여전히 관중들 간에서 100% 평균 선호 만족을 위한 확률은 상대적으로 높은 p: 0.75로 판단해야만 한다. 만일 A1의 두 결과에 따른 관중의 가치를 합산하면, $vAl_{sp} = 150$을 얻는다.

관중들의 전망에 따른, 현저하게 외적 및 내적인 승리 선호를 가진 선수를 포함하는 A2와 같은 혼합 경기는 안정적이지 못하다. 그들은 높은 엔터테인먼트 가치에 따른 것일 수 있다. 관중 그룹 I에 해당하는 아이스하키 전문가에게 있어, 1980년대에 기술적으로 세련되면서 페어플레이를 하는 러시아 선수가 능숙함과 적극성이 떨어지는 캐나다 선수에게 이기는 것을 보는 즐거움이 있었을 것임에 분명하다. 스테판 에드버그(Stefan Edberg)와 같은 페어플레이를 하는 테니스 스타의 장점은 테니스의 악동이라 불린 존 매켄로(John McEnroe)와의 시합에서 특히 눈부시게 빛났다. 그렇지만 혼합 경기 A2에는 단지 하나의 가능한 결과만이 있을 뿐이다. 경쟁자들의 기량이 같은 수준이라면 불공정하게 경기를 이끄는 선수가 승리할 것이다. 그렇다면 그룹 I의 전문가 관중은 크게 실망할 것이다. 정체성의 확인과 확립, 그리고 엔터테인먼트 가치를 추구하는 그룹 II와 III의 관중조차도 혼합 경기에 대해 애매한 태도를 취하는 경향이 있다. 지지자들을 위해, 그를 좋아하는 운동선수나 팀이 이길 수도 있겠지만 여기에는 진정한 시합이란 없으며, 승리한다고 해도 진정한 자부심을 느낄 수 없다. 팬을 위해, 두 경쟁자가 싸움을 유발하기도 하고 아마도 격정적인 적대심을 자극한다면 때로는 더 좋아하게 될 것이다. 그러나 즐기기 위한 경기도 그렇겠지만 즐기기 위한 경기가 아닐 경우에도 그렇게 끝날 것이다. A2의 경우, 선호 만족을 예측하기가 어렵다. 따라서 $p = 0.5$라고 추정할 수 있을 것이다. 그러면 $vA2_{sp}$은 100% × 0.5 그래서 50이 된다.

경쟁자들이 정당한 에토스를 공유하는 것과 함께 내적 선호에 따라 참여하게 되는 A3와 같은 선수들의 경기는 규범상 격렬함, 흥분 그리고 일정하게 나타날 것이다. 만일 비슷한 경쟁자들끼리 맞붙게 된다면, 해당 스포츠에서 우월성의 표준에 밀접한 경기를 수행하기 위해 서로를 고무시킬 수 있다. 이와 같은 종류의 경기는 기술적, 전술적 그리고 도덕적 이상을 표현할 때가 많다. 여기에서는, 세 관중 그룹 모두 높은 선호 만족도에 도달할 수 있다. A3에서 충돌과 난폭한 행동이 결여될 수 있는 것은 경기의 특성에 따른 것일 수 있다. 그 결과는 A1의 결과와 유사하게 나타난다. 관중들 사이의 선호 만족의 확률의 크기는 p: 0.75로 높게 나타난다. A3의 두 가지 가능한 결과에 대한 관중의 가치를 합치면, 2 × 100% × 0.75 따라서 $vA3_{sp} = 150$이다.

최종 공리주의적 계산법

이제 계산을 마무리지어야 할 것 같다. 지금까지 모든 관련 당사자들 사이의 경기 A1, A2 그리고 A3에 대한 선호도에 따른 가치에 대해 평가해 보았다.

분석의 개괄적인 틀을 제시하기 위해, 서로 다른 대안이 결정-이론적 모델 또는 때로는 결단 나무라고 하는 것을 설정할 수 있다. 이것은 결단에 있어 결정적 요소의 입체적 표현이며 대안과 있음직한 결과들 간의 관계를 나타내 준다. 위의 [도식 1]에서 [도식 3]까지는 이러한 논증의 대략적인 윤곽을 제시해 주며 [도식 4]는 대안 경기인 A1, A2 그리고 A3의 전체 가치를 구체적으로 보여주고 있다.

결국 외적 선호 대 외적 선호인 도구주의자들의 경기 A1의 합계는 vA1 = 350이다. 외적 선호 대 내적 선호인 혼합 경기 A2의 합계는 vA2 = 162.5다. 마지막으로 내적 선호 대 내적 선호인 선수들의 경기 A3의 합계는 vA3 = 400이라는 결론이 나온다.

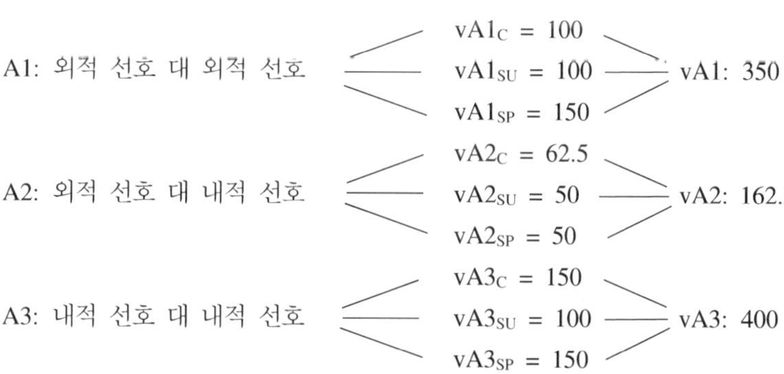

[도식 4] 최종 공리주의적 계산법의 개관

위에서 제시된 가치에 대한 측정이 서수 수준의 평가라는 것을 재차 강조해야 할 것 같다. 이것은 수치가 여러 가지 대안들(그들의 단지 시험적인 순위) 가운데에서 그 차이를 정확하게 가리키고 있는 것은 아니라는 것을 의미한다. 그것은 다만 그들의 잠정적인 순위만을 가리키고 있을 따름이다.

경쟁자들이 내적 승리 선호에 근거하여 행동해야 한다는 규범 2의 일차적인 규정은 많은 지지를 받아 왔다. 공리주의적 관점에서 최선의 대안은 선수들의 경쟁 A3임에도 불구하고 여기서 경쟁자들은 내적 승리 선호인 '이기기 위한 (공유된 정당한 에토스에 따른) 경기'에 따라 행동하게 된다. 만일 경쟁자들이 이러한 선호에 따라 행동한다면, 모든 관련 당사자들 중에서 평균 선호 만족의 극대화를 기대할 수 있다. 게다가 일반적으로 좋은 스포츠 경기의 총수를 극대화하는 것도 기대할 수 있다.

규범 2의 일차적인 규정은 경쟁자들에게만 타당하다. 타당성의 영역은 이제 모든 관련 당사자들로 확대될 수 있다. 이를 최종적으로 공식화하면 다음과 같다.

> 2.1 스포츠 경기에 자발적으로 참여한 당사자들은 경쟁자들의 이기기 위해서 (공유된 공정한 에토스에 따라) 하는 플레이 규범이 가능한 최대한으로 실현되는 그런 방식으로 행동해야 한다.

규범 2.1은 일련의 실천적인 결과를 가지고 있다. 관계자들은 다만 공정성과 정당성을 확실하게 할 뿐만 아니라, 모든 경기가 좋은 경기로서 실천되는지 알기 위해 최선을 다해야 할 책임감을 지녀야 한다. 좋은 관계자는 이 의무를 분명하게 알고 있다. 그들은 게임의 흐름에 불필요하게 간섭하지 않으며 스포츠 경기가 이루어지는 동안 좋은 분위기를 만들기 위해 최선의 노력을 다해야 한다.

비슷하게 높은 수준의 스포츠에서 많은 후원 체계의 성원들은 정당하고 좋은 경기를 가장 우선시해야 할 것이다. 만일 이러한 그룹이 강한 외적 선호를 가지고 있다는 가정이 맞는다면 규범 2.1이 아마도 가장 극적인 결과를 가져오게 될 것이다. 그것은 그들의 상황에 대한 사회적 논리에 모순되는 것처럼 보이는데, 여기에서의 성공은 그들이 지속적으로 존속하기 위한 바로 그러한 조건인 것이다.

얼핏 보기에 위의 규범 2.1은 그룹 I의 관중인 전문가들을 지지한다는 인상을 받을 수 있다. 그러나 꼭 그런 것은 아니다. 나는 그룹 II의 관중인 후원 문화는 공유된 정당한 종류의 에토스를 고수하는 것이 정체성의 확인과 확립을 제공해 주는 스포츠에 필요하다는 것을 다소 직관적으로나마 인정한다고 주장해 왔다. 더욱이 팬들이 더 공격적이고 과격한 경기에서와 같이 경기가 잘 진행되고 공정하기는 하지만 여전히 공격적이고 극적이며 신체적으로 접촉이 많은 경기에서 강한 엔터테인먼트 가치와 같은 바로 그러한 것들을 찾는 것이 그렇게 불합리하다고 생각할 필요는 없다. 규범 2.1이 그러한 견해와 반드시 모순되는 것만은 아니다.

규범 2.1이 함축하는 바에 따른 더 발전된 논의는 여기에서 범위를 넘어선다. 나는 또 다른 가능한 페어플레이 규범을 공식화했으며, 이제는 공리주의적 계산법이 갖는 복잡성을 사전에 제거하기 위해 몇몇 가정들을 비판적으로 검토할 것이다.

선호 강도와 경기 수행 잠재력에서의 변화

첫째로, 동등한 선호 강도를 갖는 선수들을 다루고, 다른 관련 당사자들(후원 체계와 관중)이 갖는 선호 강도에 대한 그룹 내적인 비교를 가급적 피했다. 이러한 가정은 정당화될 수 있는가?

그 계산은 선수와 관중 그룹이 규범 2.1, 즉 '이기기 위한 경기'를 지지함에 있어 같은 방향으로 기우는 것으로 나타냈다. 누가 이기든 상관없이 가정된 현저한 외적 선호를 가진 후원 체계들은 평균 50%의 선호 만족에 도달하며, 따라서 어떠한 방향에서도 계산에 영향을 주지 않는다. 세 개의 그룹 가운데 둘이 규범 2.1을 지지하고 세 번째 그룹이 중립적이기 때문에, 집단 간의 비교는 요구되지 않는다.

이것은 이들 가정이 반드시 도덕적으로 정당화된다는 것을 의미하지는 않는다. 실제로 이루어지는 경기에서 선호 강도와 수행 잠재력은 당연히 큰 변화를 보인다. 좀 더 상세하게 살펴보자.

선호 강도에서의 변화

선호 강도의 변화는 관련 당사자들 중에서 선호 만족의 정도에 따라 다르게 나타날 수 있다. 예를 들어 X와 Y의 스쿼시 게임에서 X는 2, 3년 정도 운동을 해왔으며 운동의 동기와 그 발전의 가능성에 대해 매우 큰 열망을 가지고 있다고 생각해 보자. 그는 규칙적으로 훈련하고, 기술적인 것과 전술적인 훈련 속에서 실전에 알맞은 균형을 찾기 위해 노력할 것이다. 점수를 얻기 위해 X는 내적인 동기가 부여되어 언제나 최선을 다한다. 그는 한 점수를 올리기 위해 위험을 감수하고라도 공격적 플레이 균형을 잡기 위해 최선의 노력을 기울인다. 또한 X는 공유된 정당한 규칙에 따라 승리하기 위해 매 경기에 임한다고 하자. 반면 Y는 경험이 풍부한 선수이다. 그는 기술 연마에 시간을 보내기보다는, 점수를 내기 위한 경기를 위해 노력한다. 그는 경기의 승리를 위해 능수능란하게 행동하고 이를 뒷받침해 줄 수 있는 적수를 필요로 한다. 물론 Y 역시 공유된 정당한 규칙에 따라 이기기 위한 경기를 한다. 여기서 X와 Y의 차이는 선호 내용의 차이가 아니라 선호 강도의 차이일 것이다. 중요한 것은 이 차이가 평균 선호 만족을 오히려 감소시키게 된다는 점이다. 누가 적수가 되든지 간에 X는 상당히 열심히 경기에 임한다. Y는 동등한 선호 강도를 갖지 않기 때문에 그의 태도는 오히려 긴장이 풀려 있는 상태일 것이다. 이와 같은 게임에서 X는 Y에 대해 열의가 없다고 여겨 상대적인 좌절감을 느끼는 경향이 있는 데 비해, Y는 X의 초보적인 열정에 따른 상대와 대적할 수 없다고 생각하여 오히려 부담감을 느낄 수도 있다.

조직화되지 않은 스포츠에서조차 우리는 일에서의 선호 강도에 대한 경쟁에 암묵적인 규범이 있음을 알게 된다. X와 Y에 관해 언급한 바로 그러한 경기 이후에, 선수들은 자신과 비슷한 선호 강도를 지닌 다른 선수를 찾아 통상 동기 유발적인 균형(motivational symmetry)으로 되돌리고자 노력하게 될 것이다. 우리는 일치한다고 느껴지는 선수를 직관적으로 찾게 된다. '테스트 집단(testing families)'에 대한 크레츠마(Kretchmar 1975)의 생각은 여기에 적합하다. 즉, 우리는 우리 자신과 유사한 선호 내용과 강도를 지닌 선수를 찾는 것이다. 수행의 더 높은 단계에서, 이 규범은 조직적인 집합에서 명확한 부분이 내재하는 부분인 경향이 있다. 기초적인 조직화 원리는 수행이다. 단지 중간의 선호 강도가 있는 사람은 누구라도 그렇게 많이 진보하지는 않을 것이다. 선호 강도의 동등성은 체계 논리를 통해 더 효과적으로 확보된다.

그렇다면 무엇을 다른 관련 당사자들 사이의 선호 만족이라고 말할 수 있는가? 높은 수행적 스포츠에서는, 후원 체계가 외적 선호에 의해 지배되는 것은 당연하다. 여기에서는 선수의 선호와는 무관하게, 확실성과 함께, 50%의 선호 만족이 존재할 것이다. 일반적으로 관중 그룹은 동등한 선호 강도를 갖는 선수에게 더 호감을 갖는다고 말할 수 있다. 잠재적 수행에서 동등하지 않은 것과 같이, 그 이유는 간단히 선호 강도에서 동등하지 않은 선수들이 경기에서 더 평가를 받고 결과의 불확실성이 적은 경기를 통상 산출한다는 것이다. 나는 이제 규범 2의 추가된 규정을 형식화할 수 있다:

> 2.2 스포츠 경기에 자발적으로 참여한 당사자들은 유사 선호 강도를 갖는 경쟁자들과의 시합이 가능한 최대한으로 실현되는 그러한 방식으로 행동해야 한다.

경기 수행 잠재력

경기의 구조적 목적은 경기 수행에 따라서 경쟁자들을 측정하고, 비교하고, 그리고 순위를 매기는 것이다. 신뢰할 수 있고 유효한 평가에 도달하기 위해, 모든 선수는 문제의 스포츠의 공유된 정당한 에토스에 따라 경쟁해야만 한다. 모든 선수는 동등한 관계에서 평가되어야 한다. 게다가, 위의 확정된 논증으로부터 보았던 것과 같은 그러한 평가는 모든 선수가 '이기기 위한 경기'를 할 경우 가장 가치 있게 된다.

또 하나의 가정은 경기는 수행 잠재력이 동등한 선수들 간에서 최상으로 실현되는 경향이 있다는 점이다. 애거시와 메드베데프의 예에서 설명된 바 있듯이 비슷한 실력을 가지고 경기에서 경쟁하는 선수들은 통상 서로 도전하는 동시에 최선을 다해 경기 진행을 돕는다. 윌리엄스의 아마추어 사례는 주변의 다른 방식의 주장을 구체적으로 보여주고 있다. 실력에서 차이가 나는데도 불구하고 맞붙은 선수에게서는 일반적으로 정복과 도전의 경험이 감소될 것이다. 상당히 차이가 나는 선수들끼리의 동등하지 못한 경기와 함께 경기의 구조적인 목적을 추구하는 것은 무의미해 보인다. 즉, 선수들을 측정하고, 비교하고 그리고 순위를 매기는 것이 이미 정해진 답변이 이루어질 수 있는 문제와 같이 무의미하다.

비슷하게 경쟁이 이루어지는 선수들에 대한 이러한 생각은 실제로 널리 증명되었다. 비공식적인 경기에서, 아이들은 항상 팀들을 잘 대진시키려고 한다. 그들은 비슷한 팀을 선택하려고 노력하고, 필요하다면 선수를 바꾸어 조정할 것이다. 대부분의 선수들은 운동의 수행에 있어 비슷한 수준에서 파트너를 찾는다. 그만큼, '유사 집단 테스트'에 대한 크레츠마의 생각은 적절하다. 극소수만이 상당히 차이가 나는 상대와 겨루기를 희망한다.

조직화된 스포츠에서 패턴은 더욱 명백하게 보이기조차 한다. 여기에서는 우리는 개인이나 팀별로 경합하고 수행 잠재력에 따라 시리즈, 리그, 녹아웃 경기와 토너먼트별로 조직하여 경쟁한다. 대부분의 구기게임에서, 팀은 앞 시즌 결과에 따라 분류된다. 개별 선수에 따른 스포츠의 경우 상호 비교할 수 있는 과정은 얼마든지 있을 수 있다. 예를 들어 그것은 각 선수들이 점수를 확보함으로써 분류하게 되는 경우일 것이다.

다른 관련 당사자들 간에 수행 잠재력에 이른다고 했을 때, 비슷하게 경쟁하는 선수의 결과는 무엇인가? 지배적인 외적 선호를 갖는 후원 체계에서는 '자신들의' 선수가 성공하는 오직 그 경우에 만족하게 된다. 여기에는 경쟁조차 있는 것인지 없는 것인지와 무관하게, 전과 같이 유사 선호 만족에 따른 가장 확실한 귀결이 이루어질 것이다.

관중의 견해는 무엇인가? 그렇지만, 세 가지 관중 그룹에서, 특히 그룹 II(지지자)와 그룹 III(팬)에게서, 좋은 경기는 강렬함과 긴장감을 가지고 있어야만 할 것으로 보인다. '누가 이기게 될 것인가?'라는 문제에 흥미진진한 개방성이 있어야만 한다. 만일 선수가 운동 수행 잠재성만 있고 승리를 위해 최선을 다한다면, 결과의 불확실성이 야기된다. 그래서 일반적으로 관중들은 경쟁하는 것조차 선호한다고 말할 수 있다.

아마도 비슷하게 경쟁하는 선수들을 선발함에 있어 가장 분명하게 드러나는 것은 농구와 축구, 아이스하키에서 미국 리그 같은 상업용 스포츠 시스템에서 찾을 수 있다. 계약(선발)에 대한 준비가 되어 있는 각 학년 대학 선수는 순위가 매겨진다. 개괄적으로 말해서, 그러한 생각은 가장 약한 기록을 가진 팀을 우선 선택하고 거기에서 최상위 대학 선수들을 통상 선발한다는 것이다. 명백한 이유는 시리즈 타이틀을 거머쥐는 어떤 명백한 후보자도 있어서는 안 되며, 그리고 팀이 패배하기 쉽다고 생각해서도 안 된다는 것이다. 소유주와 매니저에게 이 협정은 전적으로 이익 고려에 의거한다. 개방된 결과는 엔터테인먼트 가치를 강화하고, 더 많은 관중을 끌어들인다. 그렇다면 이번만은 상업상의 이익이 공리주의적 관점에서 비용 이익 분석과 일치하는 것처럼 보인다.

이제 규범 2의 세 번째 규정을 다음과 같이 제시할 수 있다.

> 2.3 스포츠 경기에 자발적으로 참여하고 있는 당사자들은 유사 수행 잠재력을 갖는 경쟁자들과의 시합이 가능한 최대한으로 실현되는 그런 방식으로 행동해야 한다.

두 가지 반론

경쟁자들을 위한 이상으로서 규범 2.1, 2.2 그리고 2.3을 옹호하는 주장을 했다. 비록 그들의 실제적 수행에 대한 그 이상의 논증이 현재 논의의 범위를 넘어서기는 하지만, 위에서 얻은 성과와 직접 연관되는 두 가지 가능한 반론을 살펴볼 필요가 있다.

우선 [도식 4]에서 제시된 공리주의적 계산법에 대한 개관에서도 알 수 있듯이, 도구주의자들의 경기 A1은 차선의 결과를, 혼합 경기 A2는 최악의 결과를 나타낸다. 달리 말해, 그것은 서로 다른 선호 내용을 갖는 두 명의 선수보다는 외적 선호를 가진 두 명의 선수가 만나는 것이 더 낫다는 것을 말한다. 최고의 결과(A1과 A3)와 최악의 결과(A2)를 구별하는 것은 선호에 있어 동등한 내용을 다루는 것이다. 행위-지도적 에토스로서의 내적 승리 선호를 규정하는 규범 2.1은 그러한 이상을 잘 표현해 주고 있다. 하지만 더 실질적이고 그러면서도 그다지 이상적이지 않은 논제는 다음과 같다.

> 스포츠 경기에 자발적으로 참여한 당사자들은 유사 선호 내용을 갖는 경쟁자들과의 시합이 가능한 한 최대한으로 실현되는 그러한 방식에 따라 행동해야 한다.

이러한 대안은 좋지 않은 경기의 수를 최소화하자는 생각에 근거해 있다. 비록 제시된 대안이 더 현실적일지는 모르지만 특히 외적 선호가 많고 높은 수행이 요구되는 스포츠에서, 그것은 다소 방어적인 도덕적 전략을 나타낸다. 우리는 불완전한 세계에 살기 때문에, 도덕적 관점에 따른 차선의 대안이 무엇인지를 여기에서 설정할 필요가 있는가? 아마도 극히 이상주의적인 규범이 어떤 종류의 사실에 근거한 규범들보다 더 우리의 태도와 실천을 변화시킬 수 있는지의 문제는 결국 모든 당사자들의 평균 선호 만족을 극대화하는 것으로 기대되는 규범을 공식화하는 것이다. 이러한 극대화 구도가 참이기 위해서는, 선수들의 경쟁 A3을 이상적인 것으로 선택해야만 한다.

두 번째 반론은 규범 2.2에 관련된다. 이 규범은 비슷한 수행 잠재력을 갖는 경쟁자들에 대한 규정이다. 경쟁자로서 우리는 가끔 손쉬운 승리를 바라지 않는가? 연패를 당하고 있는 축구팀은 자신감을 갖게 하기 위해 6 : 0 승리가 필요로 하지 않는가? 그리고 후원 체계와 지지자는 일시적이나마 완벽한 우월감을 맛보지 않겠는가?

이러한 문제들에 대한 답변은 아마도 긍정적일 것이다. 그렇지만 여기에서는 어떠한 선호가 모든 평균 선호 만족을 극대화하기 위한 행위-지침이 되어야 하는가에 관한 규범적 결론을 목적으로 하고 있다. 따라서 공리주의적 관점에서 약한 상대가 결코 좋은 것이 아니다. 한쪽으로 치우친 승리는 짧은 순간 자기만족을 가져다줄 수도 있겠지만 패배한 상대의 만족을 감소시키게 되는 것이다. 더욱이 대부분의 선수에게 있어 가치 있는 적수에 대한 힘겨운 승리가 한쪽으로 치우친 승리보다 강한 선호-만족을 준다고 생각하는 것이 합당할 것이다. 일시적으로 편안한 승리에 대한 바람이나 약한 상대를 찾는 것은 경쟁의 이상보다는 오히려 선수들 간의 나약한 특성의 발로일 것이다.

물론 딕슨(Dixon 1992)도 주장하고 있듯이, 그렇다고 한쪽으로 치우친 대회가 반드시 스포츠 정신에 어긋난다거나 비도덕적인 것만은 아니다. 모든 선수는 공정한 방식으로 참가하여 최선을 다할 수도 있다. 그렇지만 공리주의적 관점에 따라 중요한 것은 관련 당사자들 간에 불균등한 경기가 균등한 경기보다는 오히려 적은 선호 만족을 산출하는 것으로 예상할 수 있다. 간단히 말해 한쪽으로 치우친 대회는 그리 좋은 경기를 만든다고 볼 수 없다.

좋은 스포츠 경기를 위한 규범 2

나는 규범 2에 대한 시험적인 형식에서 시작했다. 일반적인 공리주의적 규범 II의 도움을 받아 규범 2.1, 2.2, 2.3을 거쳐 그것을 확정하고 구체화할 수 있었다. 이제 그 완전한 형식에서 규범 2에 대해 진술할 수 있다.

> 2 스포츠 경기에 자발적으로 참여한 당사자들은 다음과 같이 함으로써 모든 관련 당사자들로 하여금 경기와 연관된 그들의 의도적 목적을 실현할 수 있도록 행동해야 한다.
>
> - 가능한 한 최상의 승리를 위해 (공유된 정당한 에토스에 따라) 경기하는 경쟁자들을 위한 규범을 실현할 것
> - 유사 선호 강도와 유사 수행 잠재력을 가진 경쟁자들 간의 경쟁을 가능한 최대한으로 실현할 것

즐기는 경기로서의 좋은 경기

좋은 스포츠 경기를 위한 나의 논증 전략은 몇 가지 이상적인 전제들을 설정하는 것으로부터 논의의 출발점을 삼았다. 처음에 나는 내용과는 무관한 잠재적으로 동등한 가치가 있는 다양한 종

류의 모든 견해를 받아들이는 공리주의적 원리에 따랐다. 이러한 견해들 간에는 스포츠란 즐거운 자기 목적적(autotelic) 활동이라고 여기는 견해도 있었고, 현대 스포츠를 타락한 자본주의 사회를 표현한 것에 지나지 않는다는 비판적 견해도 있었고, 스포츠가 어느 정도는 일종의 전쟁이라는 견해도 있었다. 이와 같이 앞에서 도달한 결론은 이들 견해 가운데 어떤 것과 충돌되며 또 어떤 것을 지지하는가?

그러나 공리주의적 분석에 입각해서 보면 좋은 스포츠 경기의 이상적인 패러다임의 사례는 선수들 간의 경쟁을 통해 이루어지며 행위-지도적 선호는 본질적으로 내재적인 요소임은 분명하다. 그리고 스포츠를 '놀이'로 보는 견해에 대한 분명한 연결고리가 있다는 점이다. 이 연결고리는 과연 무엇을 말하는 것인가? 체계적으로 답변하기 위해 나는 규범 2를 놀이의 특징과 상호 비교해 볼 것이다.

호이징가의 놀이하는 인간(Homo Ludens)이라는 표현은 인간의 패러다임적 노동(work)을 특징짓는 말이다. 그의 책의 첫 장에서 호이징가(Huizinga 1955: 18-21)는 놀이의 특성을 개관하고 있다.[9] 그는 놀이의 첫 번째 특징을 자유로 규정하고 있다. 호이

---

9) 여기에서 제시된 놀이의 특징에 대해 추가적으로 설명하자면, 호이징가에 따르면 놀이는 종종 비밀과 때로는 위장에 스스로 둘러싸이는 경향이 있는 놀이자의 사회 그룹을 조장하기도 한다고 지적하고 있다. 또한 다른 방식으로는 세계의 나머지로부터 그들의 차별성과 '타자성'을 분명하게 구분짓기도 한다. 이것은 스포츠에 대한 논의에서 목표를 단절시키는 것으로 비쳐질 수도 있다. 여전히 우리가 참여하는 스포츠 에토스의 사회화와 학습은 많은 점에서 실천에 대한 그들 집단의 견해를 실천적으로 그리고 암묵적으로 인식하게 되는 세계에 들어서는 것이다. 지지자들의 하위문화는 노래를 넘어서 극단적인 옷차림, 바디 페인팅 등과 같은 '타자성'의 비밀과 의식을 양산해 내기도 한다.

징가에 따르면 인간의 자유에 대한 엄밀한 형이상학적 분석은 여기에서 필요하지 않다. 놀이는 신체적 요구에 의한 결과도 아니며, 게다가 놀이하는 어떤 도덕적 의무가 있는 것 또한 아니라는 것이다. 또한 놀이의 두 번째 특징으로 여가(leisure)를 들고 있다. 놀이는 일상생활의 요구 밖에서 자유의 영역을 구성한다. 따라서 자유로운 놀이에 대한 호이징가의 생각은 실제적인 자유의 생각과 유사하다. 놀이가 놀이 아닌 것(non-play)이 갖는 모종의 외부적 힘에 의하지 않고서 선택되는 경우에 이는 자유에 따른 행위이고 또 근본적으로 자발적이라는 것이다. 이러한 놀이의 개념은 앞의 규범 2의 조건과 마찬가지로 자발적인 참여에서 출발한다. 호이징가가 말하듯 자발성의 기준은 단순히 놀이하는 사람이 그 놀이에 참여하거나 참여하지 않거나 하는 일을 강제 없이 선택하는 데 있다.

우리는 왜 놀이 활동에 자발적으로 참여하는가? 호이징가의 대답은 우리가 놀이 자체를 즐기기 위해 놀이를 한다는 것이다. 잘 알려진 바와 같이 '노동'과 달리 '놀이'는 도구적 가치를 지니지 않는다. 일반적으로 사람들은 놀이 외적인 어떤 상황을 수행하기 위해 놀이하지 않는다. 이와 마찬가지로 내적 선호에 관한 규범 2의 핵심은 경쟁의 활동에서 실현된 가치와 유사한 연관성을 보여주는 데 있다. 만일 스포츠 고유의 목적을 이루기 위해 규범 2에 따라 그리고 '불필요한 장해'에 대한 비강제적인 승인에 따라 경기를 수행한다면, 오히려 이것은 수츠(Suits 1973: 49)가 말하는 '놀이적 태도', 즉 '그것을 승인함으로써 정말로 가능하게 되는 활동이 발생할 수 있는 구성적 규칙의 인식적 승인'이라는 것을 분명하게 보여준다. 이런 점에서 규범 2는 자기 목적적 활동으로서 좋은 경기에 대한 이해를 나타낸다.

사실 '놀이'는 강제적이기보다는 자발적인 인간 행동의 일종이다. 그리고 놀이는 도구적 의미에서 그 가치를 결코 지니지 못한다고 할지라도 여전히 놀이 참가자들을 전적으로 빠져들게 만드는 행위임에 분명하다. 예를 들어 아이들은 놀이에서 자신이 그저 맡겨진 역할을 해내고 있다는 것을 알고 있음에도 불구하고 그 역할 놀이(role-play)에 전적으로 매료될 수 있다. 잠시 동안 아이들은 자신이 역할을 맡고 있는 그것이 '된다.' 다음 말을 움직이는 데 집중하고 있는 체스 선수는 자신의 게임 세계에 완전히 몰두하게 된다. 이러한 놀이에서와 같이 스포츠 경기는 앞의 규범 2에 의거해 보았을 때 경기 참가자들의 열정적인 참여가 요구된다. 이기기 위한 경기에서 의무가 차지할 여지는 없다. 또한 그 노력에 대한 보상은 다양하며 좋은 경기는 참가자들에게 강한 경험적 가치를 제공하게 된다.

경기를 한다는 것은 자신의 규칙과 규범, 의미 및 가치와 함께 그 활동에 자발적으로 참여한다는 것을 의미한다. 호이징가에 따르면 놀이와 일상적인 삶 간의 구분은 통상 시공간에서 일련의 규칙에 따라 그 윤곽이 선명하게 드러난다는 것이다. 그리고 스포츠 경기는 선수가 그 규칙에 따르기로 했을 때 시작되고, 규칙이 규정하고 있는 특정한 사항을 만족시켰을 때 끝난다. 하지만 놀이는 '놀이 그 자체로 끝'이 난다.

앞에서 제시된 규범 2는 사실상 스포츠 경기를 위한 공통적인 틀을 확보하기 위해 고안된 것이다. 스포츠 경기에서 선수들 간에 발생하는 공유된 경험적 가치를 위해 요구되는 전제는 실전에서 특정한 명령의 역할을 하게 된다. 외적 목적만을 위한 수단으로 스포츠 경기를 간주하는 도구주의자들이 경기의 가치를 감소시키고 평가절하하는 이유에 관해 이미 앞에서 살펴보았다. 그렇다면 '이기기 위한 경기'란 문제의 스포츠에 대한 시-공간적 한계를 분명히 정의하고 있는 공유된 정당한 에토스에 따라 경기한다는 것을 의미한다.

놀이의 분명한 구조와 정연한 질서는, 특히 무엇이 기회와 행운을 위한 최적의 역할이며, 그에 따른 결과의 흥미진진한 불확실성이라고 생각하게 되는지를 깨닫게 해주는 데 중요하다. 호이징가는 퍼즐, 조각그림 맞추기, 모자이크 만들기와 같은 혼자 하는 숙련 게임에서부터 도박(gambling), 운동경기 같은 것에 이르기까지 범위를 넓혀 모든 종류의 놀이에 있는 기초적인 성질로 긴장(tension)에 대해 말하고 있다. 선수의 입장에서는 목표의 달성이라는 성공을 기대하지만, 놀이를 가치 있게 만드는 것은 필시 결과에 대한 긴장감과 불확실성에 있다는 것이다. 또한 규범 2는 경기의 결과에 대한 긴장과 불확실성을 강조하고 있다. 특히 선호 강도와 수행 잠재력에 관해서 경쟁자들도 규정하고 있다.

이론가들은 놀이의 경험적 가치가 심오할 정도로 깊으며 사실상 근본적인 존재론적 차원을 지닌다는 데 동의한다. 실재(reality)와 일상적인 삶에 대한 거부로서 놀이의 믿음-형성(make-believe)에 대해 호이징가는 다른 비도구적 활동인 숭배와 의식 및 음악과 예술 등과 '놀이'와의 유사성을 강조한다. 그에 따르면 놀이는 다음과 같은 의미를 지닌다.

> 삶을 돋보이게 하고 확대시키며, 그 정도로 개인에게는 삶의 기능으로서 그리고 사회에게는 사회가 포함하는 의미와 그 중요성, 그 표현적 가치, 간단히 말해 문화적 기능으로서의 그 정신적, 사회적 결합이라는 이유로, 양자 모두에게는 하나의 필연성인 것이다. (Huizinga 1955: 19)

규범 2에 의거한 스포츠 경기는 스포츠의 더 근본적인 가치와 연관되어 있음은 분명하다. 우선 규범 2는 최대의 사람들에게 행복을 증가시킨다는 공리주의적 틀 안에서 스포츠 경기의 최종적인 목적을 그 경기와 모든 관련 당사자들의 복리를 극대화하고 있다. 더욱이, 호이징가와 더불어 나는 자기 목적적인 활동의 바로 그러한 선택에서 인간의 자유와 잠재성 그리고 그 가능성의 기본적인 메시지를 발견할 수 있다고 생각한다. 나는 5장에서 스포츠 경기의 도덕적 목적에 관해 논의할 때 이 점에 대해 구체적으로 제시할 것이다.

우리는 물론 경쟁적인 스포츠의 잠재적 가치에 관한 규범적 이론을 옹호하면서 호이징가를 인용함에 있어 신중해야 할 필요가 있다. 무엇보다 호이징가는 당대 스포츠 경기에 대해 매우 비판적인 태도로 바라보고 있으며, '과도한 심각성으로의 치명적인 변화' 및 스포츠 훈련과 수행에 대한 합리화와 기술적 강조에 대해 불만을 토로하고 있다. 그는 스포츠에서의 놀이가 불경스러운 상업상의 엔터테인먼트로 오염되고 축소된 것에 대해 분명히 인식하고 있었다.

실로, 스포츠에 대한 호이징가의 비판 중 많은 것은 오늘날 더 많은 무게를 싣고 전개될 수 있다. 그러나 나의 주장은 그러한 스포츠가 놀이가 아니라는 것이다. 위에서 제시된 사례를 통해 살펴보았듯이 스포츠는 다양한 해석이 가능하며, 또한 만인이 만인에 대한 홉스식의 투쟁인 일종의 전쟁일 수도 있기 때문이다. 그리고 나는 놀이, 게임과 스포츠 간의 유사성과 차이점에 관한 주장을 제기함에 있어 결코 개념적인 문제로 그 해결점을 찾고자 하지 않았다.[10] 메이어(Meier 1988)의 노선에 따라 내가 주안점을 둔 것은 단순히 규범 2에 따라 실행된 스포츠만이 최상의 스포츠를 실현하는 놀이적 태도에 따라 실행된 것이라는 점이다. 그것이 규범 2를 놀이를 위한 규범으로 선택한 이유이다.

요약

4장은 좋은 스포츠 경기를 특징짓는 것이 무엇인가와, 좋은 경기를 위한 규범이 어떻게 표현될 수 있고 정당화될 수 있는가에 대한 물음을 제기하면서 시작했다. 공정성에 대한 고려를 기초로 하여 가능한 한 최상의 범위 내에서 스포츠 경기와 모든 관련 당사자들의 의도적 목적의 실현을 규정하는 예비적 규범 2를 정식화하고자 했다. 규범 2는 보조 규범으로서 메타-규범 II, 즉 모든 관련 당사자들의 기대되는 평균 선호 만족의 극대화에 대한 규정을 공리주의적 분석을 근간으로 하여 명료화시켰다.

여기에는 몇몇 관련성에 대한 선호가 있다. 어떤 사람은 스포츠를 본질적으로 놀이라고 여긴다. 스포츠의 가치는 그것을 실행하는 과정에서 생겨난다. 또 다른 사람들은 스포츠를 타락한 자본주의 사회의 반영으로, 혹은 명성, 명예 그리고 행운과 같은 외적 목적을 위한 수단이라고 본다. 논의를 시작하면서 나는 그 어떠한 종류의 관점도 잠재적으로 동등한 타당성을 지닐 수 있다고 주장했다. 이러한 점들을 고려해 보았을 때, 스포츠 경기와 모든 관련 당사자들의 선호를 살펴보고 이를 상세한 결정-이론적 논증을 통해 서로 견주어 비교해 보았을 때 결론적으로 다음과 같은 규범 2의 명시화로 귀착되었다.

---

10) 스포츠 철학에서 핵심적인 주제에 대해서 엄선한 글로는 Morgan and Meier(1995) I장을 보라.

2 스포츠 경기에 자발적으로 참여한 당사자들은 다음과 같이 함으로써 모든 관련 당사자들로 하여금 경기와 연관된 그들의 의도적 목적을 실현할 수 있도록 행동해야 한다.

- 가능한 한 최상의 승리를 위해 (공유된 정당한 에토스에 따라) 경기하는 경쟁자들을 위한 규범을 실현할 것
- 유사 선호 강도와 유사 수행 잠재력을 가진 경쟁자들 간의 경쟁을 가능한 최대한으로 실현할 것

규범 2는 경기의 경험적 가치를 실현하는 데 도움이 된다. 또한 자발적인, 자기 목적적인 활동으로서의 놀이에 대한 호이징가의 주장을 수용함으로써, 나는 규범 2가 스포츠에 대한 놀이적 태도를 규정한다고 주장했다. 그러므로 규범 2는 놀이를 위한 규범이라고 말할 수 있다.

5 장

스포츠 경기에서의 페어플레이

도덕적 규범 체계

이 책에서 나의 목적은 스포츠 경기에서 행위를 인도할 도덕적 규범들을 제시하는 것이었다. 나는 이 목적을 페어플레이의 이상에 대한 하나의 특정한 해석을 제시하는 방식으로 추구해 왔다. 논의의 출발점으로 나는 이러한 이상에 대한 전통적 이해에 대해서 언급했다. '형식적' 페어플레이는 일반적으로 일단의 규칙 복종 및 정의에 대한 규범들로 이해된다. '비형식적' 페어플레이는 노력과 헌신 그리고 경기에 참여하는 다른 사람들에 대한 존중이라는 개념을 통해서 경쟁을 규정한다. 이 같은 이상들이 과연 정당화될 수 있는지, 그리고 궁극적으로는 어떻게 정당화될 수 있는지를 비판적이면서도 체계적인 방식으로 검토하기 위해서 나는 공리주의적 추론에 힘입은 결과론적 규범 II와 정의를 위한 비결과론적 규범 III을 포함하는 하나의 도덕적 관점을 발전시켰다. 공정성 규범 1은 정의를 위한 규범 III의 배경을 분명히 해주었으며, '형식적' 페어플레이에 더욱 상세한 해석과 정당화를 제공한다. 플레이 규범 2는 결과론적 규범 II의 도움에 힘입어 더 구체화되었으며, 경기에서의 '선'을 극대화하도록 고안되었다. 규범 2는 '비형식적' 페어플레이에 대한 재-명료화와 정당화로 볼 수 있다.

이와 같은 방식으로 나는 주요 규범들 간에 잠재적 갈등을 지닌 혼합적 윤리 이론의 틀 안에서 작업을 해왔다. 그래서 나의 도덕적 관점은 메타-규범 I을 포함하는데, 이는 갈등 사례들 그리고 나의 결론의 합당성에 대한 시험 근거로서 활용되었다. 나는 계약론적 추론 방식을 좇아서 '어느 누구도 비강제적인, 정보에 근거한 일반적 합의의 기초로서 합당하게 거부할 수 없는' 규범들을 추구했다.

방법론적으로는, 체계적으로 전개된 규범들과 일차 도덕적 믿음들이 서로 정합적으로 지지해 주는 반성적 평형의 상태를 탐색해 왔다. 그런 평형에 도달하는 것은 지속적으로 상이한 고찰들을 비교 검토하는 과정을 포함했다. 때로는 경기자들의 분류에 관해 언급한 3장에서와 같이, 나는 도덕적 믿음들과 현재의 관행이 평등한 수행 기회를 위한 규범을 위배하는 경우들이 있다는 것을 알게 되었다. 더 많은 특수한 규범들이 더 나은 실천으로 인도하는 지침을 제공하도록 하기 위해서 정식화되었다. 비슷한 경기자들끼리의 시합이라는 견해를 다루었을 때와 같은 다른 사례들의 경우에는 이론적으로 연역된 규범들과 일차 믿음들이 정합적이었으며 서로를 지지했다. 따라서 내가 정식화한 규범들은 스포츠에서의 페어플레이에 대한 체계적인 명료화로 간주될 수 있다([표 8]을 보라). 이제 나는 공정성 규범 1과 플레이(경기) 규범 2를 도덕적으로 정당화된 것으로 생각한다.

공정성	플레이
1 스포츠 경기에 자발적으로 참여한 당사자들은 경기의 공유된 에토스와 일치하도록 행동해야 한다. 만일 이러한 에토스가 정당하다면, 그것은 다음과 같은 경우이다. 즉, - 경쟁자들에게는 어떠한 중요한 방식에 의해서도 영향을 받을 수도 없으며, 그에 대해서 책임을 질 수도 없는 중요한 불평등을 제거하거나 보상함으로써 평등한 수행 기회가 주어지게 된다. - 경기 수행은 재능과 개인적 노력에 기초한 것으로 해석되며, 그 수행은 불필요한 위해를 타인들이나 자신에게 입히지 않는 기본 규범에 따른다. - 이익 분배에서의 불평등한 대우는 경기 수행에서의 실질적 불평등과의 합당한 일치에 있다. - 규칙 위반을 통해 얻은 이익을 제거하거나 보상함으로써 불평등한 대우는 규칙 위반으로 인해 발생한 실제적 불평등과의 합당한 일치에 있다.	2 스포츠 경기에 자발적으로 참여한 당사자들은 모든 관련 당사자들이 그 경기에 연결된 그들의 의도적 목적이 다음과 같이 함으로써 가능한 최대한으로 실현되도록 행동해야 한다. - 경쟁자들의 이기기 위해서 (공유된 정당한 에토스에 따라서) 하는 플레이 규범을 가능한 최대한으로 실현함으로써 - 유사 선호 강도 및 유사 수행 잠재력을 가진 경기자들의 시합을 가능한 최대한으로 실현함으로써

[표 8] 페어플레이: 도덕적 규범 체계

여전히 위의 각 항목들의 관계와 관련해서 다음과 같은 문제들이 남아 있다. 공정성 규범 1과 플레이 규범 2는 함께 스포츠 경기를 위한 도덕적 체계를 구성할 수 있는가? 혹은 이 규범들은 이들 간에 어떤 엄밀한 관계가 없는 혹은 하등의 밀접한 의미도 없는 단일한 규범들에 불과한가?

하나의 도덕적 규범 체계로서의 페어플레이

2장에서 나는 하나의 규범 체계는 명료성, 단순성, 완전성, 내적 정합성이라는 필요조건들을 충족해야 한다고 말했다. 1과 2를 각 조건들과 관련해서 차례로 살펴보도록 하자.

공정성 규범 1과 플레이 규범 2는 명료한가? 나의 답은 '그렇다'이다. 우선 무엇보다도 그 규범들의 적용 범위가 분명하게 정의되었다. 이 규범을 지켜야 하는 적격자들은 그들에게 책무라는 것이 부과된다는 것을 보여준다. 즉 이 규범들은 스포츠 경기에 자발적으로 참여한 모든 당사자들에 대해서 효력을 갖는다. 게다가 나는 가능한 한 이 규범들을 명료하게 표현하려고 노력했으며 가급적 이해하기 쉬운 단어들을 사용하려고 했다. 특수한 용어를 사용할 경우나 전통적인 용어가 그 의미를 전혀 나타내지 못할 경우에는 그 모호함을 없애기 위해 설명을 첨가했다. 예를 들어, 3장에서 '공정성', '정의' 그리고 '부적절한(non-relevant)' 평등과 불평등, '적절한(relevant)' 평등과 불평등 모두를 상세하게 논의하였다. 마찬가지로 4장에서는 '의도적 목적'과 '내적 승리 선호' 및 '외적 승리 선호', 그리고 '선호 강도'와 같은 핵심 표현들이 검토되었으며, 또 명료화되었다.

공정성 규범과 플레이 규범은 단순한 규범들인가? 여기에는 의문의 여지가 있는데, 특히 이 규범들이 정당한 경기를 위한 규범일 경우 그렇다. 우리는 여기서 상이한 수준의 일반성을 갖는 19가지의 규범을 갖고서 작업하고 있다. 그런데 확실히 복잡성을 받아들일 만한 이유들이 존재한다. 이 규범들을 통해 스포츠에서의 정의에 대한 세부적 계획들의 특징을 드러내기 위해서는 그 규범들은 특수한 것이어야 한다. 게다가 이러한 상세한 설명을 통해서만 우리는 규범들이 정식화되는 방식의 합당성을 실천적 상황에서 테스트할 수가 있다. 한편, 플레이 규범 2는 이와 같은 수준에서 상세한 설명을 요구하지는 않는다. 사용되는 용어들에 대한 정확한 정의가 주어지는 한, 우리는 플레이 규범이 단순성 조건을 만족시킨다고 생각할 수 있다.

우리는 단순성의 요구가 완전성의 요구를 어느 정도는 산출해야 한다는 것을 알고 있다. 공정성 규범과 플레이 규범은 이런 요구를 만족시키고 있는가? 이것들은 타당성과 관련이 있다고 여겨지는 모든 영역을 만족스럽게 충족시키고 있는가? 이것들은 경쟁적인 스포츠에서 실제로 일어나고 또 일어날 수 있는 도덕적 딜레마들에서 행위-인도적인 힘을 갖는가?

공정성 규범 1은 공유된 정당한 에토스에 따를 것을 요구한다. 플레이 규범 2는 경기에 참여한 모든 당사자들 사이의 의도적 목적-실현의 극대화를 규정하고 있다. 규범 1은 경기에서 무엇이 공정하고 정당한 것인지를 규정한다. 규범 2는 좋은 경기가 이루어지도록 하기 위해서 경쟁자들이 어떻게 행동해야 하는지에 대해서 규정하고 있다. 도덕의 영역은 옳음과 좋음의 영역으로 정의될 수 있다. 2장에서 살펴보았듯이 도덕의 적합한 기준에 관한 많은 윤리 이론들과 다양한 견해들이 있다. 이론의 경우 나의 접근 방식은 선택적이었다. 이는 몇몇 가능한 접근 방식들 가운데 하나를 대표한다. 그래도 선택된 관점에서 보았을 때, 그 규범들은 스포츠에서 도덕적으로 옳은 것과 좋은 것과 관련된 모든 종류의 문제들에 대해서 행위를 인도할 수 있다는 점에서 나는 규범 1과 2가 실천적 도덕의 영역을 충족시킨다고 생각한다.

다음은 공정성과 플레이 규범이 내적 일관성의 필요조건을 만족시킬 수 있는가의 문제이다. 이를 위한 필요조건은 한 규범과 그것의 부정이 동일한 규범 체계 내에서 발견되지 않아야 한다는 것이다.

공정성이 우리의 의무인 규범 1에서 출발하는 책무(obligation)의 조건들은 우리가 경기에 자발적으로 참여한다는 것과 우리가 참여한 경기들이 정당하면서도 우리 자신과 다른 사람들이 불필요한 피해를 보지 않도록 하나의 일반적 규범을 만족시키는 것이다. 공정성의 책무와 그 조건들은 상호 일치한다. 나는 어떻게 그 책무가 자발적 참여의 결과로서 산출되는지에 관해 언급했다. 그리고 그 책무가 어떻게 하나의 정당한 틀 내에서만 타당한가에 관해 논의했다. 따라서 나의 주장은 공정성 규범 1은 내적으로 일관적이라는 것이다.

동일한 주장이 플레이 규범 2에도 적용된다. 이 규범은 관련된 모든 당사자들 간의 의도적 목적들을 가능한 최대한으로 만족시키는 것으로 규정된다. 공리주의적 분석을 통해서 나는 그것이 모든 관련 당사자들이 내가 내적 승리 선호라 불렀던 것에 따라서 행동할 경우, 즉 공유된 정당한 에토스에 따라서 이기기 위해서 플레이를 할 경우, 이런 이상에 최대한 가까이 갈 수 있음을 보여주었다. 게다가 나는 선호 내용과 선호 강도의 평등 규범을 옹호하는 주장을 했다. 이 모든 규범들은 경쟁자들 사이의 의도적 목적들을 가능한 최대한으로 실현하는 방향에서 나타난다. 플레이 규범 2와 연관된 규범은 상호 연결되어 있으며 내적으로 일관적이다.

그렇다면 공정성 규범 1과 플레이 규범 2의 관계에 대해서는 어떻게 말할 수 있을까? 규범 1은 공정성과 정의를 다룬다. 그 틀은 계약론적인 비결과주의 윤리 이론이다. 그럼에도 불구하고, 결과주의는 이 논증에서 중요한 역할을 한다. 게임의 이점, 모종의 우연과 행운의 요소, 그리고 경기 수행에 대한 해석의 선택 등에 관한 논의에서 승인은 특히 경쟁자들 간의 의도적 목적의 실현과 관련해서 정당화된다.

플레이 규범 2는 경기에 참여한 모든 당사자들 간의 의도적 목적들 혹은 선호에 대한 분석에 기초하고 있다. 그리고 이는 규범 II를 지지하는 공리주의의 도움으로 구체화된다. 하지만 이는 계약론적 틀 내에서 우리가 규칙-지배적 실천에 자발적으로 참여할 경우에 생겨나는 하나의 책무로 정식화된다. 게다가 결과주의적 논증에 따른 귀결은 공유된 정당한 에토스에 따라서 플레이를 하거나 혹은 이기기 위해 공정하게 플레이를 하는 하나의 규범이다.

흥미롭게도 규범 1과 2는 결과론적 추론과 비결과론적 추론 양자 모두의 요소들을 공유하고 있다. 나는 여기서 하나의 일반적인 혼합 윤리 이론의 구조 내에서 작업하는 것이 아니다. 오히려 스포츠에 고유한 하나의 혼합 윤리 이론을 조망해 왔다. 페어플레이 규범 1과 2는 정당화와 실천적 결과 둘 모두에서 일치한다. 따라서 그것들은 내적 일관성의 요구를 충족시킬 수 있다.

공정성 규범 1과 플레이 규범 2는 명료성, 단순성, 완전성, 내적 일관성이라는 필요조건들을 만족시킨다. 그리고 지금까지의 논의를 통해 주장한 바와 같이 이 규범들은 우리의 일차 도덕적 믿음들과 정합하는 것으로 보이며, 스포츠에서 페어플레이에 대한 우리의 이해의 체계적 표현을 담고 있다. 말하자면 나는 규범 1과 2가 페어플레이를 위한 도덕적 규범 체계를 구성하고 있다고 생각한다. 메타-규범 I에 의해 규정되었듯이, 이것은 어느 누구도 정보에 근거를 둔 비강제적인 일반적 합의의 기초로서 합당하게 거부할 수 없는 하나의 규범 체계이다.

스포츠 경기의 도덕적 목적

'페어플레이'의 도덕적 규범 체계는 스포츠에서 도덕적으로 옳은 것과 좋은 것을 장려하기 위하여 우리가 어떻게 행동해야 하는지를 규정한다. 우리가 기존의 도덕적 관점들의 도전을 받게 될 경우에, 우리는 보통 페어플레이의 규범과 같은 그리고 최종적으로는 우리가 생각하는 우리 삶의 가장 중요하고 궁극적인 가치와 목적과 같은 일반적인 규범들을 언급함으로써 그것들을 정당화하게 된다. 1장의 스포츠에서의 도덕성에 대한 예비적 설명에서, 나는 스포츠의 도덕적 목적과 인간의 번영이라는 넓은 관점에서 조망된 스포츠의 가능한 역할에 대해 물음으로써 논의를 전개했다. 이제 여기에서는 어떻게 말할 수 있을까?

『니코마코스 윤리학』의 첫 구절에서, 아리스토텔레스(Aristotle 1976)는 '선'을 '모든 것이 목표로 삼는 것' 혹은 그 목적(*telos*)이라 말한다. 인간의 목적은 에우다이모니아(*eudaimonia*) 즉 행복 혹은 '번영'이라고 말해진다(Cooper 1975: 89ff.). 그에게 인간의 번영은 이성에 일치하는 삶을 사는 것을 뜻한다. 이제 이성은 이론과 실천의 두 방향으로 수행될 수 있다. 롤즈(Rawls 1971:

426)의 '아리스토텔레스의 원리'에 대한 좀 더 포괄적이고 개괄적인 해석에서, 인간은 그들이 '자신들의 실현된 능력들(그들의 본유적인 혹은 훈련된 능력들)의 실행을 향유하는' 경우에 번영하게 된다. 게다가 이런 향유는 우리의 능력을 실현하면 할수록, 그리고 그 능력들이 더 복합적이 될수록 증가하는 것으로 생각된다. 스포츠는 이런 의미에서의 인간의 번영을 위한 무대가 될 수 있을까?

이제 공정성과 플레이를 위한 규범으로 돌아가 보자. 그 논증은 이들 규범은 서로 모순되지 않는 약한 의미에서 일관될 뿐만 아니라, 그들 간에는 의미상 강한 연관성이 존재한다는 것을 보여준다. 사실 이 규범들은 내가 스포츠의 핵심적인 가치이자 도덕적 목적으로 이해하는 바를 표현한 것이다.

공정성 규범 1은 발생할 수 있는 모든 경쟁에서 구성적 틀을 정의해 주고 있다. 규범 1을 준수함으로써 모든 당사자들은 자신들이 하는 스포츠의 공유된 정당한 에토스를 따르게 된다. 모든 당사자들에게는 평등한 수행 기회가 주어진다. 규범 1은 경기 수행에 따라서 경쟁자들을 측정하고 비교하고 순위를 매김으로써 그 구조적 목적의 실현을 촉진하게 된다. 이와 같이 규범 1은 예측 가능성을 나타낸다. 우리는 테니스에서의 주요한 도전이란 상대편 코트 안쪽으로 공을 넘기고, 또 상대가 자신의 코트 안으로 공을 넘기지 못하도록 하는 것임을 알고 있으며, 활강 스키 경기는 모든 스키 선수가 코스의 끝 지점까지 가능한 한 빨리 통과할 것을 요구한다는 것도 알고 있다. 복종과 정의의 에토스라는 필요조건과 함께 공정성 규범 1은 케일로이스(Caillois 1988: 9)가 갈등(*agon*)이라 부른 게임의 요소를 통해 드러난다. 이는 참여자들에게는 경기에 동등한 기회가 주어지고 개인 혹은 팀의 공로에

기초해서 등급이 매겨진다는 것이다.[1)]

하지만 규범 1은 왜 우리가 이 목적을 실현해야 하는가라는 더 진전된 문제에 대해 아무런 답변도 제시해 주지 못한다. 경쟁자들을 경기 수행에 따라 평가하는 핵심은 무엇인가? 왜 우리는 경쟁에 자발적으로 동의하는가?

1장에서 나는 수츠(Suits 1973)의 게임 플레이와 연관된 특정한 '놀이적 태도'의 관념, 그리고 모간(Morgan 1994)이 스포츠의 '이유 없는 논리'라 불렀던 것을 논의했다. 양자는 이 활동들의 역설적 측면을 지적해 주고 있다. 게임과 스포츠에서 우리는 어떤 무언가를 달성하는 데 뒤따르는 '불필요한 장애물들'을 규정된 규칙으로서 자발적으로 승인한다. 나는 이러한 생각들을 지지하는 근거들을 발견했다. 플레이 규범 2의 결과주의적 관점으로부터 '놀이적 태도'는 스포츠 자체의 경험적 가치에서 기원한다. '이기기 위한 경기'에 대한 규정 및 경쟁자들과 공평하게 보조를 맞추기 위한 규정과 함께 규범 2는 특정한 경험적 긴장에 대한 추구를 드러낸다. 더 정확하게는, 우리가 동등한 능력의 경쟁자들과의 경쟁에서 최선을 다할 때 거기에는 그 어떠한 단계에서든 결정적인 예측 불가능성이 존재할 것이다. 기술적이고 전술적인 선택들은 성공적인가? 누가 현재 선두에 있는가? 누가 최종적으로 승리할 것인가? 게다가 게임의 이점과 운동선수의 경기 수행

1) Caillois(1988)는 네 가지 범주로 놀이를 구분하고 있다. 그 밖에도 *agōn*과 *alea*는 아래에서 설명하게 될 것이다. Caillois는 모방(*mimicry*)을 강조하면서 놀이에 관해 언급한다. 즉 환상과 놀이-행위, 그리고 혼란, 현기증과 도취와 같은 *ilinx*에 대한 강조를 포함한다. Caillois는 또한 *paidia*와 같은 조직화되지 않은 놀이에서 진화하여 발달된 것과, *ludus*와 같이 혼합된 규칙 체계와 함께 더 합리적이고 조직화된 놀이에 대해서도 적고 있다.

의 해석들에 대한 논의에서 우리는 경기에서의 우연과 행운에 따른 어떤 영향을 받아들여야 할 것이다. 다시 말해서, 이런 실력 외적 요인에 대한 정당화는 우선적으로 결과주의적 추론에 근거한다. 실력 외적 요인들은 스포츠에 대해 경험적 가치들을 더 부가시킬지도 모른다. 이런 식으로 규범 2는 카일로이스(Caillois 1988: 9-10)가 놀이(*alea*, 라틴어로 '플레이', '주사위 놀이'를 의미함)라 부른 플레이적 요소를 담고 있다. 나의 생각도, 놀이는 우연과 행운 양자와 철저한 경쟁에서의 결정적인 예측 불가능성의 경험을 지적해 주고 있다는 것이다.

좋은 스포츠 경기에는 갈등(*agon*)과 놀이(*alea*) 간의 명백한 모순적 요인이 서로 미묘한 균형을 이루고 있다. 갈등에 너무 힘이 실리면 우리는 쉽사리 스포츠를 다소의 과학적 실험으로 이해하는 환원주의적 시각으로 기울 것이다. 이 과학적 실험에서는 실력 외적 요인이란 제거되어야만 하는 일종의 오류의 근원으로 간주된다. 마찬가지로 놀이에 대한 일방적 강조 역시, 경기란 실력 외적인 일종의 우연의 게임으로 단정지을 수 있다. 스포츠의 구조적 목적은 근본적으로 실력 중심적이기 때문에, 기회와 행운이 큰 비중을 차지하여 경기에 체계적인 영향을 결코 미쳐서는 안 된다고 생각한다.

갈등과 놀이 사이의 최적의 긴장에 도달하기 위해서는 경기들이 페어플레이의 필요조건에 따라 진행되어야 할 것이다. 그래서 공정성과 플레이 간에, 예측 가능성과 예측 불가능성 간에, 그리고 이득, 행운과 우연 사이에 이상적인 긴장은 얼마든지 발생할 수 있다. 공정성 규범 1은, 내적으로 플레이 규범 2가 경험적 가치들과 예측 불가능성을 실현하도록 고안된, 그러한 예측 가능성의 구조를 보여준다. 이익의 분배는 일차적으로는 실력 중심적이지만, 일단 어느 정도의 우연과 행운이 그 결과에 결정적일 수도 있다.

최적의 긴장은 특정한 경험적 구조를 발생시키는데, 이를 나는 프랠리를 따라 '결과의 불확실성의 달콤한 긴장'이라 부를 것이다.[2] 나는 지금 공정하고 좋은 경기의 '생생한' 경험, 내가 스포츠의 핵심 가치들 중의 하나로 생각하는 그 경험에 대해 말하고 있다. '결과의 불확실성의 달콤한 긴장'을 언급하는 것은 스포츠의 핵심 가치에 관한 본질주의적 주장이 아니라, 그것에서 특정한 스포츠와 경기에 대한 특정한 이해가 관련될 수 있는, 좋은 스포츠 경험의 공통된 현상학적 구조를 의미한다.

스포츠에서 하나의 핵심적인 가치로서의 '결과의 불확실성의 달콤한 긴장'에 의해 특징지어지는 경험들을 수용한다고 해도, 여전히 그 도덕적 지위에 관한 문제는 발생하게 된다. 분명한 표면상의 경험적 가치들이 어떤 도덕적 중요성을 가질 수 있을까? 흥분과 긴장의 경험이라는 것이 어떻게 '페어플레이' 이론의 핵심 요소로 작용할 수 있을까? 이 모두는, 인간의 번영이라는 좀 더 포괄적인 틀 속에서 생각해 본 경기의 도덕적 목적과는 어떠한 관계를 갖는가?

다시 우리는 4장에서 논의된 플레이 이론들로 돌아갈 수 있다. 자기 목적적 행위에서 심도 있고 완전한 참여가 중요한 실존적 차원을 갖는다는, 그리고 스포츠는 근본적인 문화적 가치를 갖는다(Grupe 1987)는, 플라톤에서 호이징가에 이르는 학자들의 오랜 전통이 존재한다. 강력하고 직접적인 경험들이 우리에게, 우리는 누구인가, 우리는 누구에 속해 있는가, 우리가 성취할 수 있는 것

2) 그가 사용하는 용어에서 Kretchmar(1975)는 그 원저자로 Warren Fraleigh 를 언급하고 있다.

은 무엇인가와 같은 실존적인 물음들을 던진다. 롤즈(Rawls 1971: 525ff.)는 하나의 사회적 연대로서의 좋은 게임의 사회적 중요성에 대해 말했다. 사회적 연대, 즉 그 참여자들이 공유된 목적들을 향해서 공유된 정신 내에서 함께 노력하는 것은 그 자체로 가치 있는 실천이다. 사회적 연대에서 모든 사람은 개인적 노력들 혹은 더 전략적이고 도움이 되는 상호작용의 체계에 의해 성취 가능한 것보다 더 상위의 수준에서 서로의 가능성을 실현하는 데 기여하고 또 그것을 좋아한다. 윌리엄 제임스는 자기 목적적 활동들의 강력하고 가치 있는 경험을 다음과 같이 기술했다.

> 삶의 과정이 그것을 사는 사람들에게 열망을 전달하는 곳에서는 어디건 그 삶이 진정으로 중요한 것이 된다. 때로 그 열망은 운동능력들과 더 잘 어울리고, 어떤 때는 지각들과, 어떤 때는 상상과 어떤 때는 반성적 사고와 잘 어울린다. 그러나 그것이 발견될 때마다 거기에는 열정, 설렘, 현실의 흥분이 있다. 그리고 그 중요성이 어느 곳에나 있을 수 있다는 오직 현실적이고 긍정적인 의미에서의 '중요성'이 있다. (James 1958: 152)

지금까지 살펴본 것들을 생각해 볼 때, 나는 '결과의 불확실성의 달콤한 긴장'의 현상학적 구조에 참여한 모든 당사자들 간의 공유된 경험들은 도덕적 가치들과 연관되어 있으며 스포츠의 도덕적 목적으로 작용할 수 있다고 주장한다. 따라서 페어플레이에 대한 나의 규범에 따른 실천이 이루어질 경우 스포츠는 인간에게 번영의 장을 제공하는 특별한 잠재력을 갖게 되며, 그로 인해 좋은 삶을 구성하는 가능한 많은 실천들 중의 하나로서의 지위를 차지하게 될 것이다.

참고문헌

Aarnio, A. (1987) *The Rational as Reasonable. A Treatise on Legal Justification*, Dordrecht: D. Reidel.

Apel, K. O. (1988) *Diskurs und Verantwortung. Das Problem des Übergangs zur postkoventionellen Moral*, Frankfurt am Main: Suhrkamp.

Archetti, E. P. (1999) *Masculinities. Football, Polo and the Tango in Argentina*, Oxford: Berg.

Aristotle (1976) *The Ethics of Aristotle. The Nichomachean Ethics*, London: Penguin Books.

Armstrong, D. J. and Reilly, T. (1996) 'Blood Boosting and Sport', in D. R. Mottram(ed.) *Drugs in Sport*, London: E & FN Spon.

Armstrong, G. and Gulianotti, R.(eds) (1997) *Entering the Field: New Perspectives on World Football*, Oxford: Berg.

Armstrong, G. and Gulianotti, R.(eds) (1999) *Football Cultures and Identities*, London: Macmillan.

Arnold, R. K. (1986) 'Taxonomies of Motor Skills', in L. D.

Zaichkowsky and C. Z. Fuchs(eds) *The Psychology of Motor Behaviour: Development, Control, Learning and Performance*, Ithaca: Movement Publications.

Atkinson, R. L., Atkinson, R. C., Smith, E. E., Bem, D. J. and Hoeksema, S. N. (1996) *Hilgard's Introduction to Psychology*(12th ed.), New York: Harcourt Brace.

Bannister, R. (1997) 'Human Performance in Athletics — Scientific Aspects of Record Breaking', unpublished paper presented at the IAF seminar in Budapest, 11-12 October, 1997.

Beamish, R. (1982) 'Sport and the Logic of Capitalism', in H. Cantelon and R. Gruneau(eds) *Sport, Culture, and the Modern State*, Toronto: Toronto University Press.

Beauchamp, T. L. (1991) *Philosophical Ethics: An Introduction to Moral Philosophy*(2nd ed.), New York: McGraw-Hill.

Beauchamp, T. L. and Childress, J. F. (1983) *Principles of Biomedical Ethics*(2nd ed.), New York: Oxford University Press.

Beisser, A. R. (1967) *The Madness in Sports. Psychosocial Obeservations on Sports*, New York: Meredith.

Best, D. (1978) *Philosoply and Human Movement*, London: Allen and Unwin.

Black, T. and Pape, A. (1997) 'The Ban on Drugs in Sport, the Solution or the Problem?', *Journal of Sport and Social Issues* 21(1): 83-92.

Bompa, T. O. (1994) *Theory and Methodology of Training. The Key to Athletic Performance*(3rd ed.), Iowa: Kendall/Hunt.

Bouchard, C., Malina, R. M. and Pérusse, L. (1997) *Genetics of Fitness and Physical Performance*, Champaign, Ill.: Human Kinetics.

Breivik, G. (1987) 'The Doping Dilemma — Game Theoretical Considerations', *Sportwissenschaft* 17(1): 83-94.

Breivik, G. (2000) 'Against Chance: A Causal Theory of Winning in Sports', in T. Tännsjö and C. Tamburrini(eds) *Values in Sport*, London: E & FN Spon.

Brohm, J.-M. (1978) *Sport: A Prison of Measured Time*, London: Ink Links.

Brown, R. M. (1984) 'Paternalism, Drugs and the Nature of Sports', *Journal of the Philosophy of Sport* XI: 14-22.

Brown, R. M. (1990) 'Practices and Prudence', *Journal of the Philosophy of Sport* XVII: 71-84.

Bryant, J., Zillmann, D. and Raney, A. A. (1999) 'Violence and the Enjoyment of Media Sports', in L. A. Wenner(ed.) *Media Sport*, London: Routledge.

Burke, M. D. and Roberts, T. J. (1997) 'Drugs in Sport: An Issue of Morality or Sentimentality?' *Journal of the Philosophy of Sport* X XIV: 99-113.

Burke, M. (1998) 'Is Boxing Violent? Let's Ask Some Boxers', in D. Hemphill(ed.) *All Part of the Game — Violence and Australian Sport*, Melbourne: Walla Walla Press.

Butcher, R. B. and Schneider, A. T. (1988) 'Fair Play as Respect for the Game', *Journal of the Philosophy of Sport* XXV: 1-22.

Butcher, R. B. and Schneider, A. J. (2000) 'A Philosophical Overview of the Arguments on Banning Doping in Sport', in T. Tännsjö and C. Tamburrini(eds) *Values in Sport*, London: E & FN Spon.

Caillois R. (1988) 'The Structure and Classification of Games', in W. J. Morgan and K. V. Meier(eds) *Philosophic Inquiry in Sport*, Champaign: Human Kinetics.

Carr, D. (1999) 'Where's the Merit if the Best Man Wins?', *Journal of the Philosophy of Sport* XXVI: 1-9.

Chick, G. and Loy, J. N. (1996) 'Definitions', in D. Venison and K. Christensen(eds) *Encyclopedia of World Sport: From Ancient Times to the Present*(vol. 1), Santa Barbara: ABC-CLIO.

CNN/Sports Illustrated (1999) 'Finally French. Agassi Fights Back to Capture First Title at Roland Garros'. Available at: http://sportsillustrated.cnn.com/tennis/1999/french_open/news/1999/06/06/french_final/index.html (18 January 2001).

Coakley, J. J. (1998) *Sport in Society: Issues and Controversies*(6th ed.), Boston, Mass.: Irwin McGraw-Hill.

Conzelmann, A. (1998) *Entwicklung konditioneller Fähigkeiten im Erwachsenealter*, Schorndorf: Karl Hoffmann.

Cooper, J. M. (1975) *Reason and Human Good in Aristotle*, Cambridge: Harvard University Press.

Cordner, C. (1988) 'Differences Between Sport and Art', *Journal of the Philosoply of Sport* XV: 31-47.

Crane, G. R.(ed.) (2000a) 'Liddel-Scott-Jones Lexicon of Classical Greek', in *The Perseus Project*. Online. Available at: http://www.perseus.tufts.edu/cgi-bin/lexindex?lookup=e)/qos&author=*2.0&lang=Greek&corpus=2.0 (23 January 2001).

Crane, G. R.(ed.) (2000b) 'Lewis and Short Latin Dictionary', in *The Perseus Project*. Online. Available at: http://www.perseus.tufts.edu/cgi-bin/lexindex?lookup=mos&display=&author=perseus&lang=Latin (23 January 2001).

Cratty, B. J. (1983) *Psychology in Contemporary Sport. Guidelines for Coaches and Athletes*, Englewood Cliffs, New Jersey: Prentice-Hall.

Csikszentmihaly, M. (1975) *Beyond Boredom and Anxiety: The Experience of Play in Work and Games*, San Francisco: Jossey-Bass.

D'Agostino, F. (1981) 'The Ethos of Games', *Journal of the Philosophy of Sport* VIII: 7-18.

Darwall, S. L. (1983) *Impartial Reason*, Itacha: Cornell University Press.

Davis, P. (1993-1994) 'Ethical Issues in Boxing', *Journal of the Philosophy of Sport* XXXXI: 48-63.

de Wachter, F. (1985) 'In Praise of Chance. A Philosophical Analysis of the Elements of Chance in Sports', *Journal of the Philosophy of Sport* XII: 52-61.

Dixon, N. (1992) 'On Sportsmanship and Running Up the Score',

Journal of the Philosophy of Sport XIX: 1-13.

Dreyfus, H. F. and Dreyfus, S. E. (1986) *Mind over Machine. The Power of Human Intuition and Expertise in the Age of the Computer*, Oxford: Blackwell.

Dubin, C. L. (1990) *Commission of Inquiry into the Use of Drugs and Banned Practices Intended to Increase Athletic Performance*, The Minister of Supply and Services Canada, Ottawa: Canadian Government Publishing Centre.

Eckhoff, T. and Sundby, N. K. (1988) *Rechtssysteme: eine systemtheoretische Einführung in die Rechtstheorie*, Berlin: Duncker & Humblot.

Elias, N. (1986) 'The Genesis of Sport as a Sociological Problem', in N. Elias and E. Dunning(eds) *Quest for Excitement — Sport and Leisure in the Civilizing Process*, Oxford: Basil Blackwell.

Elster, J. (1989) *The Cement of Society. A Study in Social Order*, Cambridge: Cambridge University Press.

Elster, J. (1992) *Local Justice. How Institutions Allocate Scarce Goods and Necessary Burdens*, Cambridge: Cambridge University Press.

Espy, R. (1979) *The Politics of The Olympic Games*, Berkeley: University of California Press.

FIFA (2001) *Milestones in the History of the Laws of the Game.* Online. Available at: http://www.fifa2.com/scripts/runisa.dll?s7.131676:gp:428622:67173+refs/laws/milestones/90+E (18 January 2001).

Finley, M. I. and Pleket, H. W. (1976) *The Olympic Games: The First Thousand Years*, London: Chatto and Windus.

Fraleigh, W. P. (1982) 'Why the Good Foul is not Good', *Journal of Physical Education, Recreation and Dance* 53(1): 41-42.

Fraleigh, W. P. (1984) *Right Actions in Sport. Ethics for Contestants*, Champaign, Ill.: Human Kinetics.

Frankena, W. K. (1963) *Ethics*, New Jersey: Prentice-Hall.

Follesdal, D., Walloe, L. and Elster, J. (1996) *Argumentasjonsteori, språk og vitenskapsfilosofi*(6th ed), Oslo: Universitetsforlaget.

Gabler, H. (1998) 'Fairness/Fair Play', in *Lexikon der Ethik im Sport*, Schorndorf: Karl Hoffmann.

Galtung, J. (1969) *Theory and Methods of Social Research*(Revised Edition), Oslo: Universitetsforlaget.

George, A (1996) 'The Anabolic Steroids and Peptide Hormones', in D. R. Mottram(ed.) *Drugs in Sport*, London: E & FN Spon.

Gerhardt, V. (1993) 'Fairness — die Tugend im Sport', in V. Gerhardt and M. Lämmer(eds) *Fairness und Fair Play*, St Augustin: Akademia.

Gilberg, R. and Becivik, G. (1999) 'Hvorfor ble de beste best? Barndom, oppvekst og idrettslig utvikling hos 18 av Norges mestvinnende utovere', Oslo: Thr Norwegian University for Sport and Physical Education.

Glader, E. A. (1978) *Amateurism and Attletics*, West Point: Leisure Press.

Grupe, O. (1987) *Sport als Kultur*, Zürich: Edition Inferfrom.

Gruneau, R. (1999) *Class, Sports and Social Development*, Champaign, Ill.: Human Kinetics.

Guttmann, A. (1978) *From Ritual to Record. The Nature of Modern Sports*, New York: Columbia University Press.

Guttmann, A. (1986) *Sport Spectactors*, New York: Columbia University Press.

Guttmann, A. (1987) 'Ursprunge, soziale Basis und Zukunft des Fair play', *Sportswissenschaft* 1: 9-19.

Guttmann, A. (1992) *The Olympics. A History of the Modern Games*, Urbana: University of Illinois Press.

Hahn, E. and Remans, A.(eds) (1988) *Promotion of Fair Play*, Brüssel: International Stichting De Backer-Van Ocken vor de Strijd tegen het Gewelt in de Sport.

Hammond, J. S., Keeney, R. L. and Raiffa, H. (1999) *Smart Choices — A Practical Guide to Making Better Decisions*, Boston: Harvard

Business School Press.

Hare, R. M. (1963) *Freedom and Reason*, London: Oxford University Press.

Hare, R. M. (1975) 'Rawls' Theory of Justice', in N. Daniels(ed.) *Reading Rawls. Critical Studies of 'A Theory of Justice'*, Oxford: Blackwell.

Hare, R. M. (1981) *Moral Thinking*, Oxford: Clarendon Press.

Heikkala, J. (1993) 'Discipline and Excel: Techniques of the Self and Body and the Logic of Competing', *Sport Sociology Journal* 10: 397-412.

Heinilä, K. (1982) 'The Totalization Process in International Sport', *Sportwissenschaft* 2: 235-54.

Heinilä, K. (1988) 'International Competition as a Test of Athletic Performance — the Overt and Covert Validity', unpublished manuscript, University of Jyväskylä.

Hemingway, E. (1961) 'Fifty Grand', in E. Hemingway *The Snows of Kilimanjaro and Other Stories*, New York: Macmillan.

Hill, C. R. (1992) *Olympic Politics*, Manchester: Manchester University Press.

Hoare, D. (2000) 'Birth Date and Basketball Success. Is There a Relative Age Effect?', unpublished paper presented at the 2000 Pre-Olympic congress in Brisbane, 7-12 September.

Hoberman, J. M. (1992) *Mortal Engines. The Science of Performance and the Dehumatization of Sports*, New York: Free Press.

Holt, R. (1989) *Sport and the British. A Modern History*, Oxford: Clarendon Press.

Hornby, N. (1992) *Fever Pitch*, London: Victor Gollancz.

Hortleder, G. (1978) *Sport im nachindustriellen Gesellschaft*, Frankfurt: Suhrkamp.

Houlihan, B. (1999) *Dying to Win. Doping in Sport and the Development of Anti-Doping Policy*, Strasbourg: Council of Europe Publishing.

Hudson, W. D. (1983) *Modern Moral Philosophy*(2nd ed.), London: Macmillan.

Huizinga, J. (1955) *Homo Ludens. A Study of the Play-Element in Culture*, Boston: The Beacon Press

Hyland, D. A. (1990) *Philosophy of Sport*, New York: Paragon.

IOC(2000a) *Olympic Movement Anti-Doping Code*. Online. Available at: http://www.olympic.org/ioc/e/org/medcom/pdf/dopitig_code_e.pdf (23 January 2001).

IOC(2000b) *The Olympic Charter*. Fundamental Principles. Online. Available at: http://www.olympic.org/ioc/e/facts/charter/charter%5Fintro%5Fe.html (23 January 2001).

James, W. (1958) *Talks to Teachers on Psychology, and to Students of Some of Life's Ideals*, New York: W. W. Norton.

Jamieson, D. (1993) 'Method and Moral Theory', in P. Singer(ed.) *A Companion to Ethics*, Oxford: Blackwell.

Jarvie, G. and Walker, G.(eds) (1994) 'Scottish Sport in the Making of the Nation: Ninety Minute Patriots?', in *Sports, Politics, and Culture*, Leicester: Leicester University Press.

Jhally, S. (1998) 'Free at Last — Sponsorship, Fanship, and Fascism', *Journal of Sport and Social Issues* 22(2): 224-26.

Jones, B. J., Wells, L. J., Peters, R. E. and Johnson, D. J. (1988) *Guide to Effective Coaching. Principles & Practice*(2nd ed.), Boston, Mass.: Allyn and Bacon.

Kamper, E. and Mallon, B. (1992) *The Golden Book of the Olympic Games*, Milan: Vallardi & Associati.

Keating, J. W. (1964) 'Sportmanship as a Moral Category', *Ethics* 75 (October): 25-35.

Kretchmar, R. S. (1975) 'From Test to Contest: An Analysis of Two Kinds of Counterpoint in Sport', *Journal of the Philosophy of Sport* II: 23-30.

Kukhatas, C. and Pettit, P. (1990) *Rawls: A Theory of Justice and its*

Critics, Oxford: Polity Press.

Kupfer, J. (1995) 'Sport — The Body Electric', in W. J. Morgan and K. V. Meier, *Philosophic Inquiry in Sport*, Champaign, Ill: Human Kinetics(2nd ed).

Kymlicka, W. (1993) 'The Social Contract Tradition', in P. Singer(ed.) *A Companion to Ethics*, Oxford: Blackwell.

Lasch, C. (1979) *The Culture of Narcissism. American Life in An Age of Diminishing Expectations*, New York: W. W. Norton.

Leaman, O. (1981) 'Cheating and Fair Play in Sport', in W. J. Morgan (ed.) *Sport and the Humanities: A Collection of Original Essays*, Bureau of Educational Research Service, University of Tennessee.

Lenk, H. (1964) 'Values, Aims and Reality of the Modern Olympic Games', *Gymnasion* 4: 11-17.

Lenk, H. (1993) 'Fairness und Fair Play', in V. Gerhardt and M. Lämmer(eds) *Fairness und Fair Play*, Sankt Augustin: Academia Verlag.

Lenk, H. and Pilz, G. A. (1989) *Das Prinzip Fairness*, Zürich: Edition Interform.

Liponski, W. (1988) 'Recognizing the Celts. Some Remarks on The British Origins of The Modern Fair Play Concept', unpublished manuscript, Budapest: Magyar Testnevelesi Föiskola.

Loland, S. (1989) 'Fair play — i idrettskonkurranser — et moralsk norm-system', Doctoral dissertation, Oslo: The Norwegian University for Sport and Physical Education.

Loland, S. (1996) 'Outline of an Ecosophy of Sport', *Journal of the Philosophy of Sport* XXIII: 70-90.

Loland, S. (1998) 'Fair Play Historical Anachronism or a Topical Ideal?', in M. J. McNamee and J. Parry(eds) *Ethics & Sport*, London: E & FN Spon.

Loland, S. (1999) 'Justice and Game Advantage in Sporting Games', *Ethical Theory and Moral Practice* 2, 165-183.

Loland, S. and McNamee, M. J. (2000) 'Fair Play and the Ethos of

Sports: An Eclectic Philosophical Framework', *Journal of the Philosophy of Sport* XXVII: 63-80.

Lowe, B. (1977) *The Beauty of Sport. A Cross-Disciplinary Inquiry*, New York: Prentice-Hall Inc.

Loy, J. W. (1968) 'The Nature of Sport: A Definitional Effort', *Quest* X: 1-15

Loy, J. W., McPherson, B. D. and Kenyon, G. (1978) *Sport and Social Systems: A Guide to the Analysis, Problems, and Literature*, Reading, Mass.: Addison-Wesley.

MacIntyre, A. (1984) *After Virtue*(2nd ed.), Indiana: University of Notre Dame Press.

Mandell, R. D. (1984) *Sport. A Cultural History*, New York: Columbia University Press.

Mangan, J. A. (1981) *Athleticism in the Victorian and Edwardian Public School: the Emergence and Consolidation of an Educational Ideology*, Cambridge: Cambridge University Press.

Martin, D.(ed.) (1991) *Handbuch Trainingslehre*, Schorndorf: Hofman.

McBride, F. (1975) 'Toward a Non-Definition of Sport', *Jorrrnal of the Philosophy of Sport* II: 4-11.

McIntosh, P. (1979) *Fair Play. Ethics in Sport and Competition*, London: Heinemann.

McPherson, B. D., Curtis, J. E. and Loy, J. W. (1989) *The Social Significance of Sport: An Introduction to the Sociology of Sport*, Champaign, Ill.: Human Kinetics Books.

McNamee, M. (1995) 'Sporting Practices, Institutions, and Virtues: A Critique and Restatement', *Journal of the Philosophy of Sport* XXII: 61-82.

Meier, K. V. (1980) 'An Affair of Flutes: An Appreciation of Play', *Journal of the Philosoply of Sport* VII: 24-45.

Meier, K. V. (1985) 'Restless Sport', *Journal of the Philosoply of Sport* XII: 64-77.

Meier, K. V. (1988) 'Triad Trickery: Playing With Sport and Games',

Journal of the Philosophy of Sport XV: 11-30.

Midgley, M. (1985) *Evolution as a Religion*, London and New York: Methuen.

Midgley, M. (1993) 'The Origin of Ethics', in P. Singer(ed.) *A Companion to Ethics*, Oxford: Blackwell.

Mill, J. S. (1863) *Utilitarianism*, London: Parker and Bourn.

Miller, R. B. (1996) *Casuistry and Modern Ethics — A Poetics of Practical Reasoning*, Chicago: University of Chicago Press.

Morgan, W. J. (1987) 'The Logical Incompatibility Thesis and Rules: A Reconsideration of Formalism as an Account of Games', *Journal of the Philosoply of Sport* XIV: 1-20.

Morgan, W. J. (1989) 'Chance, Skill, and Sport: A Critical Comment', *Journal of the Philosoply of Sport* XII: 62-63.

Morgan, W. J. (1994) *Leftist Theories of Sport: A Critique and Reconstruction*, Urbana: University of Illinois Press.

Morgan, W. J. and Meier K. V.(eds) (1995) *Philosophic Inquiry in Sport*(2nd ed.), Champaign, Ill.: Human Kinetics.

Mottram, D. R.(ed.) (1996) *Drugs in Sport*(2nd ed.), London: E & FN Spon.

Munthe, C. (2000) 'Selected Champions: Making Winners in the Age of Genetic Technology', in T. Tännsjö and C. Tamburrini(eds) *Values in Sport*, London: E & FN Spon.

Murray, T. H. (1983) 'The Coercive Power of Drugs in Sport', *The Hasting Center Report* XIII: 24-30.

Newcombe, T. M., Turner, R. H. and Converse, P. E. (1966) *Social Psychology. The Study of Human Interaction*, London: Routledge and Kegan Paul.

Nilsson, P. (1993) *Fotbollen och moralen. En studie av fyra allsvenska fotbollsforeningar*, Stockholm: HLS Förlag.

Norton, K. and Olds, T. (2000) 'The Evolution of the Size and Shape of Athletes', unpublished paper presented at the 2000 Pre-Olympic Congress in Brisbane, 7-12 September.

Næss, A. (1977) 'Notes on the Methodology of Normative Systems', *Methodology and Science* 10: 64-80.

Parfit, D. (1984) *Reasons and Persons*, Oxford: Clarendon.

Parry, J. (1987) 'The Devil's Advocate', *Sport and Leisure* Nov/Dec: 34-5.

Parry, J. (1998) 'Violence and Aggression in Contemporary Sport', in M. J. McNamee and S. J. Parry(eds), *Ethics and Sport*, London: E & FN Spon.

Patriksson, G. (1982) *Idrott och tävling. ldrottspedagogiska rapporter I, Göteborg: Institutionen för praktisk pedagogik*, Göteborg University.

Pearson, K. M. (1973) 'Deception, Sportsmanship, and Ethics', *Quest* XIX: 115-18.

Perelman, C. (1980) *Justice, Law and Argument. Essays on Moral and Legal Reasoning*, Dordrecht: D. Reidel.

Plato (1995) 'The Separation of Body and Soul', in W. J. Morgan and K. V. Meier(eds) *Philosophic Inquiry in Sport*(2nd ed.), Champaign, Ill.: Human Kinetics.

Purdy, D. A. and Snyder, E. E. (1985) 'A Social Profile of High School Basketball Officials', *Journal of Sport Behavior*: 54-65.

Rae, D. (1981) *Equalities*, Cambridge, Mass.: Harvard University Press

Rawls, J. (1971) *A Theory of Justice*, Cambridge, Mass.: Harvard University Press.

Reddiford, G. (1985) 'Institutions, Constitutions and Games', *Journal of the Philosophy of Sport* XII: 41-51.

Rescher, N. (1995) *Luck. The Brilliant Randomness of Everyday Life*, New York: Farrar, Straus, Giroux.

Rigauer, B. (1969) *Sport und Arbeit*, Suhrkamp: Frankfurt am Main.

Riordan, J. (1999) 'The Impact of Communism on Sport', in J. Riordan and A. Krüger(eds) *The International Politics of Sport en the 20th Century*, London: E & FN Spon.

Sartre, J.-P. (1995) 'Play and Sport', in W. J. Morgan and K. V. Meier (eds) *Philosophic Inquiry in Sport*(2nd ed.), Champaign, Ill.:

Human Kinetics.

Scanlon, T. M. (1985) 'Utilitarianism and Contractualism', in J. Rajchman and C. West(eds) *Post-Analytic Philosophy*, New York: Columbia University Press.

Scheffler, S.(ed.) (1988) *Consequentialism and Its Critics*, New York: Oxford University Press.

Schiller, F. von (1988) 'Play and Beauty', in W. J. Morgan and K. V. Meier(eds) *Philosophic Inquiry in Sport*, Champaign, Ill.: Human Kinetics.

Schmidt, R. A. (1991) *Motor Learning & Performance. From Principles to Practice*, Champaign, Ill.: Human Kinetics.

Schneider, A. J. (2000) 'On the Definition of Woman in the Sport Context', in T. Tännsjö and C. Tamburrini(eds) *Values in Sport*, London: E & FN Spon.

Searle, J. (1969) *Speech Acts. An Essay in the Philosophy of Language*, Cambridge: Harvard University Press.

Simon, R. L. (1991) *Fair Play: Sports, Values, and Society*, Boulder: Westview Press.

Singer, P.(ed.) (1986) *Appliedethics*, Oxford: Oxford University Press.

Skillen A. (1998) 'Sport is for Losers', in M. J. McNamee and S. J. Parry(eds) *Ethics and Sport*, London: E & FN Spon.

Skirstad, B. (2000) 'Gender Verification in Competitive Sport: Turning From Research to Action', in T. Tännsjö and C. Tamburrini(eds) *Values in Sport*, London: E & FN Spon.

Spà, M. de M., Rivenburgh, N. K. and Larson, J. F. (in cooperation with researchers from 25 countries) (1995) *Television in the Olympics. International Research Project*, London: John Libbey & Company Ltd.

Suits, B. (1973) 'The Elements of Sport', in R. G. Osterhoudt(ed.) *The Philosophy of Sport*, Springfield: Charles C. Thompson.

Suits, B. (1978) *The Grasshopper. Games, Life and Utopia*, Toronto: University of Toronto Press.

Sutton-Smith, B. (1974) 'Towards an Anthropology of Play', *The Association for the Anthropological Study of Play Newsletter* 1-2: 8-15.

Tamburrini, C. (2000) *The 'Hand of God'? Essays in the Philosophy of Sports*, Göteborg, Sweden: Acta Universitatis Gothoburgensis.

Tangen, J. O. (1985) 'Defining Sport: A Pragmatic-Contextual Approach', *International Journal of Physical Education* 22: 17-25.

Tangen, J. O. (1997) *Samfunnets idrett: en sosiologisk analyse av idrett som sosialt system: dets evolusjon og funksjon fra arkaisk til moderne tid*, Norway: Telemark College.

Tännsjö, T. (1998) 'Is Our Admiration for Sport Heroes Fascistoid?', *Journal of the Philosophy of Sport* XXV: 23-34.

Tännsjö, T. (2000) 'Against Sexual Discrimination in Sports', in T. Tännsjö and C. Tamburrini(eds) *Values in Sport*, London: E & FN Spon.

Tranoy, K. E. (1986) *Vitenskapen — samfunnsmakt og livsform*, Oslo: Universitetsforlaget.

Tuxill, C. and Wigmore, S. (1998) 'Merely Meat? Respect for Persons in Sport and Games', in M. J. McNamee and S. J. Parry(eds), *Ethics and Sport*, London: E & FN Spon.

Verroken, M. (1996) 'Drug Use and Abuse in Sport', in D. R. Mottram (ed.) *Drugs in Sport*, London: E & FN Spon.

von Wright, G. H. (1963) *The Varieties of Goodness*, London: Routledge.

von Wright, G. H. (1983) *Practical Reason. Philosophical Papers*, Volume I, Oxford: Blackwell.

Walzer, M. (1983) *Spheres of Justice*, Oxford: Basil Blackwell.

Webster's *New World Dictionary* (1984), New York: Warner Books.

Weinberg, R. S. and Gould, D. (1999) *Foundations of Sport and Exercise Psychology*, Champaign, Ill.: Human Kinetics.

Wenner, L. A. and Gantz, W. (1998) 'Watching Sports on Television: Audience Experience, Gender, Fanship, and Marriage', in L. A.

Wenner(ed.) *Media Sport*, London: Routledge.

Wetlesen, J. (1986) *Forelesninger over etikkens historie*, Oslo: University of Oslo.

Whannel, G. (1998) 'Reading the Sports Media Audience', in L. A. Wenner(ed.) *Media Sport*, London: Routledge.

Williams, B. (1985) *Ethics and the Limits of Philosophy*, Cambridge: Harvard University Press.

Weinberg, R. S. and Richardson. P. A. (1990) *Psychology of Officiating*, Champaign: Leisure Press.

Wischmann, B. (1962) *Die Fairness*, Frankfurt: Wilhelm Limpert-Verlag.

Wittgenstein (1953) *Philosophische Untersuchungen — Philosophical Investigations*(transl. by G. E. M. Anscombe), Oxford: Basil Blackwell.

Young, R. (1993) 'The Implications of Determinism', in P. Singer(ed.) *A Companion to Ethics*, London: Blackwell.

찾아보기

※ 인명 ※

※ 용어 ※

[ㅈ]

[ㅊ]

[ㅋ]

[ㅌ]

[ㅍ]

[ㅎ]

지은이 _ 지그문트 롤랜드(Sigmund Loland)

노르웨이 대학 스포츠 체육교육학과 교수로서 스포츠 철학을 비롯해 과학이론, 알파인 스키 과목 등을 가르치고 있다. 국내외 저널을 통하여 스포츠 윤리학, 운동 인식론, 스포츠 사상사 그리고 스포츠 및 생태학과 같은 주제들로 논문을 발표해 왔다. 또한 국제 스포츠 철학회 회장을 역임하였고, 현재 유럽 스포츠학 대학의 재정위원회 회장이자 사무총장으로 재직하고 있다. 주요 논문으로 「페어플레이와 스포츠의 에토스」(2000), 「정의와 스포츠 경기에서의 정의와 경기 우위」(1999), 「페어플레이의 역사적 아나콜로니즘 혹은 주제적 이념?」(1998), 「스포츠 생태학 개관」(1996) 등과 다수의 저술이 있다.

옮긴이 _ 손 환

중앙대학교 교수. 경희대학교 체육대학을 졸업하고 일본체육대학에서 석사, 일본 츠쿠바 대학에서 박사 학위를 받았다. 주요 논문으로 「광복 이전 재일 조선인 유학생의 스포츠 활동에 관한 역사적 연구」(박사학위논문), 「문곡 서상천의 한국근대스포츠 발전에 미친 영향」, 「파하 이길용의 생애와 체육사상」, 「일제하 한국근대스포츠 시설에 관한 연구」, 「일제하 인천 월미도의 여가 시설에 관한 연구」, 「광복 이전 한국골프코스의 발전 과정에 관한 연구」 등이 있다.

옮긴이 _ 임석원

중앙대학교 강사. 중앙대 체육교육과에서 학사와 석사 그리고 박사 학위를 받았다. 주요 논문으로 「도덕적 차원에서 본 스포츠 페어플레이의 재음미」(박사학위논문)와 한국체육학회지에 발표한 「경쟁 스포츠에서 페어플레이 담론」, 「이제황의 생애와 유도사상에 관한 고찰」, 「스포츠에 있어서 에토스」 등이 있다. 유도 공인 4단.

스포츠 윤리학

▪

2008년 3월 10일 1판 1쇄 인쇄
2008년 3월 15일 1판 1쇄 발행

지은이 / 지그문트 롤랜드
옮긴이 / 손 환 · 임석원
발행인 / 전 춘 호
발행처 / 철학과현실사
서울시 서초구 양재동 338-10
전화 579-5908 · 5909
등록 / 1987.12.15.제1-583호

ISBN 978-89-7775-656-4 03690
값 15,000원